21世纪高等院校经济管理类规划教材

政治经济学原理

（第2版）

□ 张莹　李海峰　主编

人民邮电出版社
北　京

图书在版编目（CIP）数据

政治经济学原理 / 张莹，李海峰主编. -- 2版. --
北京 : 人民邮电出版社，2016.8(2020.9重印)
21世纪高等院校经济管理类规划教材
ISBN 978-7-115-42571-3

Ⅰ. ①政… Ⅱ. ①张… ②李… Ⅲ. ①政治经济学－
高等学校－教材 Ⅳ. ①F0

中国版本图书馆CIP数据核字(2016)第114512号

内 容 提 要

本书结合应用型本科教学的实践，遵循科学性、理论性和现实性相统一的原则，以生产关系为研究对象，从政治经济学的一般原理开始，简要阐述了经济制度和经济运行的规律，主要内容包括物质资料的生产，劳动价值论，剩余价值的生产和资本积累，资本的循环周转和社会资本再生产，平均利润和生产价格，垄断资本主义，中国特色社会主义经济制度、经济体制与经济发展等。

为方便教学，本书提供电子课件、教学大纲、视频案例、习题及参考答案、试卷等配套教学资源，索取方式参见“更新勘误表和配套资料索取示意图”。

本书可作为应用型本科或高职高专院校经济管理类专业的专业基础课教材。

◆ 主　　编　张　莹　李海峰
责任编辑　万国清
责任印制　沈　蓉　彭志环

◆ 人民邮电出版社出版发行　　北京市丰台区成寿寺路 11 号
邮编　100164　　电子邮件　315@ptpress.com.cn
网址　http://www.ptpress.com.cn
固安县铭成印刷有限公司印刷

◆ 开本：787×1092　1/16
印张：14.75　　2016 年 8 月第 2 版
字数：352 千字　　2020 年 9 月河北第 7 次印刷

定价：38.00 元

读者服务热线：(010)81055256　印装质量热线：(010)81055316
反盗版热线：(010)81055315
广告经营许可证：京东市监广登字20170147号

第 2 版前言

马克思主义政治经济学具有与时俱进的理论品质。党的十八大以来，新的领导集体把马克思主义政治经济学的基本原理同中国特色社会主义的实践相结合，发展了马克思主义政治经济学，提出一系列新思想、新论断，创新并丰富了中国特色社会主义政治经济学理论，为中国和世界带来了新的经济发展理念和理论。

基于此，我们对本书进行了修订。再版后的教材，在保留原书特色的基础上，主要有以下三个方面的变化。

一是内容上，在学习领会党的十八大以来的新观点、新思想、新提法的基础上，重点对中国特色社会主义的经济制度与经济运行部分进行了完善，更新了新的观点和内容。

二是风格上，以二维码技术向读者展示了部分网络学习资源，以拓宽读者阅读视野，加深对理论内容的理解。二维码的使用对引文来源标注也起到了辅助作用，本书除用“著者-出版年制”标注并在书后列明参考文献外，部分内容结合二维码在正文中直接给出了引文来源，读者查询原文应该更方便。需要说明的是，以二维码展示网络资源只是提供一种教学和学习思路。由于教材的更新难免滞后于形势的变化，因此建议教师备课、读者学习时不限于教材提供的资源，能够主动利用网络收集更新更多的资源。

三是教学资源包的丰富性上，增加了一些有助于教师开展教学并方便在课堂使用的视频案例。

本次修订由张莹、李海峰担任主编。具体分工如下：李海峰负责第一、第二章；张莹负责第三、第四、第五、第六章；李晶负责第七章；朱晓晖负责第八章；李亚娟负责第九章。

编　者

2016 年 4 月

第 1 版前言

本书所讲的政治经济学是马克思主义政治经济学，它是马克思主义的重要组成部分，是“马克思理论最深刻、最全面、最详细的证明和运用”。它作为一门独立的经济学，属于理论经济学，在经济学的各门科学中居于基础地位，是经济管理类各专业学生必须掌握的基础理论课程。

本书结合应用型本科教学的实践，立足于应用型本科学生的特点和学科性质与要求而编写，具有以下特点。

1．基础性和前沿性的结合

全书分三篇，共九章，在系统阐述政治经济学一般原理的基础上，尽可能吸纳近年来政治经济学领域发展起来的新理论、新观点，以引导学生捕捉本学科的前沿理论，做到理论体系完整、内容全面、结构紧凑、捕捉前沿、关注现实，将政治经济学的一般原理讲透，以提高学生站在马克思主义立场、运用马克思主义的观点和方法分析社会经济问题的能力。

2．多种栏目活泼生动，读者易于接受

形式上，本书特别设计了“小提示”“知识点”“经典语录”“阅读材料”“补充说明”等小栏目，增加了信息量，突出了生动性和启发性。

3．重点突出，注重知识的巩固

每章开篇的“学习目的与要求”，提示本章应掌握的要点，了解的内容，非常有助于读者在学习时将注意力集中在主要问题上。与此对应的每章结尾的“小结”旨在提醒读者从本章中学到了什么，它是一个围绕学习目标的简短总结。这种结构形式，一前一后，将每一章的重点勾勒得一览无遗。

不仅如此，为了方便读者把握重点，我们还把一些重要知识点通过“知识点”“重要概念”等对话框凸现出来。

与此同时，我们在每一章的结尾都安排有题型丰富的单元测试题，这些测试题均围绕着学习重点给出。这些习题能帮助读者进一步理解本章的重点内容。

4．提供高质量的、丰富的教学配套辅助资源

本书配有“教学资料包”，包括电子课件、教学大纲、习题集及参考答案等。这些教学辅助资料是作者多年来从事政治经济学教学的经验积累，经过多轮教学实践的检验，索取方式参见“更新勘误表和配套资料索取示意图”。

本书在编写过程中，参考了大量的文献资料，书后只列出了其中的一部分，在此一并向文中涉及的所有文献资料的作者表示谢意！

鉴于编者水平有限，书中难免有一些不尽如人意之处，希望广大读者多提宝贵意见，特别希望能将与本书内容有关的理论难点和现实中的热点问题反映给我们，以便在今后修改时使本书更贴近实际，更具有针对性。

编　者

2010 年 10 月

目　录

第三篇　中国特色社会主义的经济制度与经济运行

第一篇

政治经济学的一般原理

本篇概要

本篇考察的是政治经济学的一般原理，主要包括物质资料的生产、社会经济制度演变的一般规律以及劳动价值论。

第一章　导　论

【学习目的与要求】

政治经济学是马克思主义的重要组成部分。学习这门课程，首先要弄清楚它的产生与发展、研究对象和根本任务；同时还要了解马克思主义政治经济学的性质，认识学习政治经济学的意义。

第一节　政治经济学的产生与发展

一、经济学与政治经济学

在我国古代，“经济”一词主要是指“经国济民”“经邦济世”，也就是治理国家、拯救贫民的意思。

在西方，经济（economy）与经济学（economics）的含义经历了一个不断演变的过程。“经济”一词最早见于古希腊色诺芬（约公元前430—前354年）的《经济论》，这里的“经济”意指家庭管理，也就是奴隶主如何组织和管理自己的奴隶进行生产活动。经济学便成为研究家庭（主要是奴隶主家庭或庄园）管理或规划的学问。亚里士多德（公元前384—前322年）在《政治学》中认为，经济学就是研究家务，即奴隶主的家庭经济问题。近代以后，经济学的含义逐渐超越了这种概念，成为研究社会生产、交换、分配和消费过程中的经济关系和运动规律的一门科学。它包括很多具体的学科，如政治经济学、国际经济学、应用经济学、部门经济学等。

最早使用“政治经济学”一词的是法国人蒙克莱田。在1615年出版的《献给国王与王太后的政治经济学》一书中，蒙克莱田使用了“政治经济学”这个名词。这里的“政治”与我们现在通常使用的“政治”概念不同，它是国家范围或社会范围的意思。也就是说，“政治经济学”研究的是社会范围或国家范围的经济问题，它突破了家庭或庄园经济的范围。

1890年英国经济学家阿弗里德·马歇尔出版了《经济学原理》一书。马歇尔认为，政治经济学和经济学是通用的，不能把“政治经济学”理解为既研究政治又研究经济的学科，“政治经济学”可简称为“经济学”。

由于政治经济学是各门经济学科的理论基础，因此，我们将政治经济学作为理论经济学，以区别于应用经济学和管理经济学等。

概念提示

经济：一是指经济活动，如生产、交换、分配和消费等；二是指国民经济的总称，或国民经济的各部门，如农业经济、工业经济等；三是指社会生产关系的总和或经济基础；四是指节约。

经济学：研究物质资料的生产、交换、分配和消费等经济关系或经济活动规律及其应用的科学总称。包括政治经济学和各个部门及各个领域的经济学。

政治经济学：经济学的一个分支，研究社会范围或国家范围的物质资料的生产和交换的规律，是其他各个经济科学的理论基础，有时也简称经济学。

政治经济学因理论框架、理论观点的不同，区分为马克思主义政治经济学（或马克思主义经济学）和非马克思主义政治经济学（或非马克思主义经济学）。我们现在所研究和学习的政治经济学是马克思主义政治经济学，它产生于 19 世纪中叶，是马克思主义的重要组成部分，是“马克思理论最深刻、最全面、最详细的证明和运用”（列宁）。

二、马克思主义政治经济学的产生和发展

政治经济学作为一门独立的经济学科，是在 17 世纪中叶后产生的。最初出现的是古典政治经济学。

威廉·配第是古典政治经济学的创始人，亚当·斯密是集大成者，大卫·李嘉图是最后完成者。古典政治经济学代表新兴的资产阶级利益，主要任务是批判封建主义经济制度，因而在一定程度上它能够以科学的态度对社会经济发展规律进行探讨，并取得了有科学价值的成果。例如：它把经济理论的研究从流通领域转向生产领域，从交换转向生产关系；在一定程度上揭示了资本主义生产关系的内部联系；提出了劳动创造价值；接触到了剩余价值问题，认识到了资本主义剥削的事实。

19 世纪 30 年代，随着资本主义生产方式的发展，资本主义的阶级矛盾和阶级斗争逐步尖锐化，无产阶级与资产阶级的矛盾逐渐成为资本主义社会的主要矛盾，资产阶级需要有为它辩护的经济理论，从而产生了为资本主义辩护的庸俗政治经济学。它竭力掩盖资本主义矛盾，美化资本主义制度，维护资产阶级的利益和统治。资产阶级庸俗经济学的代表人物有法国的萨伊和英国的马尔萨斯等。

另一方面，作为一支独立的政治力量登上历史舞台的无产阶级，也强烈地呼唤着无产阶级政治经济学的诞生，以便用自己的理论来武装自己，并指导反对资本主义的斗争实践。正是在这一时代背景下，19 世纪中叶，马克思主义政治经济学应运而生。马克思主义政治经济学以英国古典政治经济学（在马克思主义政治经济学中，古典政治经济学又称为资产阶级政治经济学）和空想社会主义学说为理论来源。

提示与说明

马克思的经济理论，主要包含在他的伟大巨著——《资本论》这部“工人阶级的圣经”之中。《资本论》的诞生，标志着马克思主义政治经济学理论体系的形成，使政治经济学发生了划时代的变化，成为真正科学的政治经济学。

古典政治经济学使政治经济学成为一门独立的科学，它为马克思主义政治经济学的建立

提供了丰富的营养和理论基础。19 世纪出现的空想社会主义经济理论代表被压迫、被剥削阶级的利益，代表人物是法国的圣西门、傅里叶和英国的欧文。他们反对资产阶级经济学者把资本主义制度说成是永恒的、自然的制度，抨击了资本主义制度的各种弊端、祸害，揭露了资本主义的内在矛盾，并提出了代替资本主义制度的一系列未来社会的美好设想。空想社会主义为马克思主义政治经济学阐述社会主义代替资本主义的客观必然性提供了重要的理论来源。马克思主义政治经济学不是简单地、全盘接受古典政治经济学和空想社会主义的经济理论，而是继承其科学的成分，批判其非科学的因素，在他们研究成果的基础上，进行伟大的革命和创新，创立了科学的政治经济学。

阅读资料

古典政治经济学和空想社会主义存在着非科学的因素

古典政治经济学作为代表资产阶级经济利益的经济学说，认识到了资本主义剥削的事实，但受阶级利益的局限，它把资本主义生产方式看成是永恒的，没有也不可能考察剩余价值的来源和实质，从而不能揭示资本主义经济的实质和发展规律。

空想社会主义没有发现唯物史观，因而不能阐明资本主义雇佣劳动的本质，也不能发现资本主义发展的规律，找不到改造资本主义社会的正确途径和社会力量；他们甚至拒绝无产阶级反对资产阶级的斗争，寄希望于资产阶级中的明智之士接受他们的方案，以期实现社会制度的变革。

马克思主义政治经济学是发展的理论，具有与时俱进的理论品质。首先，马克思主义政治经济学当时所揭露的资本主义经济运动规律，已经被当时的资本主义经济发展的客观实际所证实，经受了实践的检验。同时，马克思主义政治经济学又是随着时代、实践和科学的发展而不断发展的。自马克思主义政治经济学创立以来，就始终没有停止过它的发展。一代又一代的马克思主义的学者在分析和研究国际、国内经济发展的过程中，根据自己所处的时代要求，运用马克思主义的世界观和方法论，对活生生的经济实际进行了积极的探索，提出了创造性的理论和观点，丰富和发展了马克思主义政治经济学。

马克思主义政治经济学不是教条，不是让人们背诵的教义，而是进一步研究的出发点和供这种研究使用的方法。一方面，马克思主义在他那个时代所得出的某些个别的结论可能会因时间的推移和社会实践的变化而过时，但是，马克思、恩格斯观察分析经济现象的世界观、基本原理和方法论却是常青的。运用这个科学的世界观和方法论观察新的时代就会得出新的结论。另一方面，马克思主义政治经济学不可能提供解决一切问题的现成答案，也不可能穷尽政治经济学的一切科学真理。因此，对于不同的时代任务，对于不同的问题，只能运用马克思主义政治经济学所提供的世界观、基本原理和方法论加以完善和回答，这本身就意味着马克思主义政治经济学在实践中的不断丰富、完善和发展。

提示与说明

马克思主义政治经济学的精髓是观察与分析经济现象的世界观、基本原理和方法论，而不是某些个别的结论。坚持马克思主义的真谛就在于运用马克思主义所提供的世界观、基本原理和方法论实事求是地去丰富、完善和创新马克思主义。马克思主义政治经济学对我们的学习、工作和生活以及中国特色的社会主义现代化事业具有重要的方法论意义。

马克思主义政治经济学与时俱进的理论品质，要求我们以科学的态度和方法对待它。科学的态度，就是树立起投身于中国特色社会主义建设事业的坚定信念。一方面，坚持以马克思主义政治经济学的基本原理为我国社会主义市场经济发展的理论指导；另一方面，坚持与时俱进，立足于建设中国特色社会主义的伟大实践，勇于对经济体制改革和经济发展中的新情况做出新的探索，总结新经验，提出新理论，不断地丰富、发展和创新马克思主义政治经济学。科学的方法，就是理论与实际相结合的方法。任何实践都是生动的、朴实的，马克思主义的理论来自实践，因而它的道理也是朴实的东西，很朴实的道理，我们应该坚信它、学习它。既然马克思主义政治经济学来自于实践，我们要学习它的理论，就只有把理论与实践结合起来，实事求是地在实践中学习和运用。

视野拓展

为什么说习近平开创了政治经济学新高峰？2016年首次提出的习近平政治经济学是怎样创新并丰富了中国特色社会主义政治经济学理论呢？

推荐读者课外阅读以下两篇文章。

新华视点微信 2016年3月13日《习近平政治经济学解码》。

人民论坛网 2016年1月8日《为什么说习近平开创了政治经济学新高峰？》。

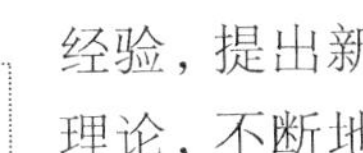

经典语录

“学习马列要精，要管用。”“我们讲了一辈子马克思主义，其实马克思主义并不玄奥。马克思主义是很朴实的东西，很朴实的道理。”（邓小平，1993）[382]

第二节　政治经济学的研究对象

一、物质资料的生产

政治经济学是研究生产关系及其发展规律的科学，生产关系是在人类物质资料的生产过程中形成和发展起来的，因此，政治经济学对生产关系的研究必须以物质资料的生产为出发点。

概念提示

所谓物质资料的生产，就是人们以一定的方式结合起来，按照自己设想的目的，运用劳动资料去加工劳动对象，改变劳动对象的形状、性质或地理位置，使被加工的产品能够满足人们生产和生活需要的活动。

例如，煤矿工人采煤，石油工人采油，炼钢工人炼钢，机械工人造船、造车，纺织工人纺纱织布等。这些活动的目的都是将劳动对象改造成人们可以消费的形式，都是为了人的生存和发展，是基本的物质资料生产活动。

人类为了生存，就必须有粮食、衣物等物质资料，以满足吃、穿、住等多方面的生活需要。而要取得这些物质资料就必须进行生产。如果停止生产，人类将无法生存，也就不可能从事政治、科学、艺术等其他社会活动。所以，人类社会的存在，依赖于物质资料的生产；人类社会的发展，也依赖于物质资料生产的发展。因此，物质资料的生产是人类最基本的实

经典语录

“任何一个民族，如果停止劳动，不用说一年，就是几个星期，也要灭亡。”（马克思 等，1972a）[368]

践活动，是人类社会存在和发展的基础。

人们为了实现物质资料的生产而进行的劳动过程，都应该具备三个基本的要素：人的劳动、劳动对象和劳动资料。这三个要素是在任何社会发展阶段的物质资料生产都必须具备、不可缺少的。

人的劳动就是具有一定生产经验和劳动技能的劳动者，为了获得满足自身或他人需要的有用产品而进行的有目的的活动。人的劳动强调的是人类的有意识、有计划、有目的（即具有主观能动性）的活动，它不同于动物的本能活动。没有人的劳动，任何物质资料的生产都是不可能实现的。

要进行劳动，就要有劳动对象。劳动对象是劳动者在生产过程中，把自己的劳动加于其上的一切物质资料，也就是劳动加工的对象。劳动对象有两类：一类是未经人类加工过的自然物，如海洋里的鱼虾、原始森林里的树木、地底下的矿藏（如石油、煤炭）等；另一类是经过人类劳动加工过的物质资料（即人类的生产物），如制造机器用的钢材、纺纱用的棉花、织布用的棉纱、盖房用的钢筋水泥等，这类生产物通常称为原材料。

随着科学技术的不断发展，劳动对象的范围越来越大，不仅越来越多的自然物被当作劳动对象，而且新的原材料也不断被研究、开发、生产出来。例如，越来越多的海底的新资源被认识、开采和利用；新物种的形成；新的原材料被创造出来；甚至工业中的一些废气、废水、废物经过科学处理，都已经转化为劳动对象。

经典语录

“蜜蜂建筑蜂房的本领使人间许多建筑师感到惭愧。但是，最蹩脚的建筑师从一开始就比最灵巧的蜜蜂高明的地方，是他在用蜂蜡建蜂房之前，已经在自己的头脑中把它建成了。”（马克思等，1972b）[202]

劳动资料，又叫劳动手段，是人们在生产过程中用来改变和影响劳动对象的一切物质资料。通过劳动资料，人的劳动被传导到了劳动对象上。劳动资料包括生产工具（机器设备），土地，建筑物（厂房、库房），道路等，其中最重要的是生产工具。从原始人使用的石刀、石斧等生产工具开始，一直到现在使用的复杂的机器、设备，都是生产工具。

提示与说明

生产工具是人们改造自然、创造社会财富的强大手段，它的发展水平是人类控制自然的能力（也就是后文中要讲的生产力）的物质标志，也是划分经济时代的标志。在物质资料的生产过程中，劳动资料，特别是生产工具在不断得到改进，从而生产力的发展水平也不断地提高。

人的劳动、劳动对象和劳动资料之所以是劳动过程的基本要素，就是因为任何社会阶段的任何一种劳动过程中都必须具有这三个要素，否则人们就根本不可能进行任何物质资料的生产活动。

在这三个基本要素中，人的劳动是生产中的能动因素，而劳动对象和劳动资料的总和构成生产资料，是生产过程中不可缺少的客观物质条件。劳动者与生产资料有机结合的过程，就是物质资料的生产过程。

二、生产力和生产关系

在从事物质资料生产的过程中，会形成不可分割的两个方面的关系：一是人与自然界之间的关系，叫做生产力；二是人与人之间的关系，叫做生产关系，也叫经济关系。

（一）生产力

生产力，又称“社会生产力”或“物质生产力”，是指人们征服自然、改造自然、获得物质资料的能力，它体现的是人与自然的关系。生产力的构成要素，概括地说，包括人的因素和物的因素。

人的因素是指具有一定生产经验、劳动技能和科学知识，实现着物质资料生产的劳动者；物的因素是指生产资料，即人们在生产过程中使用的劳动资料和劳动对象的总和。

在生产力中，劳动者是起主导作用的因素，是最具有能动性、决定性的力量。因为离开劳动者，生产资料仅仅是一堆死物，哪怕是最先进的机器也与废铜烂铁无异；特别是劳动资料中的生产工具，是由劳动者创造出来的，只能由劳动者去操作和使用。所以，劳动者是生产的主体，是起主导作用的因素。

提示与说明

生产力的发展状况集中表现在生产工具的发展变化上。

生产工具的发展水平是生产力的物质标志，也是划分经济时代的标志。

但是，这并不否认物的因素的重要性：一方面，劳动者只有和一定的生产资料结合起来，才能发挥作用；另一方面，生产资料中的生产工具的发展与变革对生产力的发展有着特殊的作用。

此外，生产资料中劳动对象的范围的不断扩大，对生产力水平的提高也发挥着越来越重要的作用。

经典语录

“生产力中也包括科学。”（马克思 等，1972c）[211]

“科学技术是第一生产力。”（邓小平，1993）[377]

在生产力中，不管是人的因素还是物的因素，都与科学技术紧密联系着。科学技术日益广泛和深入地渗透到劳动者和生产资料之中，引起劳动者素质和生产资料状态的变化，从而极大地推进了社会的发展。

科学技术是生产力，就是指自然科学、社会科学和技术发明在生产过程中被应用，变为巨大的物质力量，从而转化为现实的、直接的生产力。科学技术越是广泛地应用于生产，就越能提高生产力的水平。随着生产力的发展，科学技术的作用日益增大。

（二）生产关系

人们在物质资料的生产过程中，除了要和自然界发生关系以外，还要与他人发生这样或那样的关系。由于单个人无法与自然界的力量相抗衡，无法单独开展生产活动，所以人们必须联合起来，进行改造自然的生产活动。这种人们在物质资料生产过程中相互结成的经济关系，就是生产关系，也叫社会生产关系。

生产资料所有制形式是生产关系的基础。所谓生产资料所有制形式，就是人们在生产资料所有、占有、支配和使用等方面所结成的经济关系。人类社会发展至今，生产资料所有制形式先后有：生产资料氏族部落公有制、奴隶主占有制、封建主占有制、资本主义私有制、社会主义公有制。在生产时，必须有生产资料与劳动者的结合才能开始生产过程，所以，一定的生产资料所有制形式是社会生产的前提，它决定劳动者与生产资料的结合方式，决定人们在生产过程中的地位和相互关系，以及产品的分配、交换、消费的形式和方式，从而决定生产关系的性质和特点。

生产关系的内容包括生产、分配、交换和消费四个方面。人们在直接生产过程中发生的关系，是狭义的生产关系。当人们生产出产品后，进入分配、交换、消费领域，就构成了产品生产的总过程，通过生产总过程而体现的人与人之间的关系，是广义的生产关系。从整个社会活动来看，人们之间的社会关系，除了生产关系之外，还包括政治、思想、文化、家庭等多方面的关系。由于物质资料生产是人类社会存在和发展的基础，所以，在各种社会关系中，生产关系是最基本的社会关系，各种社会关系都要受到生产关系的支配和制约。

在社会生产总过程中，生产、分配、交换和消费四个环节紧密联系、相互作用。其中，生产决定分配、交换和消费：生产什么或生产多少，决定着是否有或有多少产品可供分配、交换、消费。而分配、交换和消费对生产又具有重要的反作用：分配合理、交换发展、消费积极就会促进生产的发展；分配不合理、交换不发展、消费阻滞就会影响或制约生产的发展。

★重要结论★

如果生产资料归个体劳动者所有，生产出来的产品也归个体劳动者占有，个体劳动者就有权决定产品的分配、交换和消费方式，其生产是个体经济性质的。

如果生产资料归资本家私人占有，生产的产品就由资本家支配，其生产就是资本主义私有制性质的。

如果生产资料归劳动者共同所有，生产的产品就要按照有利于劳动者的方式进行分配，其生产就是公有制性质的。

三、在社会基本矛盾的运动中研究生产关系

政治经济学的研究对象是生产关系。政治经济学对生产关系的研究，是把它放在社会基本矛盾的运动中进行的。人类社会的基本矛盾就是生产力和生产关系、经济基础和上层建筑的矛盾。人类社会是在这一矛盾的运动中发展变化的。政治经济学对生产关系的研究，必须紧密联系生产力和上层建筑。

（一）研究生产关系必须紧密联系生产力

生产力和生产关系是社会生产不可分割的两个方面，生产力是生产的物质内容，生产关系是生产的社会形式，二者相互联系、相互依存、有机统一，共同构成社会生产方式。

1. 生产力决定生产关系

主要表现在：生产力决定生产关系的性质和发展。有什么样的生产力就有什么样的生产关系；生产力的发展变化必然引起生产关系的发展变化。

2. 生产关系对生产力有重要的反作用

主要表现在：当生产关系适应生产力发展水平和要求时，就会促进生产力的发展；当生产关系不适应（超前或是落后）生产力发展水平与要求时，就会阻碍甚至破坏生产力的发展。

3. 生产关系一定要适应生产力的发展要求

由于生产力是生产的物质内容，生产关系是生产的社会形式，形式必须与内容相适应，所以，生产关系一定要适应生产力的发展要求，这是不以人的意志为转移的客观规律，是推动人类社会发展进步的基本规律。

在物质资料生产过程中，生产力是在不断发展的，是最活跃、最革命的因素，因此，生产关系与生产力总是处于从适应到不适应，经过生产关系的变革，再到新的基础上的适应的运动过程。

（二）研究生产关系必须紧密联系上层建筑

在人们的社会关系中，生产关系是最基本的、起决定作用的关系。一定社会发展阶段中占主体地位的生产关系的总和构成这个社会的经济基础。在这个基础上形成的、与之相适应的政治法律制度和社会意识形态，构成这个社会的上层建筑。

经济基础（实质上就是生产关系）和上层建筑也是矛盾的统一体。

1. 经济基础决定上层建筑

主要表现在：有什么样的经济基础，就有什么样的上层建筑；经济基础的发展变化决定上层建筑的发展变化。

2. 上层建筑对经济基础具有重要的反作用

上层建筑总是为自己的经济基础服务，维护自己的经济基础。新的上层建筑能够摧毁旧的经济基础，促使新的经济基础形成；旧的上层建筑则会维护旧的经济基础，阻碍新的经济基础形成。

政治经济学是研究生产关系及其发展规律的科学，它既不是专门研究生产力的学科，也不是专门研究上层建筑的学科。

生产关系与生产力及上层建筑之间密切的联系决定了政治经济学不能脱离生产力和上层建筑来孤立地研究生产关系，应该在生产力和生产关系、经济基础和上层建筑的相互作用和矛盾运动中，紧密联系生产力和上层建筑来研究生产关系。

提示与说明

专门研究生产力问题是自然科学、技术科学或生产力经济学等学科的任务。

专门研究上层建筑问题则是政治学、法律学、教育学、文学等学科的任务。

四、研究生产关系包括研究经济制度和经济体制

经济制度和经济体制是两个既相联系又相区别的概念。

所谓经济制度，是指一定社会占统治地位的生产关系的总和，它反映生产关系的性质，是区分不同社会形态的基本依据。以所有制、分配方式体现的基本生产关系属于社会经济制度层面，它们的差异体现经济制度的差异。

所谓经济体制，是指一定社会生产关系的具体实现形式，反映的是社会资源的配置方式。现代市场经济条件下的两种经济体制是市场经济体制和计划经济体制。

★重要结论★

社会主义生产关系的总和，构成社会主义的经济制度；资本主义生产关系的总和构成资本主义经济制度。社会主义的经济制度是：以生产资料公有制和按劳分配为基础，消灭剥削、消除两极分化。其中：以公有制为主体、多种所有制共同发展，坚持按劳分配为主体、多种分配方式并存，是我国社会主义初级阶段的基本经济制度。资本主义的经济制度可概述为：生产资料私有制和按资分配。

社会主义经济体制是社会主义生产关系的具体实现形式；资本主义的经济体制是资本主义生产关系的具体实现形式。

经济制度具有相对稳定性，贯穿于一定社会发展阶段的全过程，一旦质变，就意味着原有社会经济形态的灭亡。经济制度是一定经济体制建立的前提，经济体制不可能离开经济制度独立存在。然而经济体制对于经济制度具有反作用。合理的经济体制即促进生产力发展的经济体制会巩固、完善合理的经济制度；不合理的经济体制即阻碍生产力发展的经济体制会妨碍经济制度的完善，使合理的经济制度的优越性难以充分发挥出来。

由于经济体制本身不具有独立的社会制度的属性，故而同一经济制度可以实行不同的经济体制。譬如我国作为社会主义制度的国家，改革之前实行计划经济体制，改革之后转而建立社会主义市场经济体制。

马克思主义政治经济学对生产关系的研究具有层次性，即不仅要研究本质层次即属于社会基本经济制度的生产关系，还要研究经济运行层次即属于经济体制的生产关系。在研究、揭示生产关系实质时，结合对一定经济体制的分析和探讨，可以从比较具体的经济运行过程和趋势中更好地把握一定经济制度的运动和发展规律，从而更好地实现政治经济学的功能及其历史使命。

第三节　政治经济学的根本任务

一切科学的任务均在于揭示事物的客观规律性。区别只在于研究对象的不同，应揭示的规律性也不同。政治经济学的研究对象是社会生产关系，其任务是通过对人类社会各个发展阶段的生产关系的考察，揭示各种生产关系产生、发展和变化的规律，即政治经济学的根本任务是揭示客观经济规律。

一、经济规律的内涵

在社会物质资料的生产、分配、交换和消费过程中，存在着纷繁复杂的经济现象，在这些经济现象背后，有着共同的、本质的、必然的东西。经济规律就是经济现象和经济过程中内在的、本质的、必然的联系，也就是生产关系的产生、发展和变化规律。

所谓“内在的”是说，这种联系是经济运动过程本身固有的，而不是外部强加给它的，人们既不能创造，也不能消灭这种联系。所谓“本质的”是说，经济运动过程中的联系是多种多样的，只有决定经济运动趋势的联系才是规律性的联系。所谓“必然的”是说，这种联系是确定的联系，只要经济过程中存在着发生这种联系的条件，这种联系就会出现。

任何经济规律都具有客观性，这是因为以下几个原因。

第一，任何经济规律都是在一定客观经济条件的基础上产生的，并随着客观经济条件的变化而变化。有什么样的经济条件，就会产生与它相适应的经济规律。当某种经济条件消失后，与它相适应的经济规律也就会随之消失，而在新的经济条件出现时，又会产生新的经济规律。

概念提示

这里所说的经济条件主要是指由一定的生产力状况决定的生产关系。有什么样的生产关系（经济条件），就会有什么样的经济规律。

第二，任何经济规律的作用都是客观的。经济规律的作用是不以人的意志为转移的。在一定的经济条件下产生并发生作用的经济规律，不论人们认识不认识、喜欢不喜欢它，都会客观存在并发生作用。人们不能消灭、废除或改造经济规律，也不能创造或制定新的经济规律。无论人们认识不认识经济规律，它都客观地存在并发生作用。

第三，人们必须按经济规律的要求办事。在经济生活中，人们的主观行为如果违反了经济规律，经济发展就会受到破坏，人们就要受到经济规律的惩罚。

承认经济规律的客观性，并不意味着人们在经济规律面前是无能为力、无所作为的，更不表明人们只能听凭经济规律的摆布，做经济规律的奴隶。相反，人们能够充分发挥自己的主观能动性，来发现、认识和利用各种经济规律，能动地改造世界，使人们的主观行为符合经济规律的要求，使经济规律作用的结果给人们带来经济利益。

二、经济规律的特点

经济规律与自然界物质运动的规律（自然规律）相比，两者都具有客观性，但是，经济规律又具有其自身的特点。

1. 经济规律离不开人的经济活动

自然规律是完全脱离人们的活动独立存在和发生作用的；而经济规律是人们经济活动的规律，离开了人的经济活动，就不存在经济规律。

2. 经济规律一般不是长久不变的

自然规律大多会长久地存在并发生作用；而经济规律，由于其赖以产生和发生作用的经济条件不是固定不变的，所以也就不能做到长久不变。随着旧的经济条件的消失，新的经济条件的出现，旧的经济规律也会让位给新的经济规律。

3. 在阶级社会里，认识和利用经济规律总是有阶级背景的

在自然科学中，认识和利用自然规律，一般是比较顺利的。当然，如果对自然规律的认识和利用触犯了某一阶级的利益，也会遇到这个阶级的反抗。但是，经济规律作为生产关系的运动规律，它的作用直接关系到人们的切身利益，所以，在阶级社会里，不同阶级对发现和利用经济规律的程度和态度是不同的。

三、经济规律的类型

按照经济规律赖以产生和发生作用的经济条件的不同，可以将它们分为三种类型。

1. 人类社会发展的各个阶段所共有的经济规律

例如，生产关系一定要适应生产力状况的规律。它存在的经济条件就是社会生产，任何社会生产都存在生产力和生产关系两个对立统一的方面，因而都存在生产关系一定要适应生产力状况的规律，这个规律在一切社会形态中都存在和起作用。

2. 几个社会形态共有的经济规律

例如，价值规律。它存在的条件是商品经济。只要存在商品经济，就存在价值规律。奴隶社会、封建社会、资本主义社会、社会主义社会都存在商品经济，因此都存在发生作用的价值规律。

3. 某一个社会形态特有的经济规律

例如，剩余价值规律是资本主义特有的经济规律，只要存在资本主义生产关系，剩余价值规律就必然存在并发生作用。按劳分配规律是社会主义特有的经济规律，只要存在社会主义生产关系，就必然存在按劳分配规律。

第四节　政治经济学的性质与意义

一、政治经济学的性质

（一）政治经济学具有阶级性

政治经济学，无论是资产阶级政治经济学还是马克思主义政治经济学，都具有鲜明的阶级性。政治经济学之所以具有阶级性，主要是由政治经济学研究对象的特殊性决定的。政治经济学研究的生产关系实质上是社会成员之间的物质利益关系，在阶级社会里一般表现为阶级关系。由于人们所处的阶级地位和经济利益不同，不同的阶级都会从本阶级的立场和利益出发去阐明社会经济运动过程，形成各自的政治经济学理论体系。因此，政治经济学必然具有鲜明的阶级性。各个阶级都有自己的政治经济学。

（二）马克思主义政治经济学是阶级性和科学性的统一

政治经济学是否具有科学性，取决于它能否揭示社会经济发展的规律。越是能以科学的态度去探索、认识和反映社会经济发展的客观规律的政治经济学，就越具有科学性。

马克思主义政治经济学，既是一门揭示社会经济发展规律的科学，又是代表工人阶级和广大劳动人民利益的经济学说。它实现了阶级性和科学性的统一。

一方面，马克思主义政治经济学是无产阶级的政治经济学，代表着无产阶级的利益，具有鲜明的阶级性；另一方面，由于无产阶级作为先进生产力和生产方式的代表，其经济地位和阶级利益的要求与社会发展的方向完全一致，无产阶级在认识和揭示社会经济发展规律方面，既不同于以往的剥削阶级受狭隘的阶级私利的局限，又没有阶级的偏见妨碍自己如实地揭示客观真理，因而无产阶级能够坚持以科学的态度去探索、认识和反映社会经济发展的客观经济规律。马克思主义政治经济学具有高度科学性和真理性。

无产阶级越是如实地把社会经济发展规律揭示出来，并深刻地认识和正确地加以利用，就越是有利于实现无产阶级的历史使命，越是符合无产阶级和广大劳动人民的根本利益。所以，马克思主义政治经济学既是一门揭示社会经济发展规律的科学，又是一门代表无产阶级利益的科学，它实现了科学性和阶级性的高度统一。

提示与说明

任何政治经济学都具有鲜明的阶级性，但不是每个阶级的政治经济学都是科学的。既然政治经济学是研究经济关系的学科，那么，只要是能够反映经济关系的本质，揭示客观经济规律的政治经济学就是科学的；否则，就是不科学的。

马克思主义政治经济学实现了阶级性和科学性的统一。

二、学习政治经济学的意义

一方面，政治经济学作为经济管理类专业的专业基础课，是为各种经济类学科提供理论基础的科学，它所阐明的基本原理和所揭示的客观经济规律，对其他经济学科都有指导作用和意义。无论学习经管类的哪个专业，都需要学习好政治经济学。

不仅如此，社会生活中存在着很多值得关注的经济问题，也都需要用经济学来解释并寻找解决的办法。21 世纪是一个不允许有经济学文盲的世纪，人人都要学习并掌握经济学的知识。

阅读案例

2005 年×月×日，××大学学生王文、李波、张彬在自习室相遇。

王文：哎，你们注意没有，这两天胡锦涛主席去北美访问，随行的居然有 70 多家像海尔集团这样的知名企业代表。上次加拿大总理访华，来了 277 家企业，360 多人。领导人出访带这么多企业代表干什么？

李波：这有什么新鲜！当年克林顿一上台不就宣布在世界上推销美国产品是他的责任吗？韩国更绝，居然要求所有的外交家都要成为韩国商品推销员。

张彬：所以啊！欧洲航空防务及航天公司（EADS）的总经理跟德国总理施罗德访华，拿了价值 13 亿美元的合同，包括 23 架空中客车，还有为北京奥运提供的安保系统。

李波：施罗德有什么办法？国内经济不景气，他可以用这些订单来证明自己还是有海外营销能力的嘛，现在领导人出访不可能只谈友谊，经济合作程度是考察领导人出访成果的一个主要指标。

王文：难怪欧盟不顾美国反对，要取消对华武器禁运，看来也是出于经济利益考虑。

张彬：经济全球化的竞争激烈，要保护本国利益，又不能损害别国利益，难啊！看来各国外交都得为经济“打工”。

李波：有位外交家不是说：50 年前如果大使讲经济会被认为是笑柄，现在大使不懂经济更会成为笑柄，冷战期间，国与国的较量，军事力量起着重要的作用。现在靠什么？还不是靠经济与技术。

王文：看来，世界真的变了！

（资料来源：2006 年研究生入学考试政治试题第 38 题）

点评：本例中几个学生的谈话反映了在现代国际社会中经济因素对世界政治的影响日益增大。经济因素不仅对各国国内政治，而且会对国际政治产生重要影响。以至于现在外交官不懂经济就不是真正搞外交。

> **视野拓展**
>
> 学好政治经济学到底对我们的工作和生活有什么样的意义？扫描二维码读者可看看习近平同志是怎么说的。
>
> 

另一方面，马克思主义政治经济学还为我们认识客观世界和社会历史发展规律提供了科学的理论和方法，也是我们改造客观世界和主观世界的理论武器，学习马克思主义政治经济学，有利于我们认识资本主义产生、发展和必然灭亡的规律；有利于认识社会历史发展的必然趋势，坚定社会主义信念和树立共产主义的世界观；有利于认识和借鉴资本主义先进的经营方式和管理方法，推进社会主义现代化事业的发展；有利于认识社会主义经济制度的本质、社会主义经济体制和经济运行机制，把握社会主义经济发展过程的基本问题，掌握社会主义经济理论，进一步增强改革开放意识，更好地促进社会主义现代化事业的发展。

小结

1. 政治经济学是一门独立的经济学，它的研究对象是生产关系。

2. 创建于19世纪中叶的马克思主义政治经济学的理论来源是资产阶级古典政治经济学和空想社会主义。它实现了阶级性与科学性的统一，具有与时俱进的理论品质，其精髓是科学的世界观、基本原理和方法论。

3. 物质资料的生产是人类社会存在和发展的基础，也是政治经济学研究的出发点，其基本要素包括人的劳动、劳动对象和劳动资料。

4. 生产力和生产关系是社会生产方式的两个方面，其中，生产力决定生产关系，生产关系反作用于生产力，生产关系一定要适应生产力的发展要求，二者形成相互依存、相互联系的矛盾统一体。

5. 社会经济运行过程和现象之间内在的、本质的、必然的联系就是经济规律。揭示客观经济规律是政治经济学的根本任务。

单元测试题

一、单项选择题

1. 政治经济学是一门（　　）。

   A. 研究政治的学科　　B. 独立的经济学科

   C. 既研究政治也研究经济的学科　　D. 马克思主义经济学的专用语

2. 政治经济学的研究对象是（　　）。

   A. 生产力　　B. 生产方式　　C. 生产关系　　D. 上层建筑

3. 政治经济学研究的出发点是（　　）。

A. 物质资料生产　B. 生产力　C. 生产关系　D. 经济规律

4. 人类社会存在和发展的基础是（　　）。

A. 物质资料的生产　B. 生产力　C. 劳动力　D. 商品

5. 生产力和生产关系的有机结合和统一，构成了（　　）。

A. 社会的生产方式　B. 客观经济条件　C. 社会经济关系　D. 社会发展条件

6. 生产力（　　）。

A. 就是科学技术

B. 是人们征服自然、改造自然、获得物质资料的能力

C. 就是生产工具

D. 是生产的平均水平

7. 生产关系发展变化的原因和依据是（　　）。

A. 生产力的发展状况和要求　B. 社会生产方式的运行规律和内在矛盾

C. 科学技术的进步及其在生产中的应用　D. 上层建筑对经济基础的反作用

8. 构成生产关系的基础并决定生产关系的根本性质和特点的是（　　）。

A. 经济制度　B. 生产力　C. 生产资料所有制　D. 经济体制

9. 在多种社会关系中最基本的关系是（　　）。

A. 政治关系　B. 生产关系　C. 阶级关系　D. 家庭关系

10. 生产关系体现的是人与（　　）。

A. 自然的关系　B. 社会的关系　C. 人的关系　D. 物质资料的关系

11. 在社会生产总过程中，起决定作用的环节是（　　）。

A. 交换　B. 生产　C. 消费　D. 分配

12. 生产资料包括（　　）。

A. 劳动资料和劳动对象　B. 劳动资料和生产工具

C. 劳动对象和生产工具　D. 机器设备和生产工具

13. 煤矿上用来运煤的道路是（　　）。

A. 原材料　B. 劳动工具　C. 劳动资料　D. 以上都不对

14. 即将开采的埋藏在地下的煤炭属于（　　）。

A. 劳动对象　B. 劳动资料　C. 原材料　D. 以上都不对

15. 政治经济学研究的根本任务是揭示（　　）。

A. 资本的秘密　B. 商品的秘密　C. 经济规律　D. 剩余价值生产的秘密

16. 在一切社会形态都起作用的经济规律有（　　）。

A. 价值规律　B. 市场竞争规律

C. 按劳分配规律　D. 生产关系一定要适应生产力状况的规律

17. 政治经济学研究生产关系包括两个层面，其中，反映生产关系性质的层面是（　　）。

A. 生产力　B. 经济制度　C. 经济体制　D. 生产资料所有制

18. 最早使用“政治经济学”一词的学者是（　　）。

A. 蒙克莱田　B. 马歇尔　C. 色诺芬　D. 亚里士多德

19. 下列不属于物质资料生产活动的是（　　）。

A. 煤矿工人将埋在地下的煤开采出来 B. 炼钢厂的工人将矿石炼成钢铁

C. 纺织厂的工人将棉纱织成布 D. 地底下煤炭、石油的形成

20. 经济规律赖以存在的客观经济条件是指（　　）。

A. 生产力 B. 生产关系 C. 经济基础 D. 生产资料所有制

21. 政治经济学在研究生产关系时必须紧密联系（　　）。

A. 生产资料所有制 B. 生产力

C. 人们的交换关系 D. 物质利益分配关系

22. 经济规律是指（　　）。

A. 经济形式和经济现象之间的必然联系

B. 经济现象和经济过程之间的相互关系

C. 各种经济现象之间的相互关系

D. 经济现象和经济过程之间内在的本质的必然联系

23. 生产关系对生产力具有能动的反作用，这种反作用的性质取决于生产关系是否（　　）。

A. 先进 B. 在发展 C. 符合生产力状况 D. 占统治地位

24. “手推磨产生的是封建主为首的社会，蒸汽机产生的是工业资本家为首的社会”，这段话说明的是（　　）。

A. 生产力决定生产关系 B. 生产关系反作用于生产力

C. 生产工具是生产力发展的物质标志 D. 生产力必须适应生产关系

25. 我国1958年开始在农村实行人民公社制度，搞“一大二公”，要“跑步进入共产主义”，结果给社会生产的发展造成了严重的后果。这一结果表明（　　）。

A. 生产力必须适应生产关系

B. 生产关系可以超越生产力的发展状况而发展

C. 生产关系必须适应生产力的现有状况而发展

D. 生产关系和生产力是根本对立的

26. 马克思主义政治经济学的理论品质是（　　）。

A. 理论联系实际 B. 实事求是 C. 解放思想 D. 与时俱进

二、多项选择题

1. 生产关系（　　）。

A. 是人们在物质生产过程中结成的相互关系

B. 是人们各种社会关系中的最本质的关系

C. 包括生产、分配、交换、消费四个方面的关系

D. 是社会生产方式的一个方面

2. 社会生产总过程包括（　　）。

A. 生产 B. 交换 C. 分配 D. 消费

3. 与自然规律相比，经济规律的特点有（　　）。

A. 经济规律是不以人的意志为转移的

B. 大多数经济规律不是长久不变的

C. 经济规律总是和人的经济活动联系在一起的

D. 在阶级社会里，人们认识和利用经济规律带有阶级性

4. 对经济规律的客观性理解正确的是（　　）。

A. 它是一个不以人的意志为转移的客观存在

B. 任何经济规律总是在一定的客观经济条件的基础上产生的

C. 经济规律的作用是客观的

D. 人们不能消灭、改造经济规律，也不可能创造新的经济规律

5. 人们在经济规律面前的主观能动作用主要体现在（　　）。

A. 人们可以认识经济规律　　B. 人们可以发现和利用经济规律

C. 人们可以改变经济规律　　D. 人们可以创造新的经济规律

6. 马克思主义政治经济学是（　　）。

A. 研究生产关系及其发展规律的科学

B. 马克思和恩格斯创立的无产阶级政治经济学

C. 不断发展的科学

D. 阶级性和科学性相统一的科学

7. 马克思主义政治经济学的理论来源主要有（　　）。

A. 辩证唯物主义　B. 历史唯物主义　C. 古典政治经济学　D. 空想社会主义学说

8. 织布厂用来织布的织布机属于（　　）。

A. 劳动资料　B. 劳动工具　C. 生产资料　D. 物质资料

9. 生产力（　　）。

A. 是人们征服自然、改造自然的能力　B. 体现的是人与自然的关系

C. 是社会生产中最活跃、最革命的因素　D. 基本构成因素是生产资料和劳动者

10. 社会再生产过程包括生产、分配、交换和消费四个环节，其中（　　）。

A. 生产决定分配、交换和消费

B. 分配、交换和消费对生产有反作用

C. 四个环节紧密相连、相互作用

D. 生产是起点，消费是终点，分配和交换是连接生产和消费的中间环节

三、名词解释

经济规律　物质资料的生产　生产资料所有制　经济制度

四、辨析题

1. 由于生产关系对生产力有反作用，因此，变革生产关系就能促进生产力的发展。

2. 经济规律和自然规律是完全相同的。

五、问答题

1. 简述劳动过程的三个基本要素。

2. 什么是生产力，什么是生产关系？两者有着什么样的关系？

3. 如何理解马克思主义政治经济学是阶级性和科学性的统一？

第二章　社会经济制度与经济运行的一般原理

【学习目的与要求】

资本主义生产方式以及中国特色社会主义经济活动都要受社会经济制度变革规律的支配，也都建立在商品经济基础之上。学习本章，应认识社会经济制度变革的一般规律，掌握商品经济产生和存在的条件，正确理解商品的二因素和劳动的二重性及其相互关系，掌握价值的质和量的规定性以及价值形式的演变，了解货币的职能，认识价值规律是商品经济的基本规律；学会运用马克思的劳动价值论分析和解决问题，为学习和掌握全部马克思主义政治经济学打下理论基础。

第一节　社会经济制度的变革与社会经济的基本形态

在人类社会演变的历史过程中，生产力和生产关系的矛盾运动是社会经济制度变革的根本动力，生产关系随着生产力的发展而改变自身的性质，是社会经济制度变革的一般规律。社会经济制度的变革通过社会经济形态的发展和更替得以表现。

一、社会经济制度的变革更替与一般规律

（一）社会经济制度更替

迄今为止，人类社会共经历了以下五种经济制度。

原始社会是人类历史上最初的社会经济制度，生产力水平极其低下的状况决定了人们必须联合起来与自然界作斗争，并形成了共同劳动、共同占有生产资料、平均分配劳动产品的生产关系。原始社会末期，随着生产力水平的提高，集体劳动逐渐过渡到个体劳动，生产资料和劳动产品逐渐从公有财产变为私有，最终导致了奴隶社会的形成。

在奴隶制度下，奴隶主占有全部生产资料和奴隶的劳动所得。由于奴隶主直接占有大量

奴隶使较大规模的生产协作成为可能，有利于生产率的提高，推动了社会生产力的发展。到奴隶社会末期，奴隶主占有制的生产关系逐渐变成生产力继续向前发展的桎梏，封建制度的诞生就成了历史必然。

封建社会时期，封建地主占有基本生产资料和不完全占有生产者，是封建经济制度的主要特征。农民具有一定的人身自由，铁器被广泛应用，推动生产力水平得到进一步发展，也引起了生产关系的变化。封建社会后期，商品经济发展迅速，封建社会的生产关系难以适应生产力发展的要求，资本主义生产方式通过资本原始积累和资产阶级革命，逐渐取代了封建社会的生产方式。

资本主义社会时期，由于技术革命的发生，生产力得到极大解放，资产阶级占有生产资料，并通过雇佣劳动制度对工人进行剥削。进入帝国主义时期，生产的社会化与生产资料资本主义私人占有制的矛盾日益尖锐，由于资本主义无法克服的基本矛盾和历史局限性，建设与社会化大生产相适应的社会主义经济制度则成为社会发展的必然趋势。

社会主义社会的生产关系以生产资料公有制为基础，实行按劳分配，生产的目的是为了满足社会成员的物质文化需要，实现共同富裕，最终将代替历史上的剥削制度，使人类进入理想的共产主义社会。

★重要结论★

社会形态的更替和演进过程告诉我们，人类社会形态的发展表现为社会经济制度的变革，推动变革最根本的动力是生产力和生产关系的矛盾运动。

（二）社会经济制度变革的一般规律

在人类社会生产过程中，生产关系随着生产力的发展而改变自身的性质，并一定要适应生产力状况的规律是社会经济制度变革的一般规律。

1. 生产关系和生产力的矛盾运动是推动社会经济制度变化的根本动力

当生产关系同生产力发展的要求相适应时就会推动社会生产力的发展，反之则对生产力起阻碍作用。生产关系与生产力总是处于从适应到不适应，经过生产关系的变革，再到新的基础上的适应的运动过程。

2. 生产力是最革命、最活跃的因素，是决定生产关系变化的根本原因

社会生产的发展变化总是由生产力的发展变化开始，然后引起生产关系发生变化。不适合生产力发展要求的过时的生产关系迟早要被适合生产力发展要求的新的生产关系所代替，建立起适合生产力状况的新型的生产关系。

3. 生产关系随着生产力的发展而改变自身的性质，是社会经济制度变革的一般规律

一种社会经济制度确立之初，生产关系与生产力的发展要求是相适应的，并在一定时期内促进生产力的发展。但是，由于生产力是最活跃、最革命的因素，总处在不断发展中，生产关系却具有相对的稳定性，因此，随着生产力的发展变化，原本适应生产力要求的生产关系会变得越来越不适应生产力的发展要求，因而要对生产关系进行相应的调整甚至变革。如果生产关系的变革不符合生产力发展的客观要求，就会阻碍生产力的发展，这种生产关系

也不可能长久地保持下去。生产关系一定要适应生产力的状况，是人类社会发展的一般规律，在一切社会形态中都存在并发生作用，决定着人类社会由低级形态向高级形态的发展。

★重要结论★

社会生产的变化，总是由生产力的变化引起的，生产力的发展变化要求生产关系相应地发展变化。生产关系随生产力的发展而改变自身的性质和形式，是社会经济制度变革的一般规律。

二、社会经济的两种基本形态

自然经济和商品经济是人类社会发展至今的两种基本经济形态。

（一）自然分工与自然经济

提示与说明

自然分工是最简单的分工形式，有两种表现形式。

一是按性别和年龄的差别所形成的生理分工。在原始社会氏族部落共同体内部，氏族成员之间就是按性别和年龄实行自然分工。例如成年男子从事狩猎、捕鱼、建筑房屋、制造工具等工作。老人和孩子们则帮助制造工具或料理家务。

二是氏族部落共同体之间，在地域资源的差异及自然产品差异性基础上形成的分工，即自然地域分工。这是由于各个氏族部落共同体之间，所处的地域不同，劳动对象、劳动资料及其劳动产品也不尽相同的结果。

自然经济是为直接满足生产者或经济单位自身需要而进行生产的自给自足的经济形态。

提示与说明

自然经济的主要特征：①自给自足的经济；②封闭型经济；③保守型经济；④以简单再生产为特征的经济。

自然经济以自然分工为基础，主要与较低的社会生产力水平相适应，主要存在于资本主义社会产生之前的漫长时期。它具体表现为社会氏族部落共同体的集体经济、奴隶社会和封建社会庄园经济以及个体农民的家庭经济。在自然经济为主导的社会，人们的经济联系和经济活动基本局限在经济单位内部，生产规模狭小，自给自足是其最基本的特征。我国传统的“男耕女织”式的小农经济就是自然经济的典型。

自然经济是一种落后的经济形式。它既是社会生产力不发达的产物，又阻碍着社会生产力的发展，是造成人类社会在相当长的时期内生产力发展缓慢的根本原因。人类社会经济发展的历史早已证明，凡是较早摆脱自然经济的束缚，较快发展商品经济的国家、民族和历史阶段，社会经济就比较繁荣，生产力发展速度就比较快。

（二）社会分工与商品经济

随着生产力的发展，人类社会逐渐出现了以交换为目的的经济，即商品经济——以商品生产和商品交换为内容、以交换为目的而进行生产的经济形式。以交换为目的进行的生产活动，就是商品生产；商品的相互交换或以货币为媒介的买卖就是商品交换。

概念提示

社会分工：超越一个经济单位的社会范围的生产分工，是指生产者以职业活动的形式，固定地、长久地从事一种或相似种类的物质资料生产及其他社会活动的一种分工形式。社会分工包括社会生产分为农业、工业等部门的一般分工，以及把这些大的部门再分为重工业、轻工业、种植业、畜牧业等产业或行业的特殊分工。

商品经济不是从来就有的，也不会永远存在，它是一定历史条件下才产生、发展和存在的。商品经济产生和存在的基本经济条件主要有以下两个方面。

社会分工是商品经济产生和发展的一般条件，是商品经济存在的前提。社会分工一方面使生产走向专业化，出现专门生产某种产品的生产者；另一方面又使人们的需要日趋多样化。为了满足生活和生产的各种需要，不同产品的生产者需要互通有无，交换产品。社会分工越发展，人们需要交换的产品数量和品种也就越多，人与人之间的经济联系就越密切。

生产资料和产品属于不同的所有者是商品经济产生和存在的根本条件（决定性条件）。当生产资料和劳动产品属于不同所有者时，人们通过交换使劳动产品成为商品，在这个过程中，人们既不愿将自己的产品白白送别人，也不能无代价地占有他人的劳动，只有通过自愿、互利、平等的交换来取得自己需要的、他人生产的产品。这便推动了商品经济的产生和发展。正如马克思指出的：“使用物品成为商品，只是因为它们是彼此独立进行的私人劳动的产品。”（1972b）[89]

提示与说明

商品经济的主要特征有以下几点。

（1）交换经济。它以追求价值为目的，并通过市场交换而实现。

（2）开放型经济。它以社会分工为基础，强调生产过程中的分工与协作。

（3）开拓进取型经济。生产者和经营者为了追求更多的价值，都想方设法提高劳动效率。

（4）以扩大再生产为特征。为了在竞争中处于有利地位，生产者不断扩大规模。

总之，商品经济是一种通过交换、为满足社会需要而生成的经济形态，它取代自然经济是历史的必然，也是社会发展的巨大进步。它是与发达的社会生产力相联系的，是社会发展不可逾越的一个阶段。商品经济虽然形成较早，但在社会占主导地位却始于资本主义社会，并经历了简单商品经济和发达商品经济两个发展阶段。

简单商品经济是以个体所有制和个体劳动为基础的商品经济，交换的目的主要是为了满足自身的消费需要，商品交换仅在较小的范围内存在。在人类发展进程中，简单商品经济主要存在于奴隶社会和封建社会，是占主导地位的自然经济的补充。

发达的商品经济是以社会化大生产为基础的，与机器大生产、发达的科技相联系。随着生产的社会化程度和产品的商品化程度的极大提高，当交换超越单纯的物质领域，市场机制对资源配置起决定作用时，商品经济就进入它的发达阶段即市场经济阶段。发达的商品经济与不同性质的社会制度相结合就形成了资本主义商品经济和社会主义商品经济。

第二节　商品的二因素与劳动的二重性

商品是用来交换的劳动产品，具有使用价值和价值两个因素，它体现一定的社会生产关系，是一个历史范畴。

概念提示

商品是用来交换的劳动产品。

商品的定义包含以下两层含义。

第一，作为商品，首先必须是劳动产品。不是劳动产品的物品不能成为商品。自然界中的土地、空气、阳光等，虽然是人类生活所必需，但因其不是劳动产品，所以不是商品。

第二，作为商品，还必须是用于交换。如果不是用来交换，即使是劳动产品，也不能叫商品。例如，自家种出来的粮食和织出来的布，若只是供家庭成员自己使用，而不用来与他人交换，尽管是劳动产品却不能叫商品。

可见，商品既不完全等同于一般有用物，也不完全等同于任何劳动产品。这是对商品内涵的最基本和最初步的理解。要真正弄懂什么是商品，还必须深入商品的内部，去分析商品的二因素——使用价值和价值。

一、商品的二因素

（一）商品的二因素是使用价值与价值

1. 使用价值

概念提示

使用价值：物品的有用性，是物品能够满足人们某种需要的属性。它体现人与物的关系。

使用价值是商品的自然属性。也就是说，商品的使用价值是由物品的物理、化学等性质（即自然属性）决定的。物品对人有用，指的是它的某种物理或化学性质对人有用。不同的物理或化学性质能够满足不同的需要。例如，同样是白色的药片，由于化学成分不同，有的止痛、有的消炎，疗效各异。同一种物品，由于自然属性是多方面的，它的使用价值也是多方面的。例如，衣服可以保暖，还可以起美观作用，即一种商品可以有多种使用价值。

使用价值构成社会财富的物质内容，是人类社会赖以生存和发展的基础，体现的是人与自然的关系，是一个永恒范畴，与社会形态没有关系。一个社会，生产出来的能够满足人们需要的物品（也就是使用价值）越多，这个社会就越富有。也就是说，社会财富从物质上就是由这些物质资料（使用价值）构成的。而使用价值的多与少，往往能反映出生产力水平的高与低，也就是说，使用价值的多与少，实际上就是人类征服自然能力的强与弱，因此，它体现的是人与自然的关系。再者，商品的使用价值，不论什么社会条件下，不论什么人和采用什么形式生产出来，它都不会因社会形式的不同而有什么区别。我们绝不能说资本主义社会生产的面包、馒头不能吃，只有社会主义新农村生产出来的面包、馒头才能吃。因而，一个物品，只要它的物理化学性质（自然属性）没有改变，它的使用价值就不会变，这与社会形态没有关系。从古至今，只要是没变质的粮食，都具有充饥和提供营养的使用价值。

概念提示

价值：凝结在商品中的无差别的一般人类劳动。它体现的是人与人之间的社会关系。

没有使用价值的物品一定不是商品。任何商品都必须具有能够满足人们某种需要的有用性，否则是没有人要的。但是，商品的使用价值和普通物品的使用价值的不同在于：商品的使用价值是为了满足别人需要的使用价值，是为了交换而生产的使用价值。因此，有用物品要成为商品，还必须是用来交换的物品，具有交换价值。商品的使用价值是交换价值的物质承担者。

2. 价值

从使用价值来看，衣服和苹果具有不同的质，但在交换中，它们却能够相互交换。这说明在它们之间一定存在着某种共同的、在量上可以作比较的东西。这个共同之处即它们都是劳动产品，都凝结着人类的劳动，具有价值。

所谓“无差别”是指人类劳动没有贵贱高低大小之分，“一般”指的是共同的、普遍的——都是人的脑力和体力的付出。农民种田，铁匠打铁，是两种不同形式的劳动，劳动产品——粮食和镰刀也各不相同，但这两种劳动却有着共同点，即都要耗费人的脑力和体力。

商品是价值的载体，价值是商品的社会属性，即本质属性，只有商品才具有价值。反过来，有价值的物品一定是商品。劳动产品，只有通过交换，才能成为商品，具有价值，因此，价值在本质上体现着商品生产者之间相互交换劳动的社会经济关系（交换关系），是一个历史范畴。只有交换，才有价值，商品就是交换关系。

概念提示

交换价值：一种使用价值与另一种使用价值相交换的量的关系或比例。

商品是用来交换的劳动产品，也就是说，只有劳动产品经过交换转移到他人手中时，才能成为商品，所以，商品具有交换价值。交换价值通过交换的数量上的关系或比例来体现。比如，一件衣服换三箱苹果，三箱苹果就是一件衣服的交换价值，一件衣服就是三箱苹果的交换价值。一件衣服等于三箱苹果就是它们之间的交换比例关系。一种商品可以有多种交换价值。比如，1 只羊既可以换 2 把斧子，也可以换 100 斤大米。

价值是交换价值的基础，交换价值则是价值的表现形式，交换价值由价值决定。商品的二因素，从表面上看是使用价值和交换价值，实质上是使用价值和价值。原因就是交换价值是由价值决定的。为什么 1 只羊在一定时间里可以换 2 把斧子，而不是 1 把或 3 把，即其交换价值是 2 把斧子而不是 1 把或 3 把斧子，根本原因在于生产 1 只羊和生产 2 把斧子耗费了同等的一般人类劳动。

（二）商品是使用价值和价值的矛盾统一体

使用价值是实实在在的、具体的，是可以看得见、摸得着的；而价值则是看不见、摸不着的，只有通过使用价值之间的交换才能体现出来。

提示与说明

使用价值是交换价值和价值的物质承担者，使用价值是价值和交换价值存在的前提。

有使用价值的物品不一定有价值（不一定是商品），没有使用价值的物品一定没有价值（一定不是商品）。有价值的物品一定有使用价值（一定是商品），没有价值的物品不一定没有使用价值。

商品的使用价值和价值的矛盾，指使用价值和价值之间的统一和相互排斥。这主要表现在：一方面，使用价值和价值统一于商品之中，缺一就不成为商品；另一方面，商品的使用价值和价值二者不可兼得。对于商品生产者来说，他占有商品的使用价值，但想要得到的却是商品的价值，而不是为了自己使用，为了得到商品的价值，就必须让渡商品的使用价值；对于购买者来说，他需要的是商品的使用价值，但手中却拥有支付商品价值的能力，为了获得商品的使用价值，就必须支付商品的价值。

解决使用价值和价值矛盾的唯一途径是交换。只有通过交换，把商品卖出去，才能使生产者获得价值，使消费者得到使用价值，商品的使用价值和价值之间的矛盾才能得到解决。交换是解决这个矛盾的必要条件。交换成功意味着购买者获得了使用价值，商品生产者实现了价值。

这样，该卖的卖掉了，该买的买到了，矛盾也就解决了。否则使用价值和价值的矛盾就解决不了，就会造成生产的东西卖不掉和需要的东西买不到的严重后果。这种现象在商品经济和市场经济条件下是常见的，特别是在周期性经济危机中表现尤为突出。

★重要结论★

作为商品二因素的使用价值和价值是矛盾统一体，只有通过交换才能解决这个矛盾，实现商品的价值。

二、生产商品劳动的二重性

商品的二因素是由生产商品的劳动的二重性决定的，劳动的二重性指具体劳动和抽象劳动。

（一）具体劳动

概念提示

具体劳动：指在一定具体形式下进行的劳动。它创造商品的使用价值，体现人与自然的关系。

不管人们生产东西的目的是什么，都要通过各种各样的劳动先把它生产出来。人们生产商品，总是在一定的具体形式下进行的。农民种粮食要用各种农具在田地劳作，裁缝做衣服要用剪刀剪、尺子量，汽车工人制造汽车要用各种设备、工具，等等。可见，每一种劳动，无论就目的而言，还是就劳动对象、使用工具、工作方法、劳动结果而言，都是各不相同的。

这种在一定的具体形式下进行的劳动，就叫作具体劳动。千差万别的具体劳动体现出社会分工的复杂性。

人们进行具体劳动的过程，就是使用劳动工具作用于劳动对象，把原有的物质形态改变成人们需要的有用之物的过程。而且，任何具体劳动，只有借助于土地、矿藏和其他的自然物质，才能制造出使用价值。这里的“土地”，泛指所有的自然物。因此，具体劳动创造使用价值，具体劳动同自然物质一起成为使用价值的源泉，而且，具体劳动的多样性决定了使用价值的多样性。

人类要生存，就要消费，就要通过各种具体形式的劳动提供人们需要的使用价值。由此可见，这种制造使用价值的具体劳动反映的是人与自然的关系，是不以任何社会形式为转移的人类生存的条件，是劳动的自然属性。

（二）抽象劳动

不同的商品之所以能够在市场上相互比较并按一定比例交换，说明生产商品的各种劳动，除了有具体形式各不相同的一面外，还应有相同的一面，这就是抽象劳动。

概念提示

抽象劳动：抽掉了具体形式的无差别的人类劳动。它创造商品的价值，体现的是人与社会的关系。

木匠拉锯、裁缝缝纫、农民种田、铁匠打铁具有的共同点在于：它们都是人类劳动的支出，都是人的大脑、肌肉、神经、骨骼等脑力和体力的耗费。这种抽掉了一切具体形式的无差别的人类劳动，就叫做抽象劳动。

抽象劳动作为抽掉一切具体形式的人类无差别的体力和脑力的耗费，在本质上是相同的，在量上是可以比较的。抽象劳动凝结到商品中形成商品的价值，是价值的唯一源泉，是价值的实体。

抽象劳动虽然是价值的源泉，但抽象劳动不等于价值。抽象劳动只有凝结到商品中才能形成价值，是和商品生产、商品交换相联系的。如果不存在商品的生产和交换，就没有必要把劳动分为具体劳动和抽象劳动。当商品生产和交换出现以后，才有必要把多种不同质的具体劳动还原为同质的抽象劳动，从而在量上进行相互比较，这就使抽象劳动具有一种特殊的社会形式。可见，抽象劳动是劳动的社会属性，是个历史范畴，它反映的是商品生产者相互交换劳动的社会关系。

提示与说明

具体劳动和抽象劳动是生产商品的同一劳动的两个方面，二者统一于生产同一商品的劳动过程之中。

一方面，商品生产者进行具体劳动的同时，也就支出了抽象劳动。另一方面，具体劳动和抽象劳动又具有明显区别：具体劳动体现人与自然的关系，是一切社会形态都存在的永恒属性；而抽象劳动反映的是社会生产关系，是劳动的社会属性，它在发达的商品经济中表现得更充分，是历史范畴。

三、劳动二重性学说的意义

生产某种商品的劳动，一方面是与生产其他商品不同的具体劳动，另一方面又是与生产其他商品相同的抽象劳动。正是这种劳动的二重性决定了商品的二因素：具体劳动生产使用价值，抽象劳动形成价值。劳动二重性和商品的二因素是辩证统一的关系。具体劳动与抽象劳动的矛盾决定了使用价值与价值之间的矛盾，解决矛盾的唯一途径是交换，具体劳动只有通过交换才能还原为抽象劳动。也就是说，劳动只有在交换的条件下才创造价值，因此，只有经过交换的劳动产品才具有价值。非商品生产的劳动过程不具备二重性。

生产商品的劳动包含着具体劳动和抽象劳动这种二重性,是由马克思首先发现和证明的。在马克思之前，资产阶级古典政治经济学家虽然已经提出了劳动创造价值的理论，但由于他们不懂得生产商品的劳动有具体劳动和抽象劳动这样的二重性，因而他们的劳动价值理论是不彻底的，甚至还出现了自相矛盾的说法。对马克思劳动二重性学说的意义，我们在后面的学习中还会逐渐认识。

提示与说明

马克思在继承古典政治经济学劳动创造价值的理论的同时，创立了劳动二重性学说，第一次确定了什么样的劳动形成价值，为什么形成价值以及如何形成价值，阐明了具体劳动和抽象劳动在商品价值形成中的不同作用，从而为揭示剩余价值的真正来源、创立剩余价值理论建立了重要基础，构成马克思主义经济理论体系建立的理论基础。因此，劳动二重性学说成为“理解政治经济学的枢纽”。

第三节　商品的价值量

商品价值是人类抽象劳动在商品中的凝结，它们在质上是相同的，只存在量的差别。那商品价值量的大小是怎样决定的，又是怎样变化的呢？这是我们接下来要解决的问题。

一、商品的价值量由社会必要劳动时间决定

商品的价值量是体现在商品中的抽象劳动量。由于商品价值是抽象劳动的凝结，所以价值量就由生产商品所耗费的劳动量来决定。而衡量劳动量的自然尺度是时间，因此，价值量就应当由劳动时间来衡量。

概念提示

个别劳动时间：个别商品生产者或个别企业生产某种商品的劳动时间。

例如，生产 1 双皮靴，甲用了 8 小时，乙用了 10 小时，丙用了 12 小时，这 8、10、12 小时，就分别是甲、乙、丙 3 个商品生产者生产 1 双皮靴所花费的个别劳动时间。

生产同样一种商品，由于主客观条件的差异，各生产者花费的时间有多有少，如果商品的价值量由个别劳动时间决定，势必造成谁越懒惰、技术水平越低、花的时间越多，他生产

的商品的价值就越大，这显然是不合理的，也是不可能的。决定商品价值量的不应该是个别的劳动时间，而应是社会必要劳动时间。

概念提示

社会必要劳动时间：在现有的社会正常生产条件下，在社会平均的劳动熟练程度和劳动强度下制造某种使用价值所需要的劳动时间。

现有的生产条件是指当前的生产条件，而不是指过去或将来的生产条件。一种商品不管过去生产它用了多少时间，如果放到现在才卖，也要按现在生产这种商品所用的时间来衡量。

社会正常的生产条件是指一定时期某一生产部门大多数商品的生产条件。平均的劳动熟练程度主要是指每个商品生产者技术水平大体相等，或者说大多数商品生产者所能达到的技术熟练程度。

平均的劳动强度也就是劳动的强度含量大体是一致的。这是由单位时间内的劳动耗费决定的。劳动强度大，意味着操作紧张，单位时间内脑力和体力耗费多；劳动强度小，意味着操作松弛，单位时间内脑力和体力消耗少。在同样的时间内，熟练劳动和强度大的劳动，可以比非熟练劳动和强度小的劳动创造出更多的价值。

总之，社会必要劳动时间是在现有的正常的生产条件下按平均的劳动熟练程度和劳动强度计算的。如前例，生产 1 双皮靴甲需要 8 小时，乙需要 10 小时，丙需要 12 小时。假若乙生产 1 双皮靴所需要的劳动时间代表了社会上大多数皮靴生产者在大致相同的生产条件、劳动熟练程度和劳动强度下生产 1 双皮靴所需要的时间，那么 10 小时就是生产 1 双皮靴的社会必要劳动时间。只要生产这种商品的社会劳动时间不变，不管个别商品生产者生产该商品用了多少时间，1 双皮靴的价值量就只能是 10 小时。这就是商品价值量只能由社会必要劳动时间决定的道理。

社会必要劳动时间决定商品的价值量关系到商品生产者的命运。仍以甲、乙、丙三者分别生产 1 双皮靴的劳动时间及其后果为例，由于生产 1 双皮靴的社会必要劳动时间是 10 小时，因此，丙虽然实际耗费 12 小时，但他比社会必要劳动时间多耗费的 2 小时劳动只能算是白费了，社会不予以承认。甲商品生产者虽然实际上仅耗费了 8 小时，但他生产的每双皮靴却能实现 10 小时的社会价值。下面以表 2.1 为例进行说明。

表 2.1　社会必要劳动时间对商品生产者命运的影响

生产者	个别劳动时间（h）	社会必要劳动时间（h）	差额（h）	结果
甲	8	10	+2	得的多
乙	10		0	正常补偿
丙	12		–2	利少或亏损

从表 2.1 可以看出：

（1）如果某个商品生产者的个别劳动时间低于社会必要劳动时间，他就能比别人赚到更多的钱，以至淘汰别人，以进一步发展自己的生产；

（2）如果某个商品生产者的个别劳动时间等于社会必要劳动时间，他就可以得到正常补偿；

（3）如果某个商品生产者的个别劳动时间高于社会必要劳动时间，他就可能得不到补偿，甚至亏损破产。

所以，社会必要劳动时间决定着商品生产者的优胜劣汰，促使每个商品生产者非常关心自己的生产，千方百计地降低劳动消耗，提高产品质量。

同种商品价值量由社会必要劳动时间决定，但对于不同种的商品来说，其价值量又由什么决定呢？这还需要区分简单劳动和复杂劳动。

二、商品价值量同简单劳动和复杂劳动的关系

生产商品的劳动有简单劳动和复杂劳动的区别。

简单劳动指不需要经过任何专门训练，一般劳动者都能胜任的劳动。如砍柴的劳动、挑水的劳动等。复杂劳动指需要经过专门培养和训练，具有一定技术专长才能胜任的劳动。如工程设计劳动和制造计算机软件的劳动等。复杂劳动和简单劳动的区别具有相对性，在不同时代和不同国家，区别的标准是不同的，但是在一定时期一定地区这种区别却是确定的。

简单劳动和复杂劳动在同一时间内所创造的价值是不同的。比如，1 小时的复杂劳动所创造的价值可能是 1 小时的简单劳动所创造的价值的若干倍。复杂劳动等于加倍的简单劳动。这主要是因为复杂劳动包含着比较多的技巧和知识，而要掌握这些技巧和知识，则需要经过较长时间的技术训练，花费一定的劳动时间，消费一定的物质资料，付出一定的代价。所以，它比简单劳动在同样的时间内在商品中凝结了更多的价值，多出来的价值用于弥补训练时所付出的代价。如果简单劳动和复杂劳动在相同时间内创造的价值量一样，那就没有人愿意从事复杂劳动。

少量的复杂劳动等于多量的简单劳动，复杂劳动可以折合为加倍的简单劳动。这就要求在分析不同种商品的价值量时，必须把复杂劳动还原为简单劳动。也就是说，社会必要劳动时间是以简单劳动为计量基准（单位）的，然后将复杂劳动折算为多倍的简单劳动。这种折合或还原并不是在交换中自觉进行的，而是在商品生产者的背后由社会过程决定的，这就是说，是自发地根据历史习惯和实践经验形成的。

三、商品价值量与劳动生产率的关系

通过前面的学习，我们知道商品的价值量由社会必要劳动时间决定，生产者为了在竞争中处于有利地位，就要让自己的个别劳动时间低于社会必要劳动时间，实现这一目标的唯一的途径是提高劳动生产率。

概念提示

劳动生产率是指劳动者生产某种使用价值的效率。

劳动生产率通常有两种表示方法：一是单位时间内生产的产品数量，二是生产单位产品所耗费的劳动时间。劳动生产率的高低，往往会受劳动者的熟练程度、科学技术的发展和应用水平、管理能力、自然条件等因素的影响。

由于商品的价值量是用时间计算的，所以，无论社会劳动生产率怎么变化，同一劳动在同一时间所形成的价值总量是不变的。如鞋匠 1 天 8 小时生产 4 双皮靴，这 4 双皮靴的价值就是 8 小时的劳动量，提高劳动生产率后，他 1 天 8 小时生产 8 双皮靴，这 8 双皮靴的价值仍然是 8 小时的劳动量。价值总量没有变只是使用价值增加了。由此，我们可以得出，劳动生产率越高，单位时间内创造的使用价值量就越多，单位商品所耗费的社会必要劳动时间就

越少，单位商品的价值量就越小。反之，劳动生产率越低，单位时间内创造的使用价值量就越少，单位商品所耗费的社会必要劳动时间就越多，单位商品的价值量就越大。可见，单位商品的价值量与劳动生产率成反比。

如果部门平均劳动生产率不变，只有个别企业的劳动生产率发生变化，那么单位商品的价值量则不变。只有整个部门劳动生产率的变化，才会引起单位商品价值量的变化。不过，就同一部门各个生产者劳动生产率的差别而言，单个生产者劳动生产率的提高，虽然不会引起社会必要劳动时间即商品价值量的减少，但可降低他的个别劳动时间，如果他的劳动生产率提高到所在部门的平均水平以上，那么在同样多的劳动时间内，他就会生产出比别人多的价值量。所以在现实中，企业要赚钱，就必须使自己的个别劳动生产率高于部门劳动生产率，从而使自己的个别劳动时间低于社会必要劳动时间。当生产同一种产品的大多数劳动者都提高了生产率，缩短了自己的个别劳动时间，这时社会必要劳动时间也就发生了变化（随之缩短），这一商品的价值量也就发生改变。可见，同一种商品的价值量与劳动生产率相互影响。

★重要结论★

单位商品的价值量与劳动生产率成反比，与包含在该商品中的社会必要劳动时间成正比。这是商品价值量同劳动生产率之间最基本的关系。

第四节　以私有制为基础的商品经济的基本矛盾

以生产资料私有制为基础的商品经济的基本矛盾，是私人劳动和社会劳动的矛盾。

概念提示

私人劳动是指商品生产者的劳动是按照自己私人的意愿和利益进行的，具有私人性质。

社会劳动是指生产商品的劳动具有社会性质，是作为社会总劳动的有机构成部分的劳动。

一、私人劳动和社会劳动产生的经济条件

私人劳动和社会劳动产生的经济条件是私有制和社会分工。由于生产资料的私有制，决定了商品生产者生产什么、生产多少、怎样生产都由私人决定，劳动产品也归他自己占有和支配，劳动具有私人性质。社会分工决定了商品生产者的劳动在具有私人性质的同时又具有社会性质。各个商品生产者在社会分工体系中只从事某种生产。他们以不同的具体劳动，为他人创造使用价值，相互满足需要，他们的劳动相互联系、相互依存，成为社会总劳动的一部分。

总之，私人劳动和社会劳动，是以私有制为基础的商品经济中商品生产者的劳动，必然具有的相互联系的两重属性——私人性质和社会性质。

二、私人劳动和社会劳动之间的矛盾

由于生产商品的劳动得到直接体现的是私人劳动，而其所具有的社会性，只有在由私人劳动生产出来的商品通过市场交换证明为社会所需要时，才能得到体现。

提示与说明

私人劳动和社会劳动的矛盾表现为：生产商品的劳动的社会性质，要求劳动产品在数量和品种上能够符合社会的需要；但是，劳动的私人性质，又使得生产出的商品往往不能与社会需要直接相一致。

解决私人劳动和社会劳动矛盾的办法或者说解决私人劳动转化为社会劳动的途径只能是交换。

如果商品生产者在市场上把他所生产的产品全部卖出去，他的全部产品都为社会所承认和接受，那么，包含在他的商品中的私人劳动就可以全部转化为社会劳动，私人劳动和社会劳动的矛盾在商品生产者那里得到了解决。如果商品生产者在市场上没有能够把他所生产的全部产品或部分产品卖出去，他的全部产品或部分产品没有为社会所承认和接受，那么，包含在他的商品中的私人劳动就不能全部或部分地转化为社会劳动，从而私人劳动和社会劳动的矛盾在商品生产者那里就不能得到解决或不能完全得到解决。

在以私有制为基础的商品经济存在的一系列内在矛盾中，私人劳动和社会劳动的矛盾是基本的矛盾，主要有以下三个原因。

第一，这一矛盾是私有制商品经济中存在的各种内在矛盾的基础和根源。商品经济中使用价值和价值的矛盾、具体劳动和抽象劳动的矛盾、个别劳动时间和社会必要劳动时间的矛盾，都随着私人劳动和社会劳动这对矛盾的解决而得到解决。因为商品交换本身就是比较和计量双方商品的劳动量的过程，在这一过程中，必然要用社会必要劳动时间来衡量商品的价值量，要把各种不同质的具体劳动还原为同质的抽象劳动，同时也表现了使用价值的转让和价值的实现。

第二，这一矛盾决定着私有制商品经济产生和发展的全过程。这一矛盾的存在，决定了商品交换的必然性，生产成为为市场交换而进行的生产，这就导致了简单商品经济的产生和发展。随着社会分工和私有制的发展，生产商品的私人劳动和社会劳动的矛盾也得到了发展，从而推动着商品经济向广度和深度发展。随着私人劳动和社会劳动的矛盾进一步发展为生产的社会化与生产资料的资本主义私人占有之间的矛盾，简单商品经济也就逐步发展为资本主义商品经济。

第三，这一矛盾直接决定着商品生产者的命运。商品生产者的私人劳动能否转化为社会劳动，或者私人劳动在多大程度上转化为社会劳动，决定着商品生产者在竞争中的地位，以及盈亏的程度，从而决定着商品生产者在贫富两极分化中的命运。

第五节　货币的产生与职能

商品是价值和使用价值的统一。商品使用价值的表现是商品自身，可以被直观地感觉到；

而商品价值的表现形式是交换价值，只能通过交换得以表现。货币产生以后，商品的价值是用货币来表现的。研究商品价值形式的发展，是为了揭开货币的起源和本质。

一、价值形式的发展与货币的起源

从商品交换的发展历史看，价值形式的发展经历了四个阶段。

（一）简单的或偶然的价值形式

简单的或偶然的价值形式是指商品价值只是偶然地、简单地通过另一种商品表现出来。用公式表示为

1 只羊 = 2 把斧子

这个等式表明了 1 只羊的价值通过 2 把斧子表现出来。说它是简单价值形式，是因为这时一种商品的价值只简单地表现在另一种商品上。说它是偶然的价值形式，因为这一价值形式反映了古代原始公社之间偶然的交换关系。那时人们还不是为交换而生产，而只是把偶然多余的羊和斧子进行交换。

理解这一价值形式要注意以下三点。

（1）等式两端的商品处于不同的地位，起着不同的作用，见表 2.2。等式左端是价值被表现的商品，其价值只能通过另一种商品相对地表现出来，同时相交换的数量比例也是相对的，不固定的。

表 2.2　等式的说明

1 只羊 = 2 把斧子			
等式左端	主动要求把自己的价值相对地表现在斧子上	像一面“价值镜”，用自己的身体表现羊的价值，起等价物的作用	等式右端
	相对价值形式	等价形式	

（2）简单价值形式使商品内部的矛盾表现为两个商品之间的外部对立。相对价值形式的商品，只表现为使用价值，表现为具体劳动的产物，它的价值则在处于等价形式地位的商品上表现出来。处于等价形式地位的商品只是价值、抽象劳动的体现，它的使用价值已是另一种商品价值的表现材料了。

（3）在简单价值形式中，商品价值的表现是不充分的。这里还只是一种商品偶然地与另一种商品交换，它在质上是否同所有的商品都一样，都是无差别的人类劳动，还未充分表现出来，在量上也不能准确地反映生产羊的实际劳动耗费。

（二）扩大的价值形式

随着生产力的发展，交换成为一种经常现象。这时，一种商品已经不是偶然地与另一种商品相交换，而是经常地和许多商品相交换了。这样，价值形式便发展到第二阶段，即扩大的价值形式。扩大的价值形式是商品的价值通过许多商品表现出来。用公式表示为

1 只羊 {
= 2 把斧子
= 5 斤盐
= 1 担米
= 10 斤茶叶
= 1 两黄金
= 其他

理解这一价值形式要把握以下两点。

（1）这一价值形式比简单价值形式更能充分地反映价值的性质，即无差别的人类劳动的凝结。因为现在一种商品如羊的价值，已经不是偶然地反映在某一种商品上，而是扩大了范围，反映在一系列商品上，每一种其他商品都成为反映羊的价值的镜子。

（2）在这种价值形式中，由于充当等价物的有许多不同的商品，仍然是物物交换，所以会使交换经常发生困难。这种情况表明，随着社会分工和商品交换的发展，商品使用价值和价值的矛盾进一步加深，扩大的价值形式日益显示出它的局限性，需要向更完全的价值形式发展。

（三）一般价值形式

一般价值形式是适应解决扩大的价值形式的矛盾而产生的。在长期交换过程中，人们逐渐意识到，如果先将自己的商品换成市场上大家都愿意要的商品，然后用这种商品去换回自己需要的东西，交换不仅成功，而且省事。这样就有一种商品（假定羊）自然地从许多商品中分离出来，变为一切商品的等价物。价值都通过这种商品表现出来。这种价值形式便称为一般价值形式。

简言之，一般价值形式是指一切商品都通过一种商品表现出来。用公式表示为

$$\left.\begin{array}{l}2\text{ 把斧子}\\5\text{ 斤盐}\\1\text{ 担米}\\10\text{ 斤茶叶}\\1\text{ 两黄金}\\\text{其他}\end{array}\right\}=1\text{ 只羊}$$

等式右边的羊这时已经成为其他商品的等价物，即一般等价物。

概念提示

一般等价物：充当一切商品统一的价值表现材料的特殊商品。

理解一般价值形式应把握以下两点。

（1）不能把一般价值形式误认为是扩大的价值形式等式的简单颠倒，它的出现是价值形式发展的一个质的飞跃，它意味着一般等价物为媒介的商品交换代替了物与物的直接交换。

（2）一般价值形式克服了物物交换的困难，但充当一般等价物的商品还是不固定的，不利于商品交换的进一步发展。这就要求把一般等价物固定在某一种商品上。于是就必然地发展到货币形式。

（四）货币形式

随着交换的发展，一般等价物固定地由金银来承担。这是因为金银本身也是商品，也有价值；其次是因为金银具有体积小、价值大、便于携带、不易变质损坏、质地均匀、易于分割等方面的特性，最适合充当一般等价物。当金银从商品中分离出来固定地独占一般等价物地位时，就产生了货币。正如马克思所言，“金银天然不是货币，但货币天然是金银”。

货币形式是指一般等价物固定在黄金或白银上，一切商品的价值都通过金或银来表示，用公式表示为

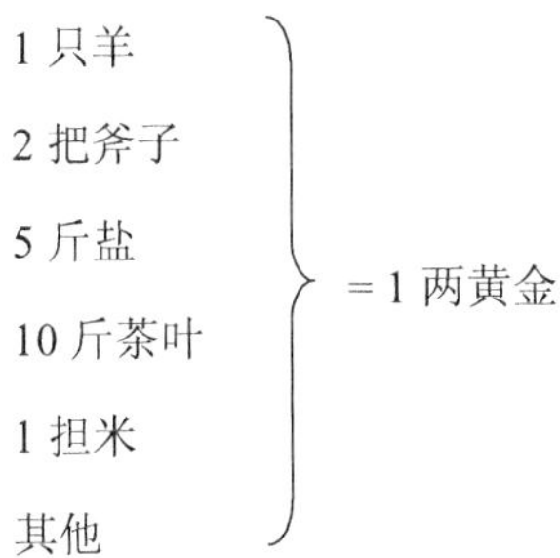

> **视野拓展**
>
> 中国是世界上最早使用货币的国家之一，使用货币的历史长达五千年之久，和西方货币史有相似之处但也有更多不同。
>
> 那么，中国古代货币在形成和发展的过程中，先后经历了哪些重大的演变呢？推荐读者课外通过百度百科“中国货币史”词条简单了解。

货币形式虽然是价值形式的完成形态，但它与一般等价物没有本质区别，区别只在于由贵金属充当一般等价物比羊充当一般等价物更稳定。可以看出，货币是价值形式发展的结果。它是在商品交换的漫长历史发展过程中从商品世界中游离出来的特殊的商品。

价值形式的发展过程，揭示了货币的本质，体现了商品生产者之间的社会经济关系。

二、货币的本质与职能

货币是价值形式发展的完成形式，它是在商品交换的漫长历史发展过程中从商品世界中游离出来的特殊的商品，是商品交换发展到一定阶段的产物，是商品内在矛盾发展的必然结果。货币出现后，整个商品世界分割为两极：一极是商品，它们是各种特殊的使用价值，要求转化为价值；另一极是货币，是一切商品价值的化身。这样，商品内部的使用价值与价值的矛盾、具体劳动和抽象劳动的矛盾、个别劳动时间与社会必要劳动时间的矛盾、私人劳动和社会劳动的矛盾，就发展为商品与货币的外部对立。一切商品，只有换回货币，商品生产者的私人劳动才会转化为社会劳动，具体劳动才会还原为抽象劳动，商品的使用价值和价值的矛盾才能得以解决。

★重要结论★

货币的本质是固定充当一般等价物的特殊商品，体现了商品生产者之间的交换关系。

货币的本质是固定地充当一般等价物的特殊商品，这种本质只有通过货币的职能才会充分表现出来。货币的职能是指货币在社会经济生活中的作用，它是由货币作为一般等价物的本质决定的，又是货币本质的具体体现。在发达的商品经济中货币具有以下五种职能：价值尺度、流通手段、支付手段、贮藏手段、世界货币。其中，价值尺度和流通手段是基本职能。

（一）价值尺度

1. 定义

所谓价值尺度，就是货币充当计量其他一切商品价值量大小的尺度。

货币的这一职能源于货币本身也是商品，凝结着一般的人类劳动，也有价值。可以把一

切商品的价值表现为本质上相同的东西，并在价值量方面得到比较。

2. 价格

商品价值的货币表现就是商品的价格。货币执行价值尺度的职能，就是把商品的价值表现为一定的价格。用货币表现其他商品的价值，衡量其他商品的价值量，是商品价值的“外在尺度”，通过商品价格得以实现。可见，价值是价格的基础，决定价格；价格是价值的货币表现，反映价值。

需要说明的是，货币充当衡量商品价值量的尺度是外在的，衡量商品价值量的“内在尺度”则是社会必要劳动时间。货币执行价值尺度的职能时，可以只是观念上的货币。

价格一方面取决于商品价值，一方面取决于货币的价值，它是商品价值与货币价值的比值。商品价格的变化，与商品本身价值的变化成正比，而与货币价值的变化成反比。

3. 价格标准

货币执行价值尺度的职能，是通过价格标准来实现的。价格标准是指包含一定重量贵金属的货币单位及其等分。这由习惯或国家机关来规定，是用来表现和计量金属货币本身数量的，和金属货币的价值量无关。如我国人民币价格标准中，基本单位是元，1 元等分为 10 角，1 角等分为 10 分；英国以“磅”为货币单位，1 英镑等分为 10 先令，1 先令等分为 10 便士。

价格标准与价值尺度不同。价值尺度是货币的一个独立职能，而价格标准只是一种技术性规定；价值尺度是货币衡量其他商品的价值的职能，而价格标准是货币的计量单位，用来衡量货币本身的数量；作为价值尺度，货币本身的价值会随着劳动生产率的变化而变化，而价格标准一旦规定好了，就与劳动生产率的变化无关；价值尺度是在交换过程中自发产生的，而价格标准则通常是由国家法律规定的。

（二）流通手段

1. 定义

流通手段是指货币充当商品交换媒介的职能。以货币为媒介的商品交换就是商品流通，用公式表示是：商品—货币—商品（W—G—W）。

货币的流通手段职能是以其价值尺度职能为前提的。作为流通手段的货币，必须是现实的货币，但不一定非要足值的货币，只要社会公认它代表一定数目的货币、代表一定的价值就行了，因此可以用纸币、电子货币、信用货币来代替。货币在“一手交钱、一手交货”的经济活动中执行的就是流通手段职能。

2. 货币作为流通手段带来了商业危机的可能性

货币执行流通手段，导致了买和卖的分离与脱节，产生了经济危机的可能性。在货币出现之前直接的物物交换过程中，例如，1 只羊 = 2 把斧子，1 只羊被卖出去的同时斧子也被买进来了，卖羊、买斧同时进行；但在以货币为媒介的商品流通过程中，例如，1 只羊 = 100 元人民币 = 2 把斧子（1 只羊 = 100 元，100 元 = 2 把斧子），1 只羊卖出去的同时，换回的不是 2 把斧子，而是 100 元人民币，这时，羊的主人并没有买到斧了，能不能买到，或者说买不买斧子，还不一定。卖羊、买斧变成了两个独立的过程，买和卖脱节分离。于是，有人只卖不买，势必造成一些人的东西卖不出去，形成商业危机。

（三）贮藏手段

1. 定义

贮藏手段，是指货币退出流通领域而被人们当成社会财富的一般替代品和独立的价值形态保存和贮藏的职能。货币之所以能够执行贮藏手段的职能，是因为它本身具有价值，是一般等价物。货币作为贮藏手段具有自发地调节货币流通量的作用。作为贮藏手段的货币，必须是实在的和足值的货币，如金银铸币、金银条块等。如今更普遍的货币贮藏方式是银行储蓄存款，即纸币储蓄，这通常只在纸币币值长期稳定的条件下才普遍存在。

2. 金属货币贮藏与纸币储蓄的区别

金属货币贮藏会减少流通中的货币量，而纸币储蓄（纸币充当贮藏手段）不会减少流通中的货币供应量，因为它实际上是储户的延期消费，储蓄存款通过银行转化为贷款，再投入流通。在金属货币流通的条件下，货币作为贮藏手段就会像蓄水池一样，自发地调节货币流通量，因而不会出现通货膨胀和通货紧缩：当流通中的货币量大于商品流通所需要的货币量时，多余的货币会自动退出流通而进入贮藏；反之，当流通中的货币量不足时，贮藏的货币又会自动进入流通领域。而在纸币流通情况下，纸币储蓄不能发挥这种自动调节作用，货币的供应量是由处于流通过程之外的政府货币管理部门加以控制的。

（四）支付手段

1. 定义

支付手段是指货币被用于商品赊买（购）赊卖（销）过程中的延期支付、清偿债务时执行的职能。而后，货币作为支付手段被运用到缴纳租金、税金，发放利息、工资，财政拨款等方面，超出了商品流通领域。可以说，凡是在“只见货币不见商品”（货币与商品没有同时、同地相向运动）的经济活动中，货币执行的就是支付手段职能。

2. 危机的可能

货币执行支付手段职能，既促进了商品经济发展，又加深了商品经济的矛盾，容易形成复杂的债权债务关系，可能导致经济危机的出现。因此，货币执行支付手段时，必须以交换双方的信用为前提，并借助一定的契约形式。

货币在执行支付手段职能时，先要执行价值尺度的职能，表示处于赊购、赊销关系中的商品的价值，即计量买卖双方的债务和债权的数额。货币在执行支付手段职能时，还要执行观念上的流通手段职能，因为商品转手时没有同时发生方向相反的货币转手，只是买者向卖者做了按约定期限支付货币的承诺。只是到了支付期限，作为支付手段的货币才实际进入流通，用来清偿债务，从买者手中转到卖者手中。可见，货币支付手段职能的产生，是以价值尺度和流通手段职能的存在为前提的。

（五）世界货币

随着国际贸易的产生和发展，货币越出了国界在世界市场发挥作用，从而使货币具有了世界货币的职能。

世界货币是指货币在世界市场上作为一种购买手段、支付手段和社会财富的代表发挥作用，实际上是货币职能超出国界在世界范围内的延伸和应用。其主要表现在三个方面：

一是作为一般的支付手段，用来支付国际收支的差额；二是作为一般的购买手段，用来购进外国的商品；三是充当社会财富的一般代表，由一个国家转移到另一个国家，如支付战争赔款等。

历史上，执行世界货币的货币，长期限于贵金属（黄金、白银）。当代经济关系中，随着货币形式的发展和国际经济联系的加深，黄金作为世界货币的职能形式大为减弱，某些币值比较坚挺的国家的纸币，如美元、欧元在一定程度上充当了世界货币的职能。

货币的五种职能之间存在着有机的联系，它们共同体现了货币作为一般等价物的本质。了解货币的职能有利于深刻理解货币的本质，更好地认识商品生产者之间复杂的经济关系。

三、货币流通规律

货币作为商品流通媒介的不断运动就是货币流通。商品流通是货币流通的基础，货币流通由商品流通引起并为商品流通服务。一定时期内，流通中需要的货币量由货币流通规律决定。

概念提示

货币流通规律，是指在一定时期商品流通中所需货币量的规律。其基本内容为：商品流通过程中需要的货币量由流通中的商品价格总额和货币流通的平均速度来决定。

按照这个规律，商品流通中需要的货币量取决于三个因素：①待流通的商品数量；②商品的价格水平；③货币流通速度。其中，商品价格总额是待流通的商品数量与商品的价格水平的乘积。货币流通规律用公式可以表示为

$$\text{一定时期内商品流通中所需要的货币量}=\frac{\text{商品价格总额}}{\text{同一单位货币的流通速度（次数）}}$$

这个公式表明流通中所需货币量，与商品的价格总额成正比，与货币流通速度成反比。

在现实的交换过程中，商品流通的数量和价格总额处于不断地变化之中，同一单位货币的平均流通速度也是一个经常变动的量，因此，货币的实际需要量是一个经常变动的量。但是，在金属货币流通的情况下，由于货币本身具有价值，能够执行贮藏手段的职能，因而可以自发地调节流通中的货币量，使之与需要量相适应。

当货币的支付手段职能产生后，特别是信用关系发展后，大量商品买卖采用赊销的办法，一些债权债务关系，可以延期支付或通过银行互相冲账，从而引起货币需要量的变化。因此，货币流通规律的公式可以调整为

一定时期内商品流通中所需要的货币量＝（全部商品价格总额－赊销商品价格总额
＋到期的支付总额－相互抵消的支付总额）
÷同一单位货币的平均流通速度（次数）

四、纸币、信用货币与电子货币

纸币是由国家发行并强制流通的价值符号。作为支付手段，它本身没有价值、不是商品，它在市场经济中是主要的货币存在形式。纸币的使用为人们提供了很大的便利，它可以代替

金属货币执行流通手段职能、支付手段职能、进行银行贮藏，并在一定程度上可以起到充当世界货币的作用。

纸币的产生是与货币的价值尺度和流通手段的职能分不开的。从价值尺度的职能来看，“商品价值观念地表现在一个金量上，这个金量则由纸象征地可感觉地体现出来。纸币只有代表金量，才成为价值符号”（马克思，1975）[148]。在执行流通手段时，最初采用金属条块形式。为了交换的方便，金属货币逐渐发展为铸币形式。由于流通中不足值的铸币仍然和足值的铸币一样流通，所以由价值符号来代替金属铸币的形式便成为可能。从货币流通手段来看，商品转化为流通手段的货币，只是转瞬即逝的要素。它马上又会被别的商品代替，因此，在货币不断转手的过程中，只有货币的象征存在就够了。这种情况下，产生比铸币更方便的纸币便成了一种必然。

随着商品经济和信用制度的发展，现代纸币逐渐趋向无形化。信用货币和电子货币应运而生。信用货币是代替金属货币充当流通手段和支付手段的信用证券，包括银行证券、商业期票、银行支票等，其流通靠的是信用，是以信用为基础的货币符号。在现代信用货币制度条件下，信用货币的构成十分复杂，货币形式多样，包括现金和各种存款货币。不同形式的信用货币对经济的影响有一定的差异，中央银行对它们的控制和影响能力也不同，为准确把握和调控货币运行，需要对信用货币划分层次。

概念提示

存款货币是能够发挥货币作用的银行存款，主要是指能够通过签发支票办理转账结算的活期存款。银行为工商业者开立活期存款账户，存户可根据存款向银行签发支付命令书—支票，或通过其他方式将银行存款转到收款人账户上，这些方式代替货币充当流通手段和支付手段，因此被称为存款货币或信用货币。

与现钞相比，存款货币支付具有快速、安全、方便的优点，现代发达的商品经济中，绝大部分交易支付都利用存款货币来完成。

随着电子技术的广泛应用，20 世纪 70 年代开始出现借助电子网络而进行的电子自动转账系统，即电子货币。电子货币是一种纯粹观念性的虚拟货币，不需要任何物质性的货币材料，是一种无形货币，是贮存于电子计算机中的存款货币。电子货币可以代替现金和支票进行支付，对传统的货币发行和流通产生了重要影响。

值得注意的是，信用货币和电子货币在本质上和纸币一样都是价值符号，它们的出现，只表明货币的外在形式发生了改变，货币的本质和基本功能并没改变。

视野拓展

提到电子货币，人们往往会想到比特币。置身货币发展的历史长河，我们到底该如何认识比特币？推荐读者课外阅读《从货币的发展史看比特币》一文。

五、通货膨胀与通货紧缩

当国家发行并强制使用纸币，并将其作为金属货币的符号参与流通过程后，就可能发生通货膨胀和通货紧缩现象。

概念提示

通货膨胀：纸币的发行量超过了流通中所需要的金属货币量而引起的纸币贬值、物价上涨的现象。

通货紧缩：指由于纸币的发行量少于流通中所需要的金属货币量而引起的纸币升值、物价下降（持续6个月）的现象。

通货膨胀是纸币流通条件下的特有现象。在金属货币流通条件下，由于金银本身具有价值，过多的金银会自发地退出流通，被贮藏起来，使流通中的货币量与需要量相适应，因此，没有因货币过多而使物价上涨的现象。在纸币流通条件下，如果纸币发行过多，只能靠降低单位纸币所代表的价值量来与客观需要相适应，这就必然使物价上涨。纸币数量超过流通中的客观需要，每个单位纸币所代表的价值量就必然减少，导致通货膨胀。通货膨胀在一定时期内可以增加一部分需求，刺激生产，出现经济的虚假繁荣。但它不能根本解决生产和有支付能力需求间的矛盾。

通货紧缩虽然表现为一般物价水平的持续下跌，但下列两种情况不构成通货紧缩：一种是由于生产率和竞争成本优势，产品到达最终消费者的流通成本更低，致使产品价格趋于下降；另一种是产品的价格虽然和以前一样，但是企业通过增加产品数量并提高产品质量，相对价格有所下降的情况。

通货紧缩对经济发展可能产生严重危害。持续的通货紧缩会使消费者推迟购买，以等待更低价格的出现，这会使企业产品销售遇到困难，发展信心降低。最终促使企业削减生产，压缩存货，从而形成开工不足，导致就业减少。这又会引起消费者的货币收入相应减少，极大提高实际利率水平，引发企业破产，使债务链中断，从而导致信用体系紊乱或崩溃，最终导致经济衰退或萧条。

视野拓展

通货膨胀必然带来物价上涨，但物价上涨就一定是通货膨胀吗？如何看待物价上涨与通货膨胀之间的关系？

推荐读者课外阅读以下两篇文章。

《中国经贸聚焦》2011年06期《莫将物价上涨与通货膨胀混为一谈》（剑雄）。

东方头条网“悦读名品”栏目《经济学家曾康霖：物价上涨不等于通货膨胀》。

引起通货膨胀和紧缩的原因可能与货币政策有关，还可以有其他多种因素（如成本、需求、产业和产品结构、体制等），但最基本的是货币供应量与货币需求量之间的对比关系。当纸币取代金属货币执行流通手段职能时，并没有否定金属货币的流通规律。纸币的发行必须以流通中需要的金属货币量为限。

第六节　商品经济的基本规律

商品经济在运行中，存在着许多客观经济规律，如价值规律、供求规律、货币流通规律等。这些规律相互联系，相互影响，推动着商品经济的运动和发展。但是，在这许多的经济规律中，起着最主要作用的是价值规律。

一、价值规律的基本内容和表现形式

（一）价值规律的基本内容和要求

商品经济是商品生产和商品交换的总和，价值规律是商品经济的客观经济规律，是价值运动的规律。价值规律反映价值是怎样生产出来的，然后又怎样实现这个过程的客观必然性。因此，它的主要内容和要求可以概括为两句话：

（1）商品的价值量由生产商品的社会必要劳动时间决定；

（2）商品交换以价值量为基础，按照等价交换的原则进行。

第一句话是对商品生产的规定，反映价值决定。不管生产商品花费的个别劳动时间是多少，决定商品价值量的只能是社会必要劳动时间，价值量就是这样形成的，这是不以人的意志为转移的客观规律。

第二句话是对商品交换的规定，反映价值实现。因为生产出的商品的价值，需要交换才能实现，要实现就必须按照各自的价值量进行等价交换。如果不等价交换，商品生产者实现不了自己商品的价值，要吃亏，他就不肯干了，生产就会缩小甚至停止；只有按照价值量相等的原则进行交换，商品生产者能够得到自己的利益，生产才能持续下去。所以，商品必须按价值量相等的原则进行交换，这也不是人为规定的，而是客观规律。

（二）价值规律是商品经济的基本规律

价值规律不仅贯穿商品生产和商品交换的始终，体现在社会生产总过程的各个环节，而且制约着商品经济的其他规律和矛盾运动，支配着每一经济主体的行为和命运，调节着商品经济的全部运行过程，决定着商品经济的整个发展。只要存在着商品经济，价值规律就会存在并发挥作用，这不以人的意志为转移，具有客观性。因此，价值规律是商品经济的基本规律，在商品经济规律体系中起着基础性规律的作用，其他规律都要在它的基础上发挥作用。价值规律通过市场机制自发地调节社会总劳动的分配，具有灵敏、有效的特点，在市场经济中始终处于基础地位。

社会主义市场经济的发展，要求人们必须自觉地尊重和利用好价值规律。按照商品价值由生产该商品社会必要劳动时间决定的要求，商品生产者应该注重不断降低成本，努力提高劳动生产率来增加企业盈利；坚持等价交换，规范市场经济秩序，保护公平竞争；坚持以市场形成价格为主的价格体系，把计划机制和市场机制有机结合，实现资源的有效配置。

（三）价值规律发生作用的表现形式

在现实生活中，价值规律对生产和交换活动的支配作用是通过价格运动表现出来的。按照价值规律的要求，商品价格的确定是以商品价值为基础的，但是，这并不意味每次具体的商品交换价格与价值都完全相符。因为价格固然以商品的价值为基础，但价格还要受市场供求等因素的影响，使得商品的价格与价值经常不一致，出现价格围绕价值上下波动的情形，即表现出价值规律发生作用的形式。这主要是因为以下原因。

第一，价格虽然经常随供求变化而时涨时落，但并不会脱离价值这根轴线，它总是围绕价值自发地上下波动。这是因为在市场经济条件下，如果价格高于价值，就会刺激生产的扩大，大家都抢着生产那些市场上紧缺的、畅销的、价高利大的商品，结果造成生产过剩，供过于求，原来畅销变成滞销，价格又得下跌；价格低于价值，大家又都不愿生产了，生产缩减，又会导致供不应求，价格又会上升上涨。如此反复，价格以价值为中心不断波动。价格这种波动不但不会脱离价值这根轴线，反而恰恰证明了，价格始终是以价值为基础的。价值就像吸铁石一样把价格紧紧地吸引在自己周围，使之在供求影响下围绕自己上下波动。

第二，从局部或短期看，价格可能低于或高于价值，但从一个较长时期或全社会看，商品的总价格和总价值仍然是相等的。也就是说，这里东西卖得贵，那里同样的东西可能卖得便宜，但是把全社会的价格总和起来，总价格还是等于总价值的。从时间上看，也是这样。短期看，价格可高可低，从较长时间看，上涨部分和下跌部分可以相互抵消。所以，从总体看，商品的价格和价值量是相符的，必然是按价值量进行等价交换。

视野拓展

既然价格围绕价值上下波动是价值规律的表现形式，那如何看待“房价不跌论”？

推荐读者课外阅读《人民日报海外版》2013年8月19日05版《“房价不跌论”违背价值规律（时事点评）》（杨亚军）。

由此可见，价格以价值为基础，自发地围绕价值上下波动，不但不是对价值规律的否定，恰恰是价值规律在市场经济条件下发生作用的表现形式。正如恩格斯所说的，正是在这种奇妙的价格波动中，价值规律才能得以贯彻，社会必要劳动时间决定商品价值量这点才能成为现实。

概念提示

价值规律是商品交换的一般规律。它的具体表现形式则千差万别，最为基础的是价格围绕价值上下波动。

二、价值规律的主要作用

价值规律的作用主要表现为三个方面。

第一，价值规律调节生产资源和劳动力在各个部门之间的分配，调节着商品生产和商品流通。这主要是通过价格与价值的矛盾运动表现的。

在市场经济条件下，价值规律通过市场机制把各类商品的价值表现为价格。商品生产者通过市场上的价格波动状况知道社会需要什么，需要多少。市场上的商品价格不仅传递和反馈经济信息，而且直接关系到每个商品生产者的物质利益。当某种商品供不应求、价格上涨时，这就意味着该商品的社会需求大，生产该商品就有利可图，生产者就会增加这类商品的生产，从而使社会资源流入该生产部门。相反，当某种商品供过于求、价格下跌时，意味着该产品的供大于求，生产该商品无利可图，甚至有可能亏损。这样，生产者就会缩小生产规模，社会资源就会退出该生产部门。

价值规律就是这样像一根无形的指挥棒，通过价格的上下波动，自发调节着商品生产和商品流通，使社会资源在各部门的投放比例不断得到有效调整。

第二，价值规律刺激商品生产者不断改进技术，改善经营管理，提高劳动生产率，促进社会生产力的发展。这个作用是通过个别劳动时间与社会必要劳动时间的矛盾运动实现的。

价值规律要求商品的价值量由社会必要劳动时间决定，并要求按照这样的价值量进行交换。如果某些商品生产者生产商品的个别价值低于社会价值，他就可以获得较多的收益；反之，如果商品的个别价值高于社会价值，商品的生产者就会有一部分劳动消耗得不到补偿。这是由个别劳动时间与社会必要劳动时间的差异，或是由商品的个别价值和社会价值的差异造成的。

商品生产者为了在竞争中处于有利地位，必然千方百计地降低商品的个别劳动时间或个别价值。为此生产者就要一方面减少生产资料的消耗，另一方面提高劳动的生产率，而这两个方面都需要通过改进技术来实现。一般说来，谁的技术设备越好，劳动生产率就越高，谁的个别劳动时间就比社会必要劳动时间少，就可能多赚钱；相反，谁的技术条件越落后，劳动生产率越低，个别劳动时间就会高于社会必要劳动时间，当按社会必要劳动时间出售时，就要吃亏，甚至赔本、失败。

一切商品生产者为了获得更多盈利，在竞争中处于优势，就要不断改进生产技术，提高生产率，力求使个别劳动时间低于社会必要劳动时间，从而促进了社会生产力的发展。

第三，价值规律促使商品生产者在市场竞争中实现优胜劣汰。

在市场经济条件下，所有的商品生产者都力求不断改进技术，降低商品的个别价值，获得更多的收益。但并不是所有的商品生产者都能实现上述目的。一些商品生产者受主客观条件的限制，没有力量添置新的技术设备，个别价值高于社会价值，甚至处于亏损状态，结果只有被淘汰。少数生产条件好的商品生产者劳动生产率较高，竞争能力较强，能获得较多的收入。作为竞争的优胜者，能够不断扩大生产规模和经营范围，因而越来越富裕。正是价值规律的这种作用，优化了社会资源的配置，促进了社会生产力的发展。当然，在一定的社会条件下，它也会导致商品生产者两极分化。

视野拓展

价值规律贯穿于商品经济的各个领域，并制约着经济规律的运动.支配着商品经济的发展。在商品经济条件下，一个企业要搞好生产和取得更好的收益就必须自觉地认识价值规律，按规律办事。那我们又该如何正确认识和运用价值规律呢？

推荐读者通过百度百科“价值规律”词条做进一步学习。

三、市场机制

概念提示

市场机制：市场的各要素（如价格、供求、竞争等）之间相互联系、相互制约而形成的自行协调经济运行的机制。它包括价格机制、供求机制和竞争机制。其中，价格机制是市场机制的核心。

市场机制是价值规律作用的机制，是市场的各要素之间的相互联系和作用。市场机制是价值规律的外在表现。

市场机制有两个特点。一是调节的自发性。由于供求、价格、竞争等市场要素之间存在着密切的联系，任何一个要素的变化，都会引起另外一些要素的变化，从而对整个市场经济的运行产生影响。二是利益制约性。在市场经济运行中，价格、供求等市场要素的变动直接影响参加市场活动的各个当事人的经济利益。市场机制之所以能对市场进行自动调节，其原因就在于各种市场要素的变动与商品生产者、经营者、消费者的经济利益休戚相关。市场机制正是通过供求变化、价格的涨落、竞争的压力，影响和制约市场主体的经济利益，从而对经济活动发挥调节作用。

（一）价格机制

概念提示

价格机制：商品价格形成和变化的机制，具体指在市场竞争中，通过价格的升降调节商品和生产要素的供给量和需求量，引导生产、经营和消费的经济运行机制。

价格对经济起着广泛的调节作用，具体表现为以下几方面。

（1）价格机制是调整消费需求的信号和手段。一般说来，在消费水平既定的条件下，人们对某种商品的需求量与商品价格的高低呈反方向变化。价格的变化不仅会直接影响消费者的需求规模和购买数量，而且会导致消费者需求方向和结构的变化。所以，价格机制是消费者调整需求的信号，也是社会调整需求规模和结构的手段。

（2）价格机制是调节生产的信号和手段。价格是价值的货币表现，价格的高低直接影响商品价值量的实现程度，也直接影响商品生产者的利益。商品生产者为了追求利润最大化，会对商品的生产方向和规模做出调整，从而改变原有的供求格局，形成新的供求平衡，实现资源的优化配置。

（3）价格机制是商品生产者的竞争手段。商品生产者为了提高自己的竞争力，必须不断采用新技术，改进设备，改善经营管理，提高劳动生产率，降低能耗。这样，在价格机制的作用下，通过商品生产者之间的竞争，就可以节约社会劳动，使资源得到合理利用。

（4）价格机制是政府进行宏观调控的一个重要手段。价格的变化可以反馈经济运行的信息，从而作为政府实行宏观调控的重要依据，同时，政府采取的财政、金融及必要的行政措施，会影响和调整市场价格变化的总趋势，实现有利于经济和社会协调发展的宏观目标。

（二）供求机制

概念提示

供求机制：在市场运行中，反映价格和供求之间内在联系的机制。它是市场经济的保证机制，是制约商品供给量和需求量及其相互关系变化的机制。

市场需求是消费者在一定时期内、一定价格水平上，对市场上某种商品的需求量。市场需求往往受商品的价格、消费者的收入水平和消费者的心理等因素的影响。通常情况下：商品的价格越高，人们购买的数量就越少；收入越高的人对商品的需求也越多。不仅如此，人们的预期收入也会影响需求，有时候，当人们对未来的预期是收入减少、支出增加的话，市场需求却不一定会增加；当消费者对某种商品产生特殊偏好时，对这一商品的需求量就会增加。人们预期某种商品的价格将要上涨时也会增加该商品的需求。

市场供给是指在一定时期内根据一定的价格，生产者提供到市场上的商品数量。市场供给往往受商品价格、产品成本、生产者对未来的收益预期等因素的影响。一般情况下，价格越高，供给到市场上的商品量就会越多；生产成本低，供给的产品量就越多；生产者对经济状况抱乐观态度，就会扩大供给量。

在现实经济活动中，供求机制是通过供求关系的变化而起作用的。市场供求关系的变化引起市场价格的涨落，而市场价格的涨落又会反过来刺激和调节供求的增减。当市场上某种商品供过于求时，该商品价格必然下跌；当市场上某种商品供不应求时，其价格必然上涨。商品价格就这样随着供求关系不断变化，围绕价值上下波动。

（三）竞争机制

概念提示

竞争机制：供求双方围绕经济利益而发生的相互排斥、相互冲突的经济联系。

竞争是指市场主体之间为获取经济利益而进行的各种争夺，反映的是竞争活动与供求关系、价格变动、经济风险之间的内在联系。

流通领域的竞争表现为市场竞争，包括卖方竞争、买方竞争和买卖双方竞争三种形式。卖方竞争是商品供给者之间的竞争，当市场供大于求时，各个卖主就会为争夺销路和市场展开竞争，这时往往会导致价格的下降。买方竞争是购买者之间的竞争，当市场供不应求时，买主之间就会为抢购某种商品而展开竞争，这时往往会造成价格的上涨。当市场供求大体平衡时，买卖双方就会产生竞争，卖方力图抬价而买方则力图压价，双方进行不断的讨价还价。在市场竞争中，价格是竞争的主要手段，也是竞争作用的结果。供求关系是引起市场竞争的直接原因，也是竞争调节的对象。竞争既是供求关系和价格变动的制约力量，也是供求关系和价格变动引发的市场行为。

在生产领域，竞争既存在于同一生产部门内部，也存在于不同部门之间。同一部门内的竞争表现为：各生产者为了取得市场优势，会开展以改进生产技术、提高劳动生产率为主要手段的竞争；而不同部门之间的生产者为争夺有利的投资场所也会开展以转移资本为主要手段的竞争。通过部门内的竞争，各企业生产的同种商品形成统一的社会价值，社会价值只有通过竞争才能形成，价值规律也只有通过竞争才得以贯彻。竞争是社会对商品生产者的一种强制性权威。各商品生产者生产的产品的个别价值低于社会价值才能在市场竞争中处于有利地位，由此推动生产者不断提高生产技术降低成本。通过部门之间的竞争，不同部门商品生产形成平均利润，从而推动社会资源在部门间的流动，实现资源的合理配置。

竞争不论是在流通领域还是在生产领域，都是一种外在的压力，优胜劣汰是竞争的必然结果，也是竞争充分展开的根本标志。

从上述内容我们也可以看出，市场机制中的价格机制、供求机制和竞争机制之间既相互区别又彼此影响，这三者以价格机制为核心共同发挥对市场的调节作用。市场机制一方面引导生产、消费活动，另一方面也调节着社会生产的重大比例关系，实现社会资源的优化配置，促使社会经济协调运行。

第七节　深化对劳动价值论的认识

通过对商品关系的深刻分析，马克思阐明了商品的二因素和生产商品的劳动的二重性及其相互关系，价值的质和量的规定性及其变化规律、价值形式的发展和货币的起源，商品经济的基本矛盾和基本规律及其作用，形成了科学的劳动价值论。劳动价值论是马克思主义理论的基石，也是政治经济学最重要的基础理论之一，在人类历史上发挥过重要作用。马克思劳动价值论扬弃了英国古典政治经济学的观点，为剩余价值理论的创立奠定了基础；马克思劳动价值论揭示了商品经济的一般规律，为社会主义市场经济发展提供了理论指导。

提示与说明

在发展社会主义市场经济的过程中，马克思在劳动价值论中所揭示的关于商品生产和交换的一般理论，对我国深化经济改革、完善社会主义市场经济体制、实现社会主义现代化建设的宏伟目标，具有重要的现实意义。

在新的历史条件下，研究和认识劳动价值理论，必须结合现代资本主义经济和社会主义经济发展的新情况，做出符合时代特征的新解释。

一、正确看待马克思劳动价值论的时代性

马克思主义政治经济学在本质上是不断发展的科学，作为其重要组成部分的劳动价值论，随着时代的变化和实践的发展也表现出新的变化，这主要体现在以下三个方面。

（一）研究和认识劳动价值论的出发点发生了变化

马克思运用劳动价值论专注于资本主义经济制度的研究，他是以 19 世纪英国的经济社会发展为模本，试图通过对剩余价值源泉的分析，最终揭示资本主义生产关系的本质，为无产阶级革命提供强大的思想武器。而当代，资本主义经济早已不再是自由竞争状态，中产阶级大量出现，社会关系已有深刻变化；更重要的是已经存在了社会主义制度，并且与商品经济紧密结合。这些是马克思当年所不曾遇到的。我们现在运用劳动价值论不仅要关注已经发生了深刻变化的当代资本主义经济关系，更要研究现实的社会主义经济关系，处理经济发展中的新问题。

（二）研究和认识劳动价值论所处的经济环境发生了变化

马克思是在劳动和资本相对立的环境中分析价值问题的，以前资本集中在少数资本家手中，拥有资本的资本家和出卖劳动力的工人之间是对立的关系；而如今，社会中已经不是当年绝对贫困的工人与贪得无厌的资本家的阶级对立，而是共创共享的社会关系。特别是我国在社会主义市场经济条件下，坚持公有制为主体，人和人之间不再是对立的经济关系，这与马克思当时的现实大不相同。今天研究价值问题要更好地服务于生产力的发展要求。

（三）研究和认识劳动价值论所具有的生产力基础发生了变化

马克思是以 19 世纪英国的经济社会发展为模本研究劳动价值论，当时资本主义生产的社会化和劳动分工还处在比较低的水平，受此现状影响，马克思对许多问题的认识不可能非常充分。当然，我们“绝不能要求马克思为解决他去世之后上百年、几百年所产生的问题提供现成答案。列宁同样也不能承担为他去世以后五十年、一百年所产生的问题提供现成答案的

任务。真正的马克思列宁主义者必须根据现在的情况，认识、继承和发展马克思列宁主义”（邓小平，1993）[291]。今天我们面对的是生产高度社会化、分工日益精细化、全球化的状况，需要以更宽广的视野来研究劳动价值理论。

深化对劳动价值论的认识，既要加强对马克思主义劳动价值论的研究分析，又要结合我国社会主义现代化建设和社会主义市场经济发展的实际。

二、深化对创造价值的劳动的认识

（一）正确认识创造价值的劳动的变化

在马克思的研究中，创造价值的劳动主要指物质生产领域的生产性劳动。当今，随着商品经济的发展，科学技术的进步，以及劳动协作关系的不断扩大，创造价值的劳动，以及劳动者的范围已经发生了许多新变化。一方面，创造劳动的范围得到了拓展。从劳动过程看，由于社会分工的多样化，生产往往要由许多劳动者合作完成，这就使创造价值的劳动打破了单个劳动者的局限，而变成“总体工人”共同实现；从生产的空间看，劳动已从生产部门的内部拓展到外部；从劳动的形式看，出现了大量非物质生产性劳动，如科技劳动、经营管理劳动、营销劳动、信息咨询服务劳动等，特别是科技工作者的劳动和企业管理者的劳动在经济发展中起着越来越重要的作用，并参与了价值的创造，这就使创造价值的劳动不再局限于传统的生产性劳动。另一方面，创造价值的劳动领域由过去的物质生产领域向社会服务和精神文化领域延伸，创造精神财富的劳动和创造物质财富的劳动都是创造价值的劳动。当今，创造价值的劳动，无论从形式还是内容上看，无疑比以前丰富得多。

（二）正确看待生产要素在劳动过程中参与价值的活动

当今，在商品的价值形成中除了劳动外，科学技术、资本、土地等生产要素也参与了价值的创造，并对劳动生产率的提高、价值量的增加、商品使用价值增多等方面的作用越来越大。那些传播、推广、使用新技术的劳动在转移新发明劳动价值的同时，也创造了巨大的价值和使用价值。如传播、使用电脑技术的劳动，由于改变了劳动条件、劳动手段，它本身也创造出了比过去大得多的使用价值和价值。不过我们认为，这一切都更加说明劳动创造价值的正确性。因为各种生产要素毕竟还是物，不会自己创造价值，只有被人所掌握，才能转化为创造剩余价值和价值的巨大力量，也就是说任何加在其上的价值都是人类劳动的直接结果或者间接结果。

概念提示

所谓生产要素，就是指在生产经营过程中利用的各种经济资源的统称，或者说进行生产经营所必须具备的各种条件，包括资本、劳动力、土地、管理、技术、信息等。

（三）正确认识价值创造与分配的关系问题

长期以来，我们认为价值创造是价值分配的依据，所以认为只有参与价值的创造，才有资格参与分配，而对没有创造价值的劳动以及各生产要素参与分配的认识不够。当今社会，各生产要素属于不同的所有者，劳动力、土地、资本、技术、管理、信息、知识等生产要素越来越多地参与生产过程，其所有权者应该获得投入的回报，而且收入回报率越高，生产要素所有者投入生产要素的积极性也会越高；越是紧缺的要素参与了生产，所有者得到的回报也越大。在这种情况下我们应该对生产要素参与分配给予重视。

（四）正确认识价值创造与财富生产的关系

由价值创造理论我们可知，价值的创造和财富的生产不完全等同。

（1）财富或使用价值除了包含人的劳动外，还包括自然物质；但价值不包含任何自然物质成分，只是人类劳动的凝结。财富生产与具体劳动相关，价值创造与抽象劳动相关。前者反映经济活动中的人与自然的关系，后者反映经济活动中的社会关系。创造财富的源泉是多元的，是劳动和资本、土地、技术等各生产要素共同实现的，创造价值的唯一源泉是劳动。

（2）二者并不是同比例增长。财富的增长与生产力水平和劳动生产率的提高成正比，但价值的增长却是与劳动时间的长短联系在一起的，而且要经过交换，要受到供求关系、竞争的影响。

面对时代新发展，劳动价值论虽然表现出一定的历史局限性，但是劳动价值论的科学性是不容置疑的。只要商品经济的基本规律仍然发生着作用，劳动价值论就不可能过时。在马克思主义理论体系中，正是以劳动价值论为前提才有了剩余价值论对资本剥削本质的揭示，才有对资本主义生产方式内在矛盾的揭示，才有对整个资本主义产生、发展、灭亡的客观规律的揭示。否认劳动价值论不仅从根本上背离了唯物史观，也否定了科学社会主义理论的前提。

视野拓展

劳动价值论是马克思主义政治经济学的理论基石，仍然是指导当前经济社会科学发展的重要理论依据。到底该以一种什么样的态度去认识马克思劳动价值论的当代意义呢？

推荐读者课外阅读以下两篇文章。

《内蒙古日报》2015年4月30日《论马克思劳动价值论的当代意义》（韩鹏）。

《学习时报》2016年1月4日《以既坚持又创新的态度认识劳动价值论》（谭荣尧）。

小结

1. 生产关系随着生产力的发展而改变自身的性质，并一定要适合生产力状况的规律是社会经济制度变革的一般规律。

2. 自然经济和商品经济是人类社会发展至今的两种基本经济形态。其中，商品经济是直接以交换为目的进行生产的经济形式，是商品生产和商品交换的统称。商品经济产生和存在的基本经济条件是：社会分工、生产资料和产品属于不同的所有者。

3. 商品是用来交换的劳动产品。生产商品的劳动的二重性决定了商品的二因素：具体劳动创造使用价值，抽象劳动形成价值。商品二因素的矛盾只有通过交换才能解决。

4. 商品的价值量由社会必要劳动时间决定。计算社会必要劳动时间以简单劳动为基准，将少量的复杂劳动折算为多倍的简单劳动。社会必要劳动时间的变化反映的是社会劳动生产率的变化。

5. 私人劳动与社会劳动之间的矛盾是简单商品经济的基本矛盾。解决矛盾的途径是交换。

6. 价值形式的发展经历了简单的价值形式、扩大的价值形式、一般价值形式和货币形式四个阶段。货币的本质是固定地充当一般等价物的特殊商品，体现了商品生产者之间的生产关系。货币具有价值尺度、流通手段、贮藏手段、支付手段和世界货币的职能。

7. 价值规律是商品经济的基本规律。其内容是社会必要劳动时间决定商品的价值量，商品交换按等价交换原则进行。价值规律具有促进生产和调节生产的作用。其表现形式主要是价格围绕价值上下波动。

8. 市场机制是市场的各要素（如价格、供求、竞争等）之间相互联系、相互制约而形成的自行协调经济运行的机制，它包括价格机制、供求机制和竞争机制。其中，价格机制是市场机制的核心。

单元测试题

一、单项选择题

1. “我们从小麦的滋味中根本无法判断它是封建农民生产的，还是资本主义制度下农业工人生产的。”这说明（　　）。

A. 使用价值是一个历史的范畴

B. 同一种物品的使用价值会随生产关系的变化而变化

C. 有使用价值的物品一定是劳动产品

D. 一种物品具有的使用价值并不反映生产关系的性质

2. 不同的商品能够按照一定的比例进行交换，说明这两种商品必定具有在质上相同的东西。这个同质的东西就是商品的（　　）。

A. 使用价值　　B. 供求关系　　C. 价值　　D. 自然属性

3. 下列说法正确的是（　　）。

A. 使用价值是价值的物质承担者　　B. 价值是使用价值的物质承担者

C. 没有使用价值的物品不一定没有价值　　D. 没有价值的物品一定没有使用价值

4. 商品的二因素是对立统一的，这对矛盾的解决有赖于（　　）。

A. 劳动生产率的不断提高　　B. 货币的出现并充当交换媒介

C. 商品交换的实现　　D. 商品物质实体的消亡

5. 商品的价值是凝结在商品中的无差别的一般人类劳动。这里所说的劳动是指（　　）。

A. 社会劳动　　B. 私人劳动　　C. 具体劳动　　D. 抽象劳动

6. 理解马克思主义政治经济学的枢纽点是（　　）。

A. 劳动价值论　　B. 劳动二重性理论　　C. 剩余价值理论　　D. 资本积累理论

7. 假设一年内市场上共有 3 种商品各 10 万件等待出售，其中，A 商品的价格为 500 元，B 商品的价格为 1 000 元，C 商品的价格为 2 000 元。已知一年内单位货币每年平均流通次数为 8 次，则一年内商品流通所需要的货币量是多少？（　　）

A. 2 500 万元　　B. 625 万元　　C. 4 375 万元　　D. 1 250 万元

8. 如果劳动生产率下降，同一劳动在单位时间内创造的（　　）。

A. 使用价值量减少，单位产品的价值量增加

B. 使用价值量减少，单位产品的价值量减少

C. 价值量增加，单位产品的价值量增加

D. 价值量减少，单位产品的价值量减少

9. 在同一劳动时间内，由于劳动生产率的提高，生产出的商品数量和单位价值量都发生了变化，这种变化是（　　）。

A. 商品数量减少，单位商品的价值量不变 B. 商品数量增加，单位商品的价值量不变

C. 商品数量减少，单位商品的价值量增大 D. 商品数量增加，单位商品的价值量减少

10. “1 只羊 = 2 把斧子”这个价值表现形式是（　　）。

A. 简单的或偶然的价值形式　B. 总和的或扩大的价值形式

C. 一般价值形式　D. 货币形式

11. 货币充当表现和衡量一切商品价值量大小的尺度的职能是（　　）。

A. 价格标准　B. 价值尺度　C. 价格　D. 流通手段

12. 货币具有价值尺度职能是因为货币本身（　　）。

A. 具有使用价值　B. 是商品，具有价值

C. 是金银　D. 由政府法定

13. 货币在执行某种职能时，可以是观念上的货币，而不必是现实的货币，这种情况属于（　　）。

A. 价值尺度职能　B. 流通手段职能　C. 贮藏手段职能　D. 支付手段职能

14. 在商店里出售的各种商品，都有价格标签。这些价格标签表明货币是在执行（　　）。

A. 价值尺度职能　B. 流通手段职能　C. 贮藏手段职能　D. 支付手段职能

15. 在商品买卖中起媒介作用的货币，所执行的是（　　）。

A. 价值尺度职能　B. 流通手段职能　C. 贮藏手段职能　D. 支付手段职能

16. 下列经济行为中，属于货币执行流通手段职能的是（　　）。

A. 顾客用 10 元钱可购买 5 斤苹果

B. 顾客购买 5 斤苹果，一周后付款 10 元

C. 顾客刷卡 10 元钱购买了 5 斤苹果

D. 顾客向水果店以每斤 2 元的价格预定 5 斤苹果

17. 货币执行流通手段的职能（　　）。

A. 必须是现实的货币　B. 可以是想象或观念上的货币

C. 必须是足值的金属货币　D. 不能用纸币代替

18. 纸币之所以能够产生和流通，根本上是由于（　　）。

A. 国家的强制力量

B. 货币执行价值尺度时的特点：可以只是观念上的货币

C. 货币执行流通手段时的特点：必须是现实的货币，但不必是足值的货币

D. 纸币具有一定的含金量，能兑换成金属货币

19. 打破商品直接交换所受的限制，引起商品交换买卖脱节的货币职能是（　　）。

A. 价值尺度　B. 流通手段　C. 支付手段　D. 贮藏手段

20. 由商品的赊买赊卖所引起的货币职能是（　　）。

A. 价值尺度　B. 流通手段　C. 支付手段　D. 贮藏手段

21. 支付赋税、租金、工资时的货币执行的职能是（　　）。

A. 流通手段的职能　B. 支付手段的职能

C. 贮藏手段的职能　D. 世界货币的职能

22. 在金属货币流通的条件下，不会发生流通中货币量持续地严重过多或过少现象，直接原因是（　　）。

A. 货币的世界货币职能能使货币在世界范围内流通，从而具有相当的稳定性

B. 货币的支付手段职能能自觉地调节货币流通量

C. 货币的价值尺度职能能自觉地对货币需要量进行科学预测

D. 货币的贮藏手段职能能自发地调节货币流通量

23. 在金属货币流通条件下，通货膨胀或通货紧缩（　　）。

A. 具有必然性　B. 不会发生

C. 存在可能性　D. 取决于价格状况

24. 通货膨胀是由于（　　）。

A. 货币供应量大大少于货币需要量　B. 货币供应量显著多于货币需要量

C. 货币供应量刚好等于货币需要量　D. 按货币需要量决定货币发行数量

25. 推动社会经济制度变革最根本的动力是（　　）。

A. 上层建筑与经济基础之间的矛盾　B. 生产关系与生产力之间的矛盾

C. 经济制度与经济体制之间的矛盾　D. 商品与货币之间的矛盾

26. 市场机制的核心是（　　）。

A. 价值机制　B. 价格机制　C. 竞争机制　D. 供求机制

二、多项选择题

1. 下列对市场经济的表述中正确的有（　　）。

A. 市场经济就是高度发展的商品经济

B. 市场经济和商品经济是两种不同的经济形态

C. 市场经济是市场对资源配置起基础性作用的商品经济

D. 市场经济是排斥国家宏观调控的商品经济

2. 商品经济存在和发展的基本条件是（　　）。

A. 自然分工　B. 社会分工

C. 私有制的出现　D. 生产资料和产品属于不同的所有者

3. 关于使用价值与价值的关系，下列说法正确的有（　　）。

A. 有使用价值的物品一定有价值　B. 没有使用价值的物品一定没有价值

C. 有价值的物品一定有使用价值　D. 没有价值的物品一定没有使用价值

4. 个别企业提高劳动生产率后，可以增加单位时间内生产的使用价值量，而对价值量的影响是（　　）。

A. 单位时间内创造的价值量不变　B. 单位时间内创造的价值量提高

C. 单位时间内创造的价值量降低　D. 单位商品的价值量不变

5. 出现商品交换以来，总共出现的几种价值形式有（　　）。

A. 简单的价值形式　　B. 扩大价值形式

C. 一般价值形式　　D. 货币形式

6. 执行流通手段职能的货币（　　）。

A. 必须是现实的货币　　B. 可以是观念上的货币

C. 可以是纸币和信用货币　　D. 必须是金属货币

7. 下列例子中货币充当支付手段的有（　　）。

A. 在某商店一台电视机标价 1 000 元　　B. 某消费者得到工资和奖金

C. 某消费者还欠别人的钱　　D. 某消费者在每月底用现金缴房租

8. 可能引起经济危机的货币职能有（　　）。

A. 价值尺度　　B. 流通手段　　C. 支付手段　　D. 贮藏货币

9. 商品是（　　）。

A. 生产者用来满足自己需要的劳动产品　B. 用来交换的劳动产品

C. 使用价值和价值的统一　　D. 一定社会生产关系的体现

10. 在市场交换中，买卖双方经常讨价还价。但是，买方不能无限压低价格，卖方不能无限抬高价格，这是因为价格受以下因素的制约。（　　）

A. 商品的使用价值　　B. 商品的价值

C. 市场供求状况　　D. 凝结在商品中的无差别的一般劳动

三、名词解释

商品的价值　货币流通规律　通货膨胀　商品经济

四、辨析题

1. 自家种的粮食由于可以拿出去卖钱，因此是商品。

2. 价格是价值的表现形式，有价格的必有价值。

3. 自家种粮食的过程中，必然要付出脑力和体力，因此，这一劳动过程也包含有二重性，即具体劳动和抽象劳动。

4. “金银天然不是货币，但货币天然是金银”。

五、问答题

1. 价值规律的内容、实现形式及其作用分别是什么？

2. 商品的价值量是如何确定的？

第二篇

资本主义经济制度与经济运行

本篇概要

本篇考察的是资本主义的生产关系，包括剩余价值的生产、实现、分配以及资本主义生产关系的演化。

第三章　剩余价值的生产

【学习目的与要求】

本章的任务是通过对资本主义生产过程的分析，阐明马克思创立的剩余价值学说（这是马克思经济理论的基石），认清剩余价值的产生和资本家为提高剥削程度而采取的两种生产形式，从而揭示资本主义制度下资本主义剥削的实质和资本主义工资的本质。在此基础上，剖析资本主义再生产过程，阐明马克思主义的资本积累理论，着重揭示资本积累的实质，从理论上更深入地认识资本主义生产关系的实质。

第一节　货币转化为资本

一、资本的总公式及其矛盾

（一）资本的定义

概念提示

资本是能够增殖（带来剩余价值）的价值。

货币是资本的最初表现形式，任何一个资本家都必须掌握一定数量的货币才能进行资本主义的生产经营活动。但是，货币本身不是资本。只有当货币能带来剩余价值时它才能称为资本。

作为商品流通媒介的货币与作为资本的货币有根本的不同，这种差别通过分析简单商品流通和资本流通运动过程就能得到反映。

（二）简单商品流通和资本流通形式的区别

随着商品流通的发展，货币产生了，货币是商品流通的最后产物，又是资本的最初表现形式。从历史上看，资本最初是以货币形式存在，是作为货币财产，作为商人资本和高利贷资本，与土地所有权相对立的。从现实生活中看，每一个新资本，最初也是以货币形式出现在市场上的。既然资本最初采取了货币的形式，那么，作为货币的货币和作为资本的货币有什么联系与区别呢?

简单商品流通公式是商品—货币—商品（W—G—W）。资本的流通公式是货币—商品—货币（G—W—G）。这两种流通公式具有相同点，即都有买卖两个过程，以及相应的买者与卖者的对立。具体说来：第一，都有两个对立阶段，即卖和买；第二，都有两个对立物，即商品和货币；第三，都有两个人对立，即买者和卖者；第四，都有三个当事人登场，即一个只卖，一个只买，一个既买又卖。

然而这两个流通公式在形式上却有明显的区别。

（1）买和卖的顺序不同。简单商品流通是先卖后买，资本流通则是先买后卖。

（2）流通的起点和终点不同。简单商品流通的起点和终点都是商品，而资本流通的起点和终点都是货币。

（3）流通中的媒介物不同。简单商品流通的媒介物是货币，资本流通的媒介物则是商品。另外，这两种流通形式的最重要区别在于它们具有不同的性质和经济内容，表现在以下几个方面。

1. 两种流通的目的不同

在简单商品流通中，商品生产者出卖自己的商品，是为了交换到自己所需要的商品。这种流通的目的是为了满足商品生产者生产上或生活上的需要，是为了取得一定数量的使用价值。在这里，货币只是起流通的媒介作用。

资本流通则是以货币开始，以货币告终。资本家买进商品是为了卖出商品而重新取得货币。这种流通的目的是交换价值本身，是为了获取更多的货币。

2. 两种流通的内容不同

在简单商品流通中，交换的两极是价值量相等而使用价值不同的两种商品。例如，农民出卖自己的粮食，取得货币是为了再用货币去购买自己所需要的农具和生活用品，是为买而卖。不同使用价值之间的交换便是简单商品流通的实际内容。

在资本流通中，交换的两极是货币，它们在质上是相同的，在量上却不同。如果资本家预付的货币和商品出售后取得的货币在价值量上相等的话，那么这种流通就毫无意义了。实际上，资本家最后出售商品收回的货币在数量上多于购买商品所预付的货币，即从流通中收回的货币多于预付到流通中的货币，发生了价值增殖。

★重要结论★

价值增殖是资本流通的实际内容和根本目的。

因此，资本流通公式应该是

$$G—W—G'$$

其中，$G'=G+\Delta G$，即预付的货币额加上一个增殖额。马克思把这个增殖额（ΔG）称为剩余价值（用字母 m 表示）。由此可见，资本在运动中发生价值增殖是资本流通和简单商品流通的本质区别。

3. 简单商品流通是有限的，而资本流通是无限的

简单商品流通的目的是为获取某种使用价值，以满足商品生产者在生产或生活上的需要。一旦商品生产者交换到自己所需要的商品，他就退出流通领域，这一流通过程也就结束了。

资本流通的目的是为了获取剩余价值。这就决定了资本流通是无限的。货币只有在它带

来剩余价值时才成为资本，带来的剩余价值越多，它作为资本发挥的作用也就越大。而且货币又只有在运动中才能不断增殖自己的价值。如果运动停止了，它就会立刻失去增殖的能力，作为资本的生命也就停止了。

所以，资本的运动是无止境的。资本家是这个运动的有意识的承担者，是人格化的资本，资本家的职能就是经常地保持资本的运动，使资本不断增殖。

（三）资本总公式的矛盾

作为商品流通媒介的货币，只是一般等价物，体现商品生产者之间的生产关系；而作为资本的货币能带来剩余价值，体现资本主义的生产关系。资本是能够带来剩余价值的价值。资本流通公式（G—W—G′）最明显地表明了资本主义生产的目的和动机，概括了各种资本运动的特性，它不仅适用于商业资本，而且适用于产业资本和生息资本。

★重要结论★

G—W—G' 既是资本流通的公式又是资本总公式。

为贵卖而去买，即 G—W—G′，似乎只是商人资本所特有的运动形式。实际上，如果从流通领域来看，产业资本的运动形式也是这样。最后，在生息资本的场合，G—W—G′简化为没有以 W 为中介的价值增殖运动，即 G—G′。因此，G—W—G′事实上是直接在流通流域内表现出来的资本的总公式。由以上分析得出的重要结论是：资本在运动中会带来剩余价值。

提示与说明

价值规律要求商品交换要遵循等价交换原则，但作为特殊商品的货币在流通过程中发生了价值增值，表现为等价交换原则与价值增殖之间存在矛盾。

在流通过程中，按价值规律的要求，在交换过程，交换必须以价值量为基础，实行等价交换，商品价值量不能增加。但是，资本总公式呈现出来的现象是：经过流通过程资本价值却发生了变化，实现了价值增殖。这就是资本总公式的矛盾。

要解决资本总公式的矛盾，关键在于说明剩余价值是怎样产生的，或者说货币到资本的转化是怎样实现的。

剩余价值不能产生于流通过程，但又离不开流通过程，它必须以流通过程为媒介，这就是解决资本总公式矛盾的条件。按照这个条件：

（1）剩余价值不能发生在要转化为资本的货币身上，因为在流通过程中，货币作为流通手段和支付手段，只是代表一个既定的价值量；

（2）剩余价值也不能发生在流通的第二个阶段，即商品的出卖上，因为这一行为只能引起价值形式的变化，从商品形式转变为货币形式；

（3）剩余价值只能发生在第一个阶段所购买的商品上，但又不是发生在这种商品的价值上，因为根据等价交换的原则，商品是按价值购买的，所以只能发生在这种商品的使用价值上，也就是发生在对这种商品的使用上，这种商品是一种特殊商品，这种特殊商品就是劳动力。

★重要结论★

流通过程不能产生剩余价值，离开流通过程也不会形成剩余价值。

二、劳动力成为商品

劳动力是人的劳动能力，是人的体力和脑力的总和，它存在于人的身体中。

（一）劳动力成为商品的条件

劳动力在任何社会都存在，是一切社会生产的基本要素。但是，劳动力成为商品，它的买卖成为普遍现象，却是一定社会历史阶段的产物。劳动力成为商品，必须具备两个条件。

第一个条件是劳动者必须有人身自由，可以自由地支配自己的劳动力。奴隶或农奴没有人身自由，他们的劳动力就不能成为商品。

第二个条件是劳动者必须丧失一切生产资料和生活资料，只能依靠出卖劳动力为生。

（二）劳动力商品的价值和使用价值

劳动力作为商品，具有使用价值和价值两个因素。劳动力商品的价值，像其他一切商品的价值一样，也是由生产和再生产这种商品的社会必要劳动时间决定的。劳动力存在于人的身体内部，维持人的生存必须消费一定数量的生活资料，因此，生产劳动力所必需的劳动时间可以归结为生产、生活资料所必需的劳动时间。

提示与说明

劳动力商品的价值的两个特点：一个是它体现为一定量的生活资料的价值；另一个重要特点就是它包含有一定的历史和道德因素。

劳动力的价值，是由生产、发展、维持和延续劳动力所必需的生活资料的价值决定的，包括三个部分：

（1）劳动者本人生活所必需的生活资料的价值，用以维持他的劳动力的再生产；

（2）劳动者养育子女所必需的生活资料的价值，用以保证劳动力商品的延续；

（3）劳动者的教育训练费用，用以满足资本主义生产对具备一定技术、文化知识的劳动力的要求。

提示与说明

劳动力商品的使用价值的特殊性就在于它是价值和剩余价值的源泉，它能创造出比自身价值更大的价值。

此外，劳动力的价值还包含历史的和道德的因素。所谓历史的和道德的因素是指劳动者所在国家和地区的社会经济文化水平、历史传统习惯以及自然条件等。在不同的国家由于自然条件和历史条件的差异，纳入劳动者的物质生活和精神生活平均必需的生活资料的数量、质量和范围是不同的。即使在同一个资本主义国家的不同历史时期，劳动者的物质文化生活水平也是不同的，所以劳动力的价值受到社会经济文化发展水平的制约，从一个较长的历史时期来看表现为一个变量；而在一个国家的一定时期，劳动者必需的生活资料的数量和范围还是可以确定的量。

劳动力商品的使用价值具有其他商品所不具有的特殊性。

一般商品使用或消费后，使用价值消失，其价值也随之消失或转移到其他商品中去，不会发生价值增殖。与此完全不同的是，劳动力商品的使用价值是劳动者进行生产劳动的能力，它的使用或消费过程就是劳动者的劳动过程，劳动力商品的使用价值就是创造一般商品价值的源泉。

劳动力的使用不仅能创造新价值，而且还可以创造出比自身价值更大的价值，因此，劳动力商品的使用价值就是创造一般商品价值的源泉。劳动力的使用不仅能创造新价值，而且是剩余价值的源泉。劳动力这种特殊的使用价值对于货币转化为资本有决定性的意义，资本家购买劳动力商品，看中的也正是这种商品的特殊使用价值。

★重要结论★

劳动力成为商品是货币转化为资本或者说是解决资本总公式矛盾的前提。

第二节　资本主义生产过程及其特征

劳动力商品的使用价值不仅创造出了自身价值，而且创造出大于自身价值的价值，而对劳动力的使用发生于资本家在市场上购买到生产资料和劳动力以后，这样便离开流通领域，进入了资本主义的生产过程。

资本主义生产过程是以雇佣劳动为基础、以获取剩余价值为目的的生产。其生产过程具有二重性：一方面是生产使用价值的劳动过程；另一方面是生产剩余价值的价值增殖过程。资本主义的生产过程是劳动过程和价值增殖过程的统一。

一、资本主义的劳动过程

在一切社会形态中，劳动过程都是指劳动者通过有目的的活动，运用劳动资料作用于劳动对象，生产出能够满足人们某种需要的使用价值的过程。

提示与说明

在不同的社会里，由于劳动资料和劳动对象掌握在不同社会集团、不同阶级的手里，劳动过程具有不同的特点。

资本主义劳动过程是资本家消费他所购买的劳动力的过程。它具有以下两个特点。

第一，工人在资本家的指挥和监督下劳动，他的劳动属于资本家。由于工人把劳动力作为商品出卖给资本家，工人的劳动就要服从资本家的安排。

第二，工人的劳动产品全部归资本家所有。工人是在资本家占有生产资料的情况下进行劳动的，而且资本家取得了劳动力商品的使用权，这种劳动过程实际上是资本家将各种生产要素相结合的过程，劳动过程的成果即工人的劳动产品也必然属于资本家。

二、资本主义生产过程

在资本主义劳动过程中，资本家让工人生产某种使用价值，如皮鞋、棉纱等，但这并不是资本主义生产的根本目的。资本家之所以生产使用价值，那只不过是由于使用价值是价值的物质承担者，资本家的目的是生产一个比他预付的资本价值更大的价值，即生产剩余价值。所以，资本主义的生产过程，不仅是创造使用价值的劳动过程，同时也是价值形成过程和价值增殖过程，是价值形成过程和价值增殖过程的统一。

（一）价值形成过程

提示与说明

关于价值的形成，必须运用劳动二重性原理来分析：一方面，生产商品的劳动作为具体劳动，在创造商品使用价值的同时，将生产商品过程中所消耗掉的生产资料的原有价值转移到新生产出的商品中，构成新商品价值的一部分；另一方面，生产商品的劳动作为抽象劳动，它凝结到新生产出的商品中，形成商品的新价值，是新商品价值的重要构成部分。由此可见，任何一个商品的价值，都是由两部分价值构成的：一是在生产该商品时所消耗掉的生产资料的原有价值；二是在生产该商品时新创造的价值。

在资本主义生产过程中，工人活劳动所创造的新价值如果仅仅等于劳动力的价值，那么资本家就不可能获得剩余价值，达不到实现价值增殖的目的，这样的生产过程对资本家毫无意义。

【案例3.1】 某纺纱厂的资本家雇佣工人生产棉纱，第一天支付一个劳动力的价值是3元。这3元价值，纺纱工人劳动6小时就能创造出来。又假定工人劳动6小时，需要消耗10斤棉花，价值10元；还需要消耗纱锭等劳动资料，价值2元。这样资本家共预付了15元。

在生产过程中，工人以他的具体劳动，在6小时内将10斤棉花纺成10斤棉纱。棉花和纱锭等生产资料被消耗了，纺纱工人的具体劳动，创造了新的使用价值，并把生产资料的价值转移到产品中。资本家购买劳动力所预付的价值则不同，被工人用来购买各种生活资料，用于个人和家庭的消费，不转移到产品上去。

纺纱工人也支出了抽象劳动。作为抽象劳动，创造了新价值。把10斤棉花纺成10斤棉纱，需要6小时劳动，他就把6小时的劳动量，即一个等于3元的价值量，加到棉纱中去了。这样，10斤棉纱的价值，包括由生产资料转移过来的价值（12元）和纺纱工人新创造的价值（3元），共计15元。资本家把10斤棉纱卖掉之后，得到15元，等于预付的价值15元，其中新创造的价值3元，正好补偿他购买劳动力时所预付的3元价值。产品的价值等于预付资本的价值。预付的价值没有增殖，没有产生剩余价值，如表3.1所示。

表 3.1　价值的形成过程

资本家的耗费（1）	数量（元）	棉纱的价值（2）	数量（元）
生产资料价值	12	转移的生产资料价值	12
劳动力价值	3	6 小时劳动创造的新价值	3
小　计	15	小　计	15
（2）－（1）	0		

案例 3.1 中，当资本家的耗费和工人生产出来的纱锭的价值正好相等时，资本价值没有增殖，这就是价值形成过程。如果真是这样，资本家就不再进行

生产了，因为这不符合他的愿望。价值形成过程必须变成价值增殖的过程，这又是怎么转变的呢？

提示与说明

在商品生产过程中所消耗掉的生产资料的原有价值，是以物化劳动形式存在的价值。物化劳动是指已经凝结到商品中的劳动，在此处是指以生产资料形式存在的已经凝结在生产资料中的劳动。在生产商品过程中新创造的价值，是由活劳动所创造的。所谓活劳动，是指劳动过程中正在进行的活生生的劳动，此处是指在生产商品过程中劳动者所消耗的抽象劳动。

在商品生产过程中，物化劳动不能创造价值，只能将其原有价值通过具体劳动转移到新商品中，其所转移的量，也只相当于已消耗掉的生产资料的原有价值量，不会发生价值的增殖。在商品生产过程中，只有活劳动才能创造出新的价值。活劳动即活的抽象劳动是价值的唯一源泉。

（二）价值增殖过程

【案例3.2】 在案例3.1中，如果劳动力一天的价值是3元，工人只需要劳动6小时，可以把这一价值创造出来。但是，对资本家来说，他购买的是工人一天的劳动力，也就获得了一天劳动力的使用权。所以，资本家决不会让工人仅仅劳动6小时，而是要工人劳动更长的时间。假定资本家要工人一天劳动12小时，这样，工人12小时劳动可以纺出20斤棉纱，因而需要20斤棉花和价值4元的纱锭等生产资料。并且，资本家需要用24元购买生产资料，3元购买劳动力，共预付27元。而20斤棉纱的价值，等于被工人的具体劳动转移过来的24元生产资料的价值，加上工人12小时劳动所创造的6元新价值，共30元。现在，新产品棉纱的价值，比资本家预付的价值多3元。这3元就是剩余价值。这样，价值形成过程就转变为价值增殖过程，如表3.2所示。

表 3.2　价值增殖过程

资本家的耗费（1）	数量（元）	棉纱的价值（2）	数量（元）
生产资料价值	24	转移的生产资料价值	24
劳动力价值	3	12 小时劳动创造的新价值	6
小　计	27	小　计	30
（2）－（1）	30 − 27=3（元）		

由案例 3.2 可见，价值增殖过程不外是超过一定点而延长了的价值形成过程，这个一定点就是工人补偿劳动力价值的时间。剩余价值的产生就是由于资本家把雇佣工人的劳动时间延长到补偿劳动力价值所需要的时间以上，从而劳动力所创造的价值超过了劳动力的价值。只要资本家把雇佣工人的劳动时间延长到补偿劳动力价值所需要的时间之上，工人在生产过程中所创造的价值就会超过劳动力价值，资本家就能够从雇佣工人的身上榨取到剩余价值。整个资本主义剥削的秘密就在这里。

从上述分析可见，工人一天的劳动时间可分为两部分：一部分是再生产劳动力价值的时间，叫做必要劳动时间，工人在必要劳动时间内所耗费的劳动，叫做必要劳动；另一部分是无偿地为资本家生产剩余价值的时间，叫做剩余劳动时间，工人在剩余劳动时间内支出的劳动就是剩余劳动。

所谓剩余价值就是雇佣工人在剩余劳动时间内创造的、被资本家无偿占有的超过劳动力价值的那部分新价值。剩余价值直接体现着资本家对雇佣工人的剥削关系。

提示与说明

剩余劳动的存在是除原始社会外的一切社会的共同现象。但是，在不同的社会形态下，必要劳动和剩余劳动体现着不同的社会性质。

私有制条件下，由于生产资料私人占有，所以劳动者剩余劳动时间创造的剩余产品被生产资料所有者无偿占有，少数人受益；在社会主义公有制条件下，劳动者必要劳动时间生产的必要劳动产品也是用来补充劳动力自身价值，但剩余劳动时间生产的剩余产品归全体劳动者共同所有，用来满足劳动者的共同需要，增进和保障劳动者的公共利益，在满足社会保险、社会福利、社会救济等保证社会健康、长远发展的需要之后进行再分配，最终还是劳动者共同受益。

货币转化为资本的整个过程，既在流通领域进行，又不在流通领域进行。只有在流通中才能购买到生产资料和劳动力，为剩余价值的生产准备好前提条件；而剩余价值不能在流通中产生，它是在生产领域中创造的。这也就最终解决了资本总公式的矛盾。

三、剩余价值规律是资本主义的基本经济规律

在社会经济形态的经济规律体系中起主导作用的经济规律叫做基本经济规律。剩余价值规律就是资本主义社会经济规律体系中起主导作用的基本经济规律。

之所以说剩余价值规律是资本主义的基本经济规律，原因有以下三点。

（1）剩余价值规律表明了资本主义生产方式的本质，体现了资本主义生产目的和达到目的的手段之间的内在统一。资本主义生产以雇佣劳动为基础，生产资料和劳动者的结合是通过资本家对劳动力的购买来实现的。

在生产过程中，生产资料和劳动力都是作为资本的要素发挥作用的。“资本主义生产——实质上是剩余价值的生产，就是剩余劳动的吸取。”（马克思　等，1972b）[295] 资本的使命就是价值增殖。因此，生产剩余价值是资本主义生产的根本目的，可以反映资本主义生产方式的本质特征。资本家为了榨取尽可能多的剩余价值，必然采取加强对工人剥削的各种手段，如延长劳动时间、提高劳动强度、提高劳动生产率等。

（2）剩余价值规律决定着资本主义生产的一切主要方面和主要过程。资本主义生产过程的各个环节都是围绕剩余价值的生产和实现来进行的。

资本主义的直接生产过程就是剩余价值的生产过程；资本主义的流通过程既为生产剩余价值做准备，又是剩余价值的实现过程。

（3）剩余价值规律决定着资本主义生产方式的产生、发展和必然灭亡的全过程。资本主义生产方式的确立，是在资产阶级追逐剩余价值的过程中实现的；资本主义生产方式的发展，也是在资本家增加积累，扩大剩余价值生产，从而推动社会生产力和资本主义生产关系的发展中进行的；而当资本主义为追逐剩余价值发展起来的社会生产力与资本主义生产关系发生矛盾时，资本主义生产和消费也就处于对抗性的矛盾之中，周期性的经济危机就成为资本主义生产方式的不治之症。

提示与说明

剩余价值规律的基本内容：资本主义的生产目的和动机是追求尽可能多的剩余价值，达到这一目的的手段是不断扩大和加强对雇佣劳动的剥削。

第三节 不变资本与可变资本

经典语录

"黑人就是黑人。只有在一定的关系下，他才成为奴隶。纺纱机是纺棉花的机器，只有在一定的关系下，它才成为资本。脱离了这种关系，它也就不是资本了，就像黄金本身并不是货币，砂糖并不是砂糖的价格一样。"（马克思 等，1995）[344]

一、资本的本质

资本是能够增殖的价值。在马克思看来，资本之所以能够增殖（带来剩余价值），是因为资本家利用它剥削了雇佣工人的剩余劳动。商品、货币、生产资料等本来并不是资本，只是当它们在资本家手里被用来作为剥削雇佣工人剩余劳动的手段时，才成为资本。

实际上，资本也与货币一样，本质上也是人与人之间的生产关系，是一个历史范畴。

提示与说明

在资本主义私有制条件下，资本是同生产资料私人所有结合在一起的，其性质就是能给私人带来剩余价值的价值，体现了资本对雇佣工人的剥削关系。私人资本及其带来的剩余价值属于资本家所有。

在社会主义公有制条件下，与生产资料公有制结合起来的公有资本，是由国家或集体所有，表现为集体资本和国有资本，是由公有制企业占用的能够增殖的价值。它是为社会主义经济服务的，体现了社会主义生产关系，反映着国家、企业与劳动者之间的利益关系。资本增量中的一部分作为利税上缴国家，其余部分转化为积累基金，用于社会的发展，构成劳动者的整体利益、长远利益的源泉。

二、不变资本和可变资本的划分

资本家所预付的资本，一部分用于购置生产资料，另一部分用于购买劳动力，资本的这两部分在价值增殖过程中起着不同的作用。马克思根据资本在剩余价值生产中所起的作用不同，把资本区分为不变资本和可变资本。

（一）不变资本与可变资本的含义

概念提示

不变资本就是以生产资料形式存在的那部分资本；可变资本就是以劳动力形式存在的那部分资本。

（1）不变资本。以生产资料形式存在的资本，在生产过程中不改变自己的价值量。例如，以厂房、机器、原材料等生产资料为存在形式的资本，在生产过程中，使用价值形态发生变化的同时，价值也转移到新产品中去了。

生产资料的不同部分，其价值转移方式会有不同，如厂房、机器等价值是在多次生产过程中逐渐转移的，原材料、燃料等的价值是在一次生产过程中转移的，它们都只能把自己原有的价值转移到新产品中去，而不会发生价值增殖。

（2）可变资本。以劳动力为存在形式的那部分资本，其价值在生产过程中不是转移到新产品上去，而是由工人的劳动再生产出来。同时，劳动力发挥作用的结果，不仅再生产出劳动力的价值，而且生产出剩余价值。因此，以劳动力形式存在的资本，在生产过程中发生了量的变化，即发生了价值的增殖，叫作可变资本。

（二）区分不变资本与可变资本的意义

不变资本和可变资本的区分，是马克思的重要理论贡献。它的重要意义在于以下两点。

第一，进一步揭露了剩余价值的源泉和资本主义剥削的实质。通过区分不变资本和可变资本，说明剩余价值不是全部资本产生的，也不是由不变资本产生的，而是由可变资本产生的，而可变资本之所以会发生价值量的变化，是由于在生产过程中劳动力作为可变资本的存在形式发生作用，即劳动创造的全部价值超过了劳动力价值。因此，工人的剩余劳动是剩余价值的唯一源泉，资本主义制度是获取雇佣工人剩余劳动的剥削制度。

第二，这种区分为确定资本家对雇佣工人的剥削程度提供了科学依据。正确反映这种剥削程度的是剩余价值率。

三、剩余价值率

既然剩余价值是由可变资本带来的，那么研究资本价值增殖程度时，就必须考察剩余价值与可变资本的关系。马克思把剩余价值（m）与可变资本（v）之间的比率称为剩余价值率，它反映了劳动力受剥削的程度，用 m' 来表示为

$$m'=m/v$$

【案例3.3】 某产业资本家预付总资本2 700元，其中不变资本2 400元，可变资本300元，带来剩余价值300元。那么，$m'=m/v=300/300=100\%$。

剩余价值率反映了可变资本的增殖程度，准确地表示了雇佣工人遭受资本家剥削的程度。

由于雇佣工人的工作日分为必要劳动时间和剩余劳动时间两部分，因此，剩余价值率又可表示为

剩余价值率（m'）= 剩余劳动/必要劳动= 剩余劳动时间/必要劳动时间

上述两个公式以不同的形式表示了同一个关系。

“m/v”表明在雇佣工人创造的价值中，资本家占有多少，工人得到多少。

“剩余劳动/必要劳动”表明在一个工作日里，有多少时间是用来补偿劳动力价值的，有多少时间是替资本家生产剩余价值的。

第四节　剩余价值生产的基本方法

资本家提高对工人剥削程度的方法多种多样，概括起来有两种基本方法：绝对剩余价值的生产和相对剩余价值的生产。

一、绝对剩余价值的生产

资本主义制度下工人的工作日分为两部分：必要劳动时间和剩余劳动时间。在必要劳动时间为一定的条件下，工作日越长，剩余劳动时间也就越长，资本家从工人身上榨取的剩余价值也就越多，从而剩余价值率也就越高。

【案例3.4】 工人的工作日为12小时，其中必要劳动时间6小时，剩余劳动时间也是6小时，剩余价值率则为100%。如果工作日延长到15小时，必要劳动时间不变，剩余劳动时间就变为9小时，剩余价值率则随之变为150%。

这种在雇佣工人的必要劳动时间不变的条件下，由于工作日的绝对延长而生产的剩余价值叫做绝对剩余价值。马克思说："把工作日延长，使之超出工人只生产自己劳动力价值的等价物的那个点，并由资本家占有这部分剩余劳动，这就是绝对剩余价值的生产。"（马克思等，1972b）[577]

提示与说明

资本家之所以能采用延长工作日的方法来提高对工人的剥削程度，是因为工作日是一个可变量，它可以在一定的限度内变动。但工作日的最低界限必须在必要劳动时间以上，否则资本家就得不到剩余价值，资本主义生产也就不存在了。

工作日的最高界限取决于以下两个因素。

第一，生理因素。工人在一昼夜24小时里，必须有一定的时间来满足生理上的需要，例如，吃饭、休息、睡眠等。

第二，社会道德因素。除了生理需要以外，工人还要有一定时间用于满足精神文化生活和社会活动的需要，这是由社会一定的经济文化发展程度所决定的。由于这两个因素都具有相当大的伸缩性，资本家就有可能通过延长工人工作日来获取更多的剩余价值。

工作日长度的确定最终取决于资产阶级和无产阶级之间的力量对比。在资本主义发展的历史上，当资产阶级力量强大、无产阶级力量弱小时，无产阶级就会被迫接受较长的工作日；而当无产阶级力量壮大时，经过斗争，资产阶级便会被迫接受无产阶级缩短工作日的要求。

但是，应该指出，不论工作日怎样缩短，它仍然由必要劳动时间和剩余劳动时间两部分组成；而且在缩短了的工作日中，资本家会用种种办法迫使雇佣工人提供更多的剩余劳动，从而加重对雇佣工人的剥削。

二、相对剩余价值的生产

延长工作日要受到工作日界限的限制，也常常遭到工人阶级的反抗。但资本家对剩余价值的追求是无限的，绝对剩余价值生产不能满足他的贪欲。因此，资本家还要采取另外一种提高剥削程度的方法，这就是改变工作日必要劳动时间和剩余劳动时间的比例，以增加剩余价值的生产。在工作日长度不变的条件下，由于提高劳动生产率、缩短必要劳动时间，相应延长剩余劳动时间而生产的剩余价值，叫做相对剩余价值。

【案例3.5】 工作日为12小时，其中必要劳动时间和剩余劳动时间各6小时，$m'=6/6=100\%$。如果工作日长度不变，必要劳动时间缩短至3小时，剩余劳动时间相应延长到9小时，则$m'=9/3=300\%$，剥削程度提高了两倍。

为了生产相对剩余价值，必须缩短必要劳动时间。必要劳动时间是工人再生产劳动力价值的时间，要缩短必要劳动时间就要降低劳动力的价值。我们知道，劳动力价值由维持工人及其家属生活所必需的生活资料的价值所构成，这些生活资料的价值与生产它的劳动生产率成反比，所以，为降低生活资料的价值，就必须采取适当措施提高生活资料生产部门的劳动生产率，包括采用先进机器设备、进行技术革新、改善劳动组织等。同时，生活资料的价值中包括生产资料转移的价值，这些生产资料部门的劳动生产率提高了，也会降低生活资料的价值。

当上述生产部门的劳动生产率普遍提高时，单位商品价值便会下降，劳动力价值随之下降，再生产劳动力价值的必要劳动时间便会缩短，剩余劳动时间则相应延长，从而产生出相对剩余价值。由此可见，相对剩余价值生产是以社会劳动生产率提高为条件的。

在现实的经济过程中，劳动生产率的提高总是从个别企业开始的。个别资本家提高企业劳动生产率的直接动机，并不是降低劳动力价值，而是追求超额剩余价值。个别企业采用新技术，提高了劳动生产率，就可以缩减生产商品的个别劳动时间，使商品的个别价值低于社会价值。但在销售商品时，仍然按照社会价值出卖。于是，这种个别企业的资本家就会比其他资本家获得更多的剩余价值，多得的剩余价值称为超额剩余价值。

【案例3.6】 按照制鞋部门现有一般的劳动生产率水平，工人在12小时劳动日中生产2双布鞋，每双皮鞋的社会价值为12元，其中生产资料转移价值9元，新创造价值3元，则工人在2双鞋中总共新创造的价值为6元。如果个别企业的劳动生产率提高了1倍，生产了4双布鞋，生产资料转移价值为36元，新创造价值仍为6元，共计42元，每双布鞋的个别价值为10.50元，资本家按每双布鞋12元的社会价值出售，其差额1.5元便是超额剩余价值，4双布鞋共获得6元的超额剩余价值。

由案例 3.6 可见，超额剩余价值是指商品的社会价值超过个别价值的一个余额。超额剩余价值的源泉是雇佣工人的剩余劳动。

超额剩余价值是个别资本家获得的，是一种暂时的现象，因为追求超额剩余价值的内在动力和竞争的外在压力，会不断地促使各个资本家企业采用新的生产技术，提高劳动生产率。一旦新技术被普遍采用，原来的先进生产条件转化为一般的生产条件，商品社会价值与个别价值的差额将不存在，从而超额剩余价值也就消失了。这时，只有采用更先进技术的企业才能获得超额剩余价值。

当整个社会劳动生产率提高后，再生产劳动力的生活资料商品的价值就会下降，从而劳动力的价值就会下降，必要劳动时间就会随之缩短，剩余劳动时间就会相应延长。于是，超额剩余价值虽然在个别资本家那里消失，但是所有的资本家却可以由此获得相对剩余价值。

可见，追求超额剩余价值，是各个资本主义企业改进生产技术、提高劳动生产率的直接动机，而相对剩余价值的形成则是各个资本主义企业竞相追求超额剩余价值的结果。

相对剩余价值的生产过程，进一步暴露了资本主义生产方式的对抗性矛盾。在资本主义制度下，资本家发展生产力的目的，不是为了减轻工人的劳动，而是为了获得更多的剩余价值。

生产力的发展节省了劳动，但其结果不是缩短了工作日，而是延长了剩余劳动时间。因此，生产力的提高只会加重工人被剥削的程度。

三、绝对剩余价值生产和相对剩余价值生产的关系

绝对剩余价值生产和相对剩余价值生产是资本家提高剥削程度的两种基本方法。

（一）联系

绝对剩余价值和相对剩余价值的联系表现在以下两点。

第一，从资本对雇佣劳动的关系来看，两者在本质上是一致的。不论是延长工作日，还是提高劳动生产率，结果都延长了工人的剩余劳动时间，提高了对工人的剥削程度，增加了剩余价值的生产。

第二，绝对剩余价值生产是资本主义剥削的一般基础，也是相对剩余价值生产的起点。因为任何资本主义生产，都必须把工作日绝对延长到必要劳动时间以上，否则就不能产生剩余价值。同时，只有以工作日分割为必要劳动时间和剩余劳动时间两部分为出发点，才能缩短必要劳动时间，延长剩余劳动时间，生产相对剩余价值。

（二）区别

绝对剩余价值生产和相对剩余价值生产的区别主要在于：它们的物质技术基础不同，在资本主义发展的各个历史阶段所起的作用也不同。

绝对剩余价值生产是与生产技术不变，或生产技术发展缓慢相适应的；而相对剩余价值生产是以生产技术的不断变革为条件的。

在资本主义生产所经历的简单协作阶段，资本家提高对工人的剥削程度只能依靠延长劳动日的绝对剩余价值生产。在资本主义工场手工业阶段，劳动生产率的提高为相对剩余价值生产创造了条件。机器大工业出现以后，资本主义生产的物质技术基础发生了根本性的变化，相对剩余价值生产的意义越来越大。

由于资本主义生产的目的是为了最大限度地获取剩余价值，因而只要能达到这一目的，资本家总是尽可能地同时使用这两种方法。

第五节　资本主义工资

一、资本主义工资的现象与本质

在资本主义社会，工人为资本家做工，资本家付给工人工资。工人劳动一天，得一天工资，劳动一个月，得一个月工资，工资好像是劳动的价格，是劳动的全部报酬。这就给人们造成一种假象，好像工人卖给资本家的是劳动，而不是劳动力，工资似乎是劳动的价值或价

格，不是劳动力的价值或价格。工资是劳动的价值和价格就是资本主义工资的假象。这种假象，把剩余价值的来源和实质，资本家对雇佣工人的剥削关系，完全掩盖起来了。因此，必须透过资本主义工资的现象看本质，研究资本主义工资的实质，研究作为剩余价值理论补充的资本主义工资理论。

★重要结论★

工资不是劳动的价值或价格，而是劳动力价值或价格的转化形式。

其实，在资本家与工人的买卖关系中，工人出卖的是劳动力，而不是劳动。劳动不能成为商品，也没有价值和价格。这是因为：在商品市场上，与资本家直接对立的并不是劳动，而是劳动者——工人。工人出卖给资本家的只是他的劳动力，而不是劳动。劳动力是蕴藏在人的身体内的劳动能力，而劳动则是劳动力的使用，劳动力在生产中发挥作用时才是劳动。

劳动力的存在是以健康人的生存为条件，而劳动的实现必须以生产资料与劳动力相结合为条件。劳动不是商品，但劳动力在一定历史条件下则可以成为商品，它具有价值和使用价值。工人在出卖劳动力时，与任何商品出卖者一样，实现劳动力商品的价值，同时转让劳动力使用价值。

第一，任何一种商品出卖前必须独立存在。而雇佣工人在市场上和资本家发生交换关系时，他的活劳动还不存在。如果劳动可以独立存在，那只能是物化劳动即劳动产品，但因为工人没有生产资料，不能独立进行生产，所以不得不把劳动力出卖给资本家。假如工人出卖的是劳动，就等于出卖了不属于自己的东西。劳动是劳动力的使用，它是在劳动过程开始以后才存在的。而这个时候，劳动已经属于资本家。这种不属于工人自己所有的劳动，当然不能由工人作为商品来出卖。

第二，商品的价值是耗费在商品生产上的社会劳动的凝结，商品价值量的大小是由劳动时间的多少来决定的。如果说劳动是商品，也有价值，那么它的价值也应该和其他商品的价值一样，是劳动的凝结，其价值量的大小也应该由劳动时间决定，12 小时劳动的价值是用 12 小时的劳动来计量的。这完全是一种毫无内容的同义反复。

第三，如果劳动是商品，不是违反价值规律的要求，就是破坏了资本主义生产关系存在的基础。

如果是等价交换，假如工人劳动 6 小时创造价值 18 元全部付给个人，工资便和工人劳动创造的全部价值相交换，那么资本家就没有剩余价值可得了。这样，资本主义的生产基础也就不存在了。

如果是不等价交换，6 小时创造的 18 元新价值，资本家只付给工人 9 元工资，那就意味着价值规律失去了作用。然而，价值规律是商品生产的经济规律，没有价值规律，资本主义经济的运作是不可能的。因此，无论工资和劳动之间是等价交换还是不等价交换，劳动都不可能是商品。

因此，工人出卖给资本家的是劳动力而不是劳动。资本家付给工人的工资是劳动力的价值或价格。

马克思说："工资不是它表面上呈现的那种东西，不是劳动的价格或价值，而只是劳动力的价值或价格的掩蔽形式。"（马克思　等，1972b）[17]劳动力的价值或价格一旦表现为工资形式，那么资本家对工人的剥削关系就完全被掩盖了。

本来，劳动力的价值和劳动力的使用，即劳动创造的价值是两个不同的量，两者的差额就是剩余价值。工资形式却把工人劳动力的价值或价格歪曲地表现为劳动的价值或价格，这样，就把工人的全部劳动都表现为有偿劳动，好像工人拿到的工资就是他的全部劳动报酬。工资这个形态掩盖了必要劳动和剩余劳动、有偿劳动和无偿劳动之间的对立，因而具有很大的欺骗性。马克思透过资本主义工资的现象形态，科学地揭示出工资的本质，即工资是劳动力的价值或价格的转化形式，为正确认识资本家与雇佣工人之间的剥削与被剥削关系奠定了理论基础。

二、资本主义工资的形式

计时工资就是按照工人的劳动时间支付的工资，如月工资、周工资、日工资、小时工资等。计件工资是依据工人所完成的产品数量（作业量或服务量）和质量而支付的工资。

提示与说明

资本主义工资的基本形式有计时工资和计件工资两种。

从现象上看，计件工资表现为工人出卖已经物化在产品内的劳动，工人支出的劳动越多，产品数量或完成的作业量就越多，工资也就越高，似乎工人按照自己的产品数量得到了全部劳动所创造的价值。所以计件工资比计时工资更能掩盖工人有酬劳动和无酬劳动的差别，具有更大的欺骗性。

其实，计件工资和计时工资在本质上一样，都是劳动力价值或价格的转化形式。计件工资的计量与计时工资有密切联系，工资的计件单价是以计时工资为基础确定的。以日工资额除以工人每天生产的产品数量，就得出每件产品的计件工资。因此计件工资不过是计时工资的转化形式。

随着科学技术的进步和资本主义的发展，在上述两种基本工资形式的基础上，出现了血汗工资制度。这种工资制度的特点，是通过科学的“操作研究”，将工人的劳动强度提高到极限，以强化对工人的剥削。福特制和泰勒制就是这种工资制度的典型代表。根据泰勒的统计，在这种工资制度下，工人工资虽然较原来增加了 63%，但劳动强度却提高了 270%，工人减少了 2/3，资本家的支出减少了 1/2。血汗工资制度说明，在资本主义社会里，科学技术的进步意味着榨取工人血汗的技术的进步。

三、工资的变动及其国民差异

一般，工资是以货币的形式支付的，劳动者拿到货币工资是为了去购买生活资料，以维持自己及其家庭生活的需要。由于物价水平的不确定，同量的货币工资往往表现为不同量的实际生活资料。所以，就有了名义工资和实际工资之分。

概念提示

名义工资是指以货币数量表示的工资；

实际工资是指工资的货币额实际能交换到的生活资料和服务的数量。

名义工资和实际工资有着密切的联系，在其他条件不变的情况下，两者的变动是一致的，即名义工资越高实际工资就越高，反之亦然。但两者也常常不一致，即名义工资不变甚至提高，实际工资却可能降低。这是因为，实际工资的多少不仅取决于名义工资的高低，而且还取决于物价的高低。如果名义工资不变，物价水平上涨，或者名义工资的上涨速度赶不上物价的上涨速度，实际工资就会降低。

只有实际工资才能反映工人的实际生活水平。在资本主义发展历史过程中，工资水平的变动趋势，总的来说名义工资呈上升趋势。从较长时期来看，实际工资也呈上升趋势。但实际工资的增加，并不意味着工人受剥削的程度减轻，也不意味着劳动力价值的提高。因为，在工人的劳动生产率增长快于实际工资增长的情况下，工人新创造的财富有更大的部分被资本家所占有，工人为生产自己的工资所用的劳动时间也缩短了。

不同的国家，即使同样是资本主义国家，工资水平也是高低不同，这就是工资的国民差异。工资的国民差异主要是由不同国家的劳动力价值不同造成的，概括地说，工资水平的差异主要是由于各国的生产力水平、文化发展水平以及各国工人阶级形成和发展的历史条件等因素决定的。所以，工资的国民差异往往只能反映出不同的国家在经济、文化等方面发展的差异，而不能反映出劳动者的社会地位状况。

另外，工资的国民差异还反映了国际市场上同工不同酬的现象，也就是同样的人在不同的国家干同样的活，付出同样的劳动，而获得的货币工资是大不一样的。究其原因，主要是在国际市场上，商品的国际价值是按照世界范围的社会必要劳动时间来确定的。那么，劳动生产率高、个别劳动时间低的国家，其商品的国际价值就高；而劳动生产率低、个别劳动时间高的国家，其商品的国际价值就低。

第六节　资本积累

一、资本主义再生产

任何社会都不能停止消费，因而也都不能停止生产，社会生产总是连续不断、周而复始进行的。这种连续不断、周而复始进行的生产，就叫做再生产。

社会再生产就其内容来讲，既是物质资料的再生产，又是生产关系的再生产。它是物质资料再生产和生产关系再生产的统一。社会再生产就其规模来讲，可以分为简单再生产和扩大再生产。简单再生产是指生产规模不变的再生产；扩大再生产是指生产规模扩大的再生产。

提示与说明

扩大再生产有两种方式：外延的扩大再生产和内涵的扩大再生产。

外延的扩大再生产是指在生产技术不变、生产资料效率不变的条件下，单纯依靠增加生产要素的数量来实现的扩大再生产。

内涵的扩大再生产则是在生产要素数量不变的条件下，依靠提高技术水平、提高生产效率来实现的扩大再生产。

资本主义生产是以扩大再生产为特征，但由于扩大再生产的基础和出发点是简单再生产，因而对资本主义再生产的分析要从简单再生产开始。

（一）资本主义简单再生产

【案例3.7】 假定资本家预付资本10 000元，其中不变资本为8 000元，可变资本为2 000元。假设剩余价值率为100%，通过资本主义生产过程，生产出的产品价值为8 000元（c）+ 2 000元（v）+2 000元（m）=12 000元。资本家把2 000元剩余价值全部用于个人消费，下一次生产中所投入的资本还是10 000元，仍然生产出价值12 000元的产品，这就是资本主义的简单再生产。

资本主义简单再生产就是指资本家把剩余价值全部用于个人消费，生产只是在原有规模上重复进行的资本主义再生产。

分析资本主义简单再生产，可以看到在把资本主义生产过程作为一个孤立的生产过程来分析时所看不到的一些重要特点，主要表现在以下几个方面。

第一，资本家付给工人的工资，即用来购买工人劳动力的可变资本，是工人自己创造的。从一次孤立的生产过程看，资本家购买劳动力的可变资本好像是用他自己的货币预付的，似乎是“资本家养活了工人”。

其实，从再生产过程看，资本家付给工人的工资，不过是工人前一个生产过程创造的新价值的一部分，它以工资的形式流回到工人手里。新价值的其余部分，即剩余价值被资本家无偿占有了。可见，不是资本家养活了工人，而是工人在养活自己的同时也养活了资本家。

第二，不仅可变资本是工人创造的，而且全部资本都是工人创造的。不管资本家的最初资本从何而来，经过若干次再生产过程以后，资本家的个人消费会把他原有的资本耗尽，他现有的资本都是靠工人创造的剩余价值累积而来。

【案例3.8】 资本家原有资本10 000元，每年花掉剩余价值2 000元，经过5年，他原有资本已全部花完，而他现有的10 000元资本，全部是工人在5年中创造的剩余价值转化来的。

第三，工人的个人消费是为资本家再生产劳动力的必要条件，是资本主义生产过程的一个不可缺少的要素。从一个孤立的生产过程看，工人的个人消费是在生产过程以外进行的，好像与资本主义生产过程无关。但从再生产过程看，工人的个人消费是为了恢复被消耗了的劳动力以及养育出下一代新的劳动力，以便连续不断地出卖给资本家。因此，工人的个人消费本质上也是资本主义再生产的一个必要条件。

（二）资本主义扩大再生产

资本主义扩大再生产是指资本家把一部分剩余价值转化为新资本，用来购买追加的生产资料和劳动力，使生产在扩大的规模上重复进行。

【案例3.9】 根据案例3.8，资本家把2 000元剩余价值的一半用于个人消费，另一半按原来不变资本和可变资本的比例，作为追加资本加到原有资本上。这样，第二年的资本总额便增加到11 000元，其中8 800元为不变资本，2 200元为可变资本。在剩余价值率不变的情况下，第二年生产的产品价值为8 800元（c）+2 200元（v）+2 200元（m）=13 200元，生产规模比上一年扩大了10%。

通过对资本主义扩大再生产过程的分析，可以进一步揭露资本主义生产方式的本质。

第一，资本家这一次用来购买劳动力的资本，只不过是上一次从工人身上榨取到的剩余价值的一部分。从表面上看，这种交换是等价的，但实际上资本家什么也没有付出。

第二，由剩余价值转化而来的资本，不但要由工人在生产中来补偿，而且在补偿时还要加上新的剩余价值。这就是说，资本家不仅无偿地占有工人过去创造的剩余价值，而且还不断地利用这种剩余价值从工人身上榨取更多的剩余价值。

二、资本积累的实质与必然性

概念提示

把剩余价值当作资本来使用，即剩余价值转化为资本，或者说，剩余价值的资本化，就叫作资本积累。

剩余价值是资本积累的源泉，资本积累又是扩大再生产的源泉。在扩大再生产过程中，资本家不断地使用无偿占有的剩余价值，以扩大生产规模，扩大对工人的剥削，来继续获取更多的剩余价值。这就是资本积累的实质。

资本积累不是由资本家的主观意志决定的，在资本主义制度下具有客观必然性。

首先，资本主义生产的目的决定了资本家追求剩余价值的欲望是无止境的。为了获得更多的剩余价值，资本家除了提高对工人的剥削程度以外，还必须扩大自己的资本，购买更多的生产资料，雇佣更多的工人，进行扩大再生产。这样，对剩余价值的无限贪婪，就成了推动资本家不断进行资本积累的内在动力。

第二，资本主义的竞争规律作为一种强制力量，也迫使资本家不断地实行资本积累。只有不断地进行资本积累，资本家才能不断地改进技术，扩大生产规模，增强自己的竞争能力，使自己在竞争中获胜。所以，资本主义竞争是资本家不断进行资本积累的外在压力。

提示与说明

决定资本家不断进行资本积累的根源在于：内在动力——剩余价值规律作用的结果；外在压力——价值规律作用的结果。

三、资本主义积累的后果

为了考察资本积累对无产阶级的影响，首先必须分析资本的构成及其在积累过程中的变化趋势。

（一）资本有机构成的提高

概念提示

资本有机构成是指由资本技术构成决定并反映资本技术构成变化的资本价值构成。

资本的构成可以从两个方面来考察。

一方面，从物质形态看，资本是由一定数量的生产资料和劳动力构成的，它们之间的比例是由生产技术水平决定的，这种反映技术水平的生产资料与劳动力之间的比例，叫做资本的技术构成。

另一方面，从价值形态看，资本又是由一定数量的不变资本和可变资本构成的，不变资本与可变资本之间的比例就叫做资本的价值构成。

资本的技术构成和资本的价值构成之间有着密切的联系，资本的价值构成以资本的技术构成为基础，资本的技术构成决定资本的价值构成。

在资本积累过程中，资本家为了攫取更多的剩余价值和在竞争中取得优势，必须不断提高本企业的劳动生产率，不断改进和提高技术装备水平，结果在全部资本中，不变资本所占比重增大，可变资本的相对量则日益减少，从而导致资本有机构成的提高。可见，资本有机构成的提高是资本主义发展的必然趋势。

（二）个别资本的增大

资本有机构成的提高，一般是以个别资本的增大为前提的，个别资本的增大有两种基本形式，即资本积聚和资本集中。

资本积聚就是个别资本通过资本积累增大自己的资本总额。

【案例3.10】 某资本家有10 000元资本，一次生产过程后他可以获得2 000元的剩余价值，如果他把其中的1 000元用于个人消费，而把其余的1 000元再转化为资本。这样，他的资本总额就由10 000元增加到11 000元。资本积聚是资本积累的结果。

资本集中就是把原来分散的中小资本合并成少数大资本。在资本主义发展的历史过程中，资本集中是借助于竞争和信用两个强有力的杠杆来实现的。在资本主义的激烈竞争中，由于大资本拥有较优越的生产条件，因此能够战胜许多中小资本，把自己变成一个更大的资本。同时，由于信用的发展，一方面大资本能得到巨额贷款，改进生产技术装备，增强竞争能力；另一方面，在信用的基础上股份公司更可以广泛地得到发展，这大大加速了资本集中。

资本积聚和资本集中之间存在着密切联系。

从一方面看，资本积聚加速资本集中。因为随着资本积聚的不断进行，大资本的力量增长得更快，在竞争中就越容易击败中小资本。

从另一方面来看，资本集中反过来也会加速资本积聚。因为集中起来的资本越大，便越有条件采用先进技术，加强科学管理，提高劳动生产率，获得大量的剩余价值和超额剩余价值，从而增加资本积累规模，加速资本积聚。

资本积聚和资本集中又是有区别的。

第一，资本积聚是单个资本的自我积累；而资本集中是若干单个资本的合并或联合。

第二，资本积聚是单个资本家依靠剩余价值资本化实现的，它会增大社会资本总额；资本集中是通过原有资本在资本家之间重新分配实现的，它不会增大社会资本总额。

第三，资本积聚要受积累基金限制，它的增长速度较缓慢；而资本集中不受积累基金限制，它的增长速度比较快。

（三）相对人口过剩

随着资本积累的增加，资本有机构成存在着不断提高的趋势。资本有机构成的不断提高，使总资本中不变资本所占比重日益增加，而可变资本所占的比重则日益相对减少，资本对劳动力的需求会发生绝对减少的情况。

同时，劳动力的供给却随着资本积累的增加而不断增加。

第一，随着技术的不断进步，机器的广泛使用，体力劳动的繁重程度大大减轻了，操作也大大简化了，资本家便可以大量地使用普通工人取代一些技术熟练的工人。

第二，随着资本主义经济的发展，小生产者发生两极分化，大批农民和手工业者破产，加入到雇佣劳动者队伍之中。

第三，随着资本主义竞争的加剧，一部分中小资本家破产，加入到雇佣劳动者队伍中来。

可见，随着资本主义积累的增加，一方面出现资本对劳动力需求相对减少，甚至绝对减少的情况；另一方面劳动力的供给不断增加。两个相反方向发展的结果，就出现了相对人口过剩，即劳动力的供给超过了资本主义积累对劳动力的需求。所以，相对人口过剩是资本主义积累的必然产物。

相对人口过剩既是资本主义积累的必然产物，也是资本主义生产方式存在和发展的必要条件。

第一，由相对过剩人口所形成的产业后备军，使资本主义生产的发展随时都能获得可榨取的劳动力。在资本主义生产发展的整个过程中，产业后备军就像一个储存劳动力的“蓄水池”，可以随时调节资本劳动的需求。

第二，由于相对过剩人口的存在，资本家还可以加强对在业工人的剥削。大量过剩人口使资本家不仅可以在市场上购买到更廉价的劳动力，而且可以压低在业工人的工资，迫使他们提高劳动强度或接受其他种种苛刻条件等。

马克思关于相对人口过剩的理论，对理解当代资本主义社会中工人阶级的状况具有重要的意义。第二次世界大战以后，由于第三次科学技术革命的迅速发展，扩大了资本积累，随之而来的是资本有机构成迅速提高，资本主义产业结构发生了巨大变化，一些旧的产业逐渐衰落，而一些新的产业逐渐兴起。这一结构的变化不仅使资本对劳动力的需求相对减少，而且使衰落的部门中被解雇的职工因不能适应新兴产业对劳动力较高知识和技能的要求，而难以重新就业。这就是所谓的“结构性失业”。

可见，资本积累过程中形成的相对过剩人口，在当代资本主义条件下不是缓解了，而是进一步加强了。

视野拓展

2016年初，谷歌的AlphaGo以4∶1战胜李世石，激起了人们对智能机器人的无限想象，但也引起一些人对机器代替人类工作并导致人口过剩的担心。那么，人工智能会导致人口过剩吗？推荐阅读相关新闻后展开讨论：

《南方都市报》2016年3月23日《人工智能会导致人口过剩吗？》。

2016年3月24日《机器人会带来人口过剩？马寅初你错了!》。

（四）资本积累的一般规律

提示与说明

随着资本积累而产生了社会两极分化，即一极是财富的积累，另一极是贫困的积累，这就是资本积累的一般规律。

由于资本主义积累一般规律的作用，一方面出现了资产阶级的财富膨胀；另一方面出现了无产阶级的贫困积累。无产阶级的贫困具体表现为绝对贫困和相对贫困。

无产阶级的绝对贫困是指在资本主义制度下，无产阶级的生活状况和劳动条件，有时候会出现绝对恶化，也就是说，工人的生活状况和劳动条件在这一时期与上一时期相比，表现为绝对下降。

阅读资料

发达国家内部的贫富两极分化极为严重

2008 年的《美国人类发展报告》显示，15%的美国儿童生活在月收入不足 1 500 美元的家庭。14%的美国人读写能力不足，连看报纸文章和物品使用手册这类基本的事情都做不到。最富有的 1/5 美国人年均收入 168 170 美元，几乎是收入最低的 1/5 人口的 15 倍，后者的年均收入仅有 11 352 美元。

根据一份于 2009 年 5 月 9 日发布的研究报告（Child Food Insecurity in the United States: 2005—2007）可知，美国有 1 200 万的儿童无法获取足够的营养粮食以维持健康生活，350 万名 5 岁以下的美国儿童面临着饥饿问题。

无产阶级的相对贫困，是指随着资本主义的发展，在国民收入总额中，无产阶级的工资收入所占的比重与资产阶级所得的剩余价值所占的比重相比日益下降。无产阶级的相对贫困清楚地表明了，随着资本积累的扩大，社会财富的增加，无产阶级的收入相对下降，资产阶级和无产阶级之间的对立日益加深，阶级矛盾趋于尖锐化。

视野拓展

虽然贫困是个相对的概念，但评价一个国家或家庭生活的贫困与富裕状态，有没有一个标准呢？推荐读者通过百度百科简单了解恩格尔系数。

小结

1. 资本总公式（G—W—G′）的矛盾是价值增殖的形式与价值规律的要求之间的矛盾。劳动力成为商品是货币转化为资本的前提，是解开资本总公式矛盾的钥匙。

2. 资本主义的生产过程是劳动过程和价值增殖过程的统一。

3. 资本是能够带来剩余价值的价值，它是一个历史范畴，反映了资本家和工人之间剥削与被剥削的关系。

4. 剩余价值规律是资本主义的基本经济规律。绝对剩余价值生产和相对剩余价值生产是剩余价值生产的两种基本方法。

5. 根据在剩余价值生产中的不同作用，马克思把资本家的预付资本划分为不变资本和可变资本。其中，不变资本是以生产资料形式存在的那部分资本，可变资本是以劳动力形式存在的那部分资本。

6. 剩余价值率是剩余价值与可变资本的比率，它准确地反映了资本家对工人的剥削程度。

7. 工资是劳动力的价值或价格，其基本形式是计时工资和计件工资。

8. 资本主义再生产的特征是扩大再生产。资本积累的实质是资本家不断地用无偿占有的剩余价值来获取更多的剩余价值。随着资本积累的增加，资本有机构成存在着不断提高的趋势。随着资本积累而产生了社会两极分化，即一极是财富的积累，另一极是贫困的积累，这就是资本主义积累的一般规律。

单元测试题

一、单项选择题

1. 资本总公式是（ ）。
   A. G—W—G′　　B. G—W—G　　C. G—G′　　D. W—G—W′
2. 资本总公式的矛盾是（ ）。
   A. 使用价值与价值的矛盾　　B. 商品流通与货币流通的矛盾
   C. 生产过程与流通过程的矛盾　　D. 价值增殖与价值规律客观要求的矛盾
3. 资本流通与简单商品流通的本质区别是（ ）。
   A. 货币在流通中带来了利息　　B. 货币在流通中可以再生产
   C. 货币在运动中发生了价值增殖　　D. 货币在运动中充当媒介
4. 马克思主义政治经济学认为剩余价值（ ）。
   A. 在生产领域中产生，但不能离开流通领域
   B. 在流通领域中产生，但不能离开生产领域
   C. 在生产领域中产生，和流通领域无关
   D. 既在生产领域中产生，也在流通领域中产生
5. 解决资本总公式矛盾的前提是（ ）。
   A. 商品的不等价交换　　B. 劳动成为商品
   C. 资本的原始积累　　D. 劳动力成为商品
6. 劳动力商品使用价值的特点是在被使用时（ ）。
   A. 能把自身价值转移到产品中去　　B. 把全部使用价值消费掉
   C. 只能创造出自身的价值　　D. 能创造比自身价值更大的价值
7. 价值增殖过程不外是超过一定点而延长了的价值形成过程。这个一定点就是工人（ ）。
   A. 生产使用价值的时间　　B. 创造新价值的时间
   C. 补偿劳动力价值的时间　　D. 转移生产资料价值的时间
8. 在资本主义生产过程中消耗掉生产资料的价值（ ）。
   A. 借助于具体劳动创造出来
   B. 借助于抽象劳动创造出来
   C. 是借助于具体劳动转移到新产品中去的
   D. 是借助于抽象劳动转移到新产品中去的
9. 在资本主义生产过程中生产出的商品的价值中（ ）。
   A. $c+v+m$ 都是新创造的价值
   B. $c+v$ 是旧价值转移来的，m 是新创造的价值
   C. c 是旧价值转移来的，$v+m$ 是新创造的价值
   D. $c+m$ 是旧价值转移来的，v 是新创造的价值
10. 资本主义的基本经济规律是（ ）。
    A. 价值规律　　B. 平均利润规律　　C. 剩余价值规律　　D. 货币流通规律

11. 资本主义生产的实质（根本目的）是（　　）。

A. 社会化大生产　B. 剩余价值的生产　C. 国际化大生产　D. 现代商品生产

12. 资本的最初表现形式是（　　）。

A. 生产资料　B. 劳动资料　C. 劳动力　D. 货币

13. 不变资本与可变资本的区别在于（　　）。

A. 两者使用的时间长短不一　B. 两者的价值周转方式不同

C. 两者在价值增殖过程中的作用不同　D. 两者的来源渠道不同

14. 不变资本是（　　）。

A. 固定不变的资本

B. 以生产资料形式存在的资本，在生产中使用价值形态不发生变化

C. 以生产资料形式存在的资本，在生产中价值量不发生变化

D. 以劳动力形式存在的资本，在生产中价值量不发生变化

15. 可变资本是（　　）。

A. 以劳动力形式存在的资本，在生产中使用价值形态发生变化

B. 以生产资料形式存在的资本，在生产中使用价值形态发生变化

C. 以生产资料形式存在的资本，在生产中价值量发生变化

D. 以劳动力形式存在的资本，在生产中价值量发生变化

16. 资本主义剥削的秘密可以概括为（　　）。

A. 资本家把雇佣工人的劳动时间延长到补偿劳动力价值所需的时间之上

B. 资本家延长工人的劳动时间

C. 资本家加大工人的劳动强度

D. 资本家苛扣工人的工资

17. 资本主义工资的本质是（　　）。

A. 工人劳动的报酬　B. 工人劳动的价值或价格的表现形式

C. 工人劳动创造的价值　D. 工人劳动力的价值或价格的表现形式

18. 绝对剩余价值生产和相对剩余价值生产（　　）。

A. 都是依靠延长工作日获得的

B. 都是依靠提高劳动生产率获得的

C. 都是依靠减少工人的必要劳动时间获得的

D. 都是依靠增加工人的剩余劳动时间获得的

19. 个别资本家改进技术、提高劳动生产率的直接目的是（　　）。

A. 获取绝对剩余价值　B. 获取相对剩余价值

C. 生产更多的使用价值　D. 获取超额剩余价值

20. 资本主义条件下，工人工作日的最低下限是（　　）。

A. 必要劳动时间　B. 零

C. 剩余劳动时间　D. 必要劳动时间和剩余劳动时间的总和

21. 相对剩余价值是（　　）。

A. 全社会劳动生产率普遍提高的结果　B. 资本家提高劳动强度的结果

C. 资本家延长劳动时间的结果　D. 个别资本家提高劳动生产率的结果

22. 超额剩余价值是（　　）。

A. 全社会劳动生产率普遍提高的结果　B. 资本家提高劳动强度的结果

C. 资本家延长劳动时间的结果　D. 个别资本家提高劳动生产率的结果

23. 在社会劳动生产率的条件下，每个工人 8 小时内生产 2 双鞋，每双鞋生产资料价值为 9 元，工人一天的活劳动价值为 6 元，剩余价值率为 100%。现某资本家企业率先采用先进生产技术，使每个工人 8 小时内生产 4 双鞋，此时，该资本家从每个工人身上获得的剩余价值和超额剩余价值分别是（　　）。

A. 12 元，1.5 元　B. 9 元，6 元　C. 12 元，6 元　D. 9 元，1.5 元

24. 在生产皮鞋的工业部门中，平均制造水平为每人每个工作日生产 2 双，消耗生产资料 16 元，新创造的价值为 8 元。在众多的皮鞋生产厂家中，某制鞋厂改进技术，将劳动生产率提高了一倍，每个工人在一个工作日内能生产出 4 双皮鞋，则该厂家从每双皮鞋上获得的超额剩余价值是（　　）。

A. 2 元　B. 4 元　C. 8 元　D. 12 元

25. 资本主义工资之所以掩盖了剥削，是由于它（　　）。

A. 表现为劳动的价格　B. 是劳动力的价值或价格

C. 是劳动者必要劳动创造的价值　D. 是劳动力价值或价格的转化形式

26. 在雇佣工人的必要劳动时间不变的情况下，通过延长工作日而生产出来的剩余价值是（　　）。

A. 超额剩余价值　B. 相对剩余价值　C. 绝对剩余价值　D. 年剩余价值

27. 资本主义简单再生产与剩余价值的关系是（　　）。

A. 资本家的个人消费等于剩余价值　B. 资本家的个人消费小于剩余价值

C. 资本家的个人消费大于剩余价值　D. 剩余价值是资本家的个人消费节余

28. 个别资本通过组织股份公司使生产规模扩大是属于（　　）。

A. 资本积累　B. 资本积聚　C. 资本集中　D. 资本增殖

29. 资本积累与资本主义扩大再生产的关系是（　　）。

A. 资本积累是扩大再生产的重要源泉　B. 扩大再生产是资本积累的重要源泉

C. 资本积累本身就是扩大再生产　D. 两者无内在联系

30. 资本有机构成的提高意味着在全部资本中（　　）。

A. 不变资本所占比重扩大，可变资本所占比重缩小

B. 可变资本所占比重扩大，不变资本所占比重缩小

C. 劳动对象的比重增加，劳动资料的比例减小

D. 生产资料的比重减小，劳动力的比重扩大

31. 以资本积聚的方式扩大个别资本的规模，是通过（　　）实现的。

A. 许多分散小资本的集合　B. 大资本对中小资本的吞并

C. 个别资本的资本积累　D. 组织股份公司

32. 资本家不断利用无偿占有的别人的劳动成果，来继续无偿占有别人更多的劳动，以扩大资本规模和增殖资本价值，这就是（　　）。

A. 资本原始积累的实质　B. 资本积累的实质

C. 资本集中的实质　D. 资本竞争的实质

二、多项选择题

1. 劳动力成为商品，必须具备两个条件。这两个条件是（　　）。

A. 必须有一定数量的劳动力　　B. 劳动者必须有人身自由

C. 劳动能自由买卖和等价交换　　D. 劳动者丧失了生产资料和生活资料

2. 劳动力的价值包括（　　）。

A. 劳动者在生产中耗费的各种生产资料的价值

B. 劳动者接受教育、训练所必需的费用

C. 劳动者繁育后代所必需的生活资料的价值

D. 劳动者个人生活所必需的生活资料的价值

3. 资本主义劳动过程的特点有（　　）。

A. 劳动者有目的的活动，生产使用价值的过程

B. 工人在资本家的监督下劳动

C. 工人在劳动过程中既有自由又有纪律

D. 工人的劳动产品全部归资本家所有

4. 在资本主义生产过程中，雇佣工人劳动的作用有（　　）。

A. 生产新的使用价值　　B. 创造剩余价值

C. 转移生产资料的价值　　D. 转移劳动力价值

5. 以下对资本主义工资的表述正确的有（　　）。

A. 工资是劳动的价值或价格

B. 工资是工人劳动的报酬

C. 工资是工人必要劳动时间创造的价值的货币表现

D. 工资的本质是劳动力价值

6. 在资本主义制度下，社会劳动生产率的提高会使（　　）。

A. 商品价值下降　　B. 劳动力价值下降

C. 工人必要劳动时间缩短　　D. 相对剩余价值增加

7. 绝对剩余价值生产和相对剩余价值生产的共同点是（　　）。

A. 都缩短了必要劳动时间　　B. 都提高了剩余价值率

C. 都体现着资本家对工人的剥削关系　　D. 都延长了剩余劳动时间

8. 全面地认识资本主义制度下资本的本质，对资本应理解为（　　）。

A. 资本不是静止物，而是一种运动　　B. 资本是带来剩余价值的价值

C. 资本是以物为媒介的社会关系　　D. 资本是一个历史范畴

9. 超额剩余价值应理解为（　　）。

A. 商品个别价值低于社会价值的差额

B. 率先改进生产技术的企业多获得的剩余价值

C. 个别先进企业获得超额剩余价值是暂时的、难以持久的

D. 先进企业工人的剩余劳动是超额剩余价值的唯一源泉

10. 加速资本集中的强有力杠杆是（　　）。

A. 价格　　B. 利润　　C. 信用　　D. 竞争

三、名词解释

资本　相对剩余价值　相对人口过剩　资本有机构成

四、辨析题

1. 资本主义国家存在着大量的过剩人口，在我国也存在着人口过多的现象，两者的性质是一样的。

2. 在资本主义国家，工人的工资不断提高，生活待遇不断改善，这意味着工人受剥削的程度减轻了。

3. 在一些资本家工厂里面，根本见不到工人，生产全部采用自动化，因此，有人认为，这些先进的机器设备成为剩余价值的源泉。

4. 资本是资本主义制度中特有的范畴，社会主义制度中不存在资本。

5. 社会主义经济发展必然导致资本有机构成的提高。

五、计算题

某企业资本家用来购买生产资料的费用是 9 000 元，用于工人工资部分的费用是 1 000 元，同时规定一个工作日为 8 小时，实际上工人的必要劳动时间仅为 2 小时，试回答什么是剩余价值、什么是剩余价值率，并分别计算该企业的剩余价值率和资本家获得的剩余 价值。

六、问答题

什么是不变资本？什么是可变资本？区分两者的依据和意义分别是什么？

第四章　剩余价值的实现

【学习目的与要求】

剩余价值是在生产过程中产生的，但却是在流通过程中实现的。本章从生产过程与流通过程相统一的角度，剖析了资本主义经济的运行。学习本章，应重点分析资本运行的连续性，揭示通过资本的循环运动如何连续地生产出剩余价值；分析资本运动的速度，揭示资本周转速度对生产的剩余价值数量的影响；分析社会总资本正常运行的条件，认识资本主义生产方式固有的内在矛盾与经济危机。本章的一些原理抽调其资本主义形式，对于认识社会主义企业和社会的经济运行，也有理论和现实意义。

第一节　资本的循环

剩余价值是由工人的活劳动创造的，而它要顺利地得以实现，有赖于资本的不断运动。资本的运动既包括单个资本的运动，也包括社会总资本的运动。单个资本的运动，包括单个资本的循环和周转。

一、产业资本循环的三个阶段

资本是在不断的循环运动中实现价值增殖的，而能够发生价值增殖的资本是产业资本，包括工业、农业、建筑业、运输业等各个物质生产部门的资本。因此，考察资本循环运动要以产业资本作为研究对象。

概念提示

产业资本是指投在工业、农业、建筑业、保管业、运输业和矿业等生产性部门的资本。

产业资本在运动过程中，要依次经过购买、生产和销售三个阶段，并相应地采取货币资本、生产资本和商品资本三种职能形式。资本循环就是产业资本依次经过三个阶段、采取三种职能形式，使价值发生增殖，最后又回到原来出发点的运动过程。

（一）购买阶段

在这一阶段，资本家用货币购买生产资料和劳动力这些作为生产要素的商品。如果我们用 G 表示货币，W 表示商品，A 表示劳动力，P_m 表示生产资料，—表示流通过程，则这一

阶段可表示为

$$G—W\begin{cases}A\\P_m\end{cases}$$

从形式上看，G—W，是一个一般的商品流通过程，是资本家用货币（G）购买了商品（W）；但实质上它是资本的流通。因为资本家所购买的不是一般的普通商品，而是能为资本家创造剩余价值的劳动力（A）这一特殊商品，以及生产剩余价值所必需的生产资料（P_m），购买的目的是为剩余价值的生产做准备。因此，资本家所付出的货币（G）也就不是一般的货币，而是以货币形式存在的资本即货币资本，是要实现价值增殖的货币。

由此看来，在产业资本循环的第一阶段即购买阶段，资本所采取的是货币资本形式，它在执行货币的一般购买手段或支付手段的职能的同时，也为剩余价值的生产准备了条件。

（二）生产阶段

这是产业资本循环的第二阶段。在这一阶段资本家把购买到的劳动力和生产资料按一定的比例结合起来从事生产活动，生产包含有剩余价值的新商品，实现其生产资本——以生产资料要素形式存在的资本的职能，即在资本家的指挥下，通过生产过程为资本家生产出包含有剩余价值的商品。该阶段用公式表示为

$$W\begin{cases}A\\P_m\end{cases}\cdots P\cdots W'$$

公式中，“…”表示流通过程的中断，P 表示生产过程，W′表示包含剩余价值的商品。

生产阶段是产业资本运动过程中具有决定性意义的阶段，因为只有在这个阶段，才生产出剩余价值，发生了价值增殖。作为生产要素的生产资料和劳动力，正是由于被资本家用于榨取剩余价值，才转化为生产资本。

（三）销售阶段

在这一阶段，资本家又重新回到市场，出售商品，换回货币，而且换回的货币量大于他原先预付的货币的数量。也就是说，资本家所出售的新商品不仅包含原有的价值，而且还包含着工人所创造的剩余价值，从而成为商品资本——以商品形式存在的资本。这一阶段用公式表示为

$$W'—G'$$

其中，G′表示增加了的货币量。

由此可以看出，商品资本的职能是经过商品的销售，既收回资本家预付的货币资本价值，又实现了生产过程中创造出来的剩余价值。

销售过程能否顺利实现对于产业资本家来说意义重大。商品向货币的转化是关系到商品生产者生死的问题。

把这三个阶段连接起来考察，资本运动的全过程可以用公式表示为

经典语录

马克思把商品向货币的这一转化过程比喻为“商品的惊险的跳跃。这个跳跃如果不成功，摔坏的不是商品，但一定是商品的所有者”。（马克思等，1972）[124]

$$G—W\begin{cases}A\\P_m\end{cases}\cdots P\cdots W'—G'$$

在资本循环的三个阶段中，购买和销售阶段属于流通过程，生产阶段属于生产过程。资本的循环过程是流通和生产的统一。需要注意的是，货币资本、生产资本以及商品资本并不是三种独立的资本形式，而是同一产业资本在其运动过程中所采取的三种不同职能形式。

二、产业资本循环的三种形式

资本家对剩余价值的追求是没有止境的。为了实现资本的不断增值，产业资本就必须周而复始地循环。这一过程我们可以用公式表示为

G—W…P…W′—G′·G—W…P…W′—G′·G—W…P…

从资本的不断循环过程中可以看出，产业资本的每一种职能形式，都不断地经过循环的三个阶段，形成每一种资本职能形式自己特有的循环，即

货币资本的循环：G—W…P…W′—G′

生产资本的循环：P…W′—G′·G—W…P

商品资本的循环：W′—G′·G—W…P…W′

提示与说明

产业资本循环是三种循环形式的统一，我们不能孤立地看待哪一种循环形式。

产业资本循环的这三种形式只是资本循环链条中的不同环节，它们都以实现价值增殖为目的。如果孤立地考察其中的每一种就会得出错误的结论。只有把这三种形式统一起来进行分析，才能对资本的运动和实质有一个全面了解。

从货币资本的循环来看，起点和终点都是货币。而终点的货币（G′）是包含着剩余价值的货币量，该循环凸现了资本主义生产的目的是为了获取剩余价值。但是，由于这种循环的起点和终点使用的都是货币，生产过程只表现为两个流通过程的中间环节，因此容易造成一种假象，即货币自身具有增殖能力，剩余价值在流通中产生。

单从生产资本的循环来看，其起点和终点都是生产资本，流通过程表现为生产资本循环过程的媒介，说明资本主义生产过程是价值增殖的再生产过程，揭示了剩余价值的真正来源，消除了货币自我增殖的错觉。但是生产资本的循环却造成另一种假象，即资本主义生产的目的不是追求剩余价值，而是生产本身。

从商品资本的循环来看，商品的售卖和消费等流通过程在其中占有首要地位，而生产过程只表现为商品流通的条件，造成了资本主义生产只是为了满足社会需要的假象。

因此，对产业资本的三种循环形式必须联系起来统一加以考察，才能理解整个资本循环的链条，才可以全面了解资本循环的过程和实质。

三、产业资本实现连续不断循环的条件

连续性是社会化大生产的特征。产业资本要实现连续不断地循环必须满足两个条件。

第一，产业资本的三种职能形式在空间上的并存性。它是指产业资本家把他的全部资本按一定比例分为货币资本、生产资本和商品资本三个部分，并同时并存在这三种形式上。

这样，当处于货币形态上的资本转化为生产资本时，处于生产形态上的资本转化为商品资本，处于商品形态上的资本转化为货币资本，资本的生产过程和流通过程就能不间断地进行。假使资本家将全部资本都转化在资本的某一种职能形式上，那么就会造成生产过程或流通过程的中断，使资本的循环发生或大或小的停滞。

第二，产业资本的三种循环形式在时间上的继起性。它是指产业资本的每一种职能形式在时间上的相继转化。

也就是说，货币资本要不断地转化为生产资本和商品资本，最后回到货币形式上；生产

资本要不断转化为商品资本、货币资本，最后回到生产资本形式上；商品资本要不断转化为货币资本、生产资本，再回到商品资本形式上。如果某一部分资本在循环的某一阶段上不连续并停滞了，就会造成整个资本循环的中断。

产业资本循环顺利进行的这两个条件是互为前提、相互依存的。没有并存性，就没有继起性，并存性是继起性的前提；而没有继起性也就不可能有并存性，并存性又是继起性的结果。

产业资本的三种职能形式只有同时并存并依次相继转化，其循环才不至于中断。与此相适应，产业资本必然同时并列存在着货币资本循环、生产资本循环和商品资本循环三种形式，其中每一种循环形式都要连续不断地进行循环运动。

资本是能够带来剩余价值的价值，反映了资本家与工人之间的剥削与被剥削的关系。资本必须不停地运动，资本一旦停止了运动，就不能实现价值增殖，资本也就不成其为资本了。

所以资本“只能理解为运动，而不能理解为静止物”。因此作为资本人格化的资本家，为了保持它的资本家地位，对工人的剥削也是永不停止的。

第二节　资本的周转

资本家为了获取越来越多的剩余价值，实现价值的不断增殖，不会使资本只经过一次循环就停止运动，而会使资本循环运动不间断地进行。这种周而复始不断进行的资本循环，就是资本周转。

提示与说明

资本周转与资本循环有密切的联系，都是个别资本的运动。资本周转以资本循环为基础，但两者的考查重点和目的不同：资本循环是从资本运动的连续性方面揭示剩余价值是如何连续不断地生产出来的；而资本周转则是从资本运动的速度方面，揭示资本周转快慢对剩余价值的影响。

一、资本周转速度

资本周转速度指的是资本周转一次所花费的时间，或者在一定时间内资本可以周转的次数。资本周转速度反映资本周转快慢。它是资本周转的中心问题，可用周转时间和周转次数两个指标来衡量和反映。

资本的周转时间是资本家从预付一定形式的资本开始，经过资本的循环运动，实现价值的增殖，然后重新回到原来的资本形式为止所经历的时间。

资本周转要相继经过流通领域和生产领域。其中，处于流通领域的时间是资本的流通时间，处于生产领域的时间是资本的生产时间。流通时间和生产时间的总和构成资本的周转时间。

资本周转时间的长短，取决于各个生产部门的生产和流通的具体条件，各个生产部门的条件不同，资本的周转时间也就各不相同。在一般情况下，轻工业部门的资本周转时间较短，重工业部门的资本周转时间较长。

资本周转次数是指一定时间内（通常指一年）资本价值周转的次数。如果用 U 表示一年的时间，用 u 表示资本周转一次所花费的时间，那么一年内资本周转的次数 N 可以表示为

$$N=\frac{U}{u}$$

提示与说明

某企业资本周转一次需要 4 个月，那么这个企业的资本周转次数就是 12/4=3，即每年周转 3 次。

在一定的时期内，资本周转的次数越多，周转一次的时间就越短，周转速度也就越快；反之，周转的次数越少，周转一次的时间就越长，周转速度就越慢。因此资本周转速度与周转次数成正比，与资本周转时间成反比。

二、影响资本周转速度的因素

影响资本周转速度快慢的因素有两个：一是资本周转时间的长短，包括生产时间和流通时间的长短；二是生产资本的构成，即固定资本和流动资本的比例及各自的周转速度。

（一）生产时间和流通时间

资本周转速度快慢受生产时间和流通时间长短的影响。

（1）生产时间是指资本停留在生产阶段的时间，包括劳动时间、自然力对劳动对象独立发生作用的时间、停工时间、生产资料的储存时间。

劳动时间是劳动者运用劳动资料作用于劳动对象生产出某种产品所需要的时间。休息、停工等时间则不包括在内。只有这一部分时间才创造价值与剩余价值，它是生产时间中最重要的部分。

劳动时间的长短是由产品的性质、生产规模和生产技术条件决定的。生产过程的分工协作程度和生产的管理水平也会影响劳动时间的长短。

自然力对劳动对象独立发生作用的时间是指某些产品在生产过程中，需要独立发生物理、化学或生理变化的时间。如酿酒的发酵时间、农作物的生长时间等。

停工时间主要是指机器设备在正常检修或工人夜间、周末停工时而发生停止作用的时间。

生产资料的储存时间是指生产资料虽已进入生产领域，但还没有投入生产过程的那一阶段时间。它也是维持生产过程连续进行的必要条件。

生产时间的构成表明，生产时间要长于劳动时间。在劳动时间内，劳动力与生产资料相互结合，创造价值和剩余价值。而在自然力作用时间、停工时间和生产资料储存时间这三个时间里，没有劳动的实际消耗，因而不能创造价值和剩余价值。

（2）流通时间是指资本停留在流通领域的时间，包括生产资料和劳动力等生产要素的购买时间和商品的销售时间。购买时间是资本由货币形态转化为生产要素形态的时间。销售时间是资本由商品形态转化为货币形态的时间。

商品的出售关系到价值和剩余价值的实现问题，因此，销售时间占用的流通时间较长。

影响流通时间长短的因素有：商品的供求状况，生产企业距市场的远近以及交通运输条件等。

（3）生产时间和流通时间越长，资本的周转速度就越慢，反之越快。为了加速资本周转，

使一定数量的资本带来更多的剩余价值，资本家总是力图缩短生产时间和流通时间。

（二）生产资本的构成——固定资本和流动资本

另一个影响资本周转速度的重要因素是生产资本的构成。图 4.1 是产业资本构成示意图。

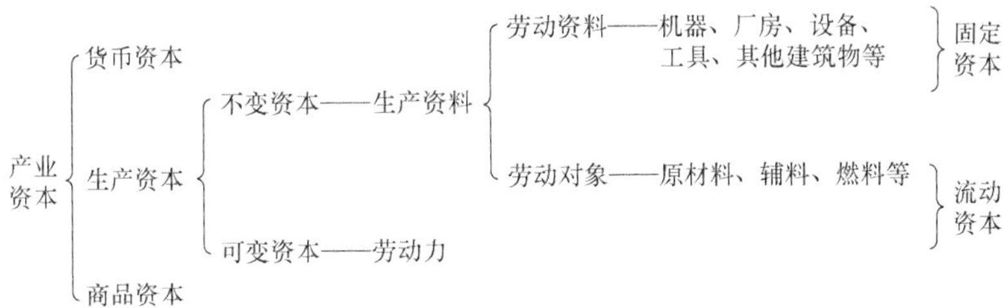

图 4.1　产业资本构成示意图

1. 固定资本和流动资本的划分

概念提示

固定资本是投在厂房、机器、设备等劳动资料上的那部分生产资本。

流动资本是指以原材料、燃料、辅助材料等劳动对象存在以及用于购买劳动力的那部分生产资本。

（1）生产资本按其价值周转方式的不同，可以划分为固定资本和流动资本。

固定资本是投在厂房、机器、设备等劳动资料上的那部分生产资本。从物质形态上看，这部分资本在生产时，必须一次全部付出，以其全部物质形态进入生产过程，并能在较长时间内、在多次的生产过程中发挥作用。从价值形式看，其价值是按照在使用过程中的磨损程度逐渐地一部分、一部分地转移到产品中去的，经过多次生产过程，直到这部分劳动资料完全报废，资本全部的价值才转移完毕。转移到新产品中的价值，是随着商品的销售，经过多次流通，才逐渐周转回到资本家手中。正是由于这部分生产资本在价值周转方式上的这一特点，把它称为固定资本。

流动资本是指以原材料、燃料、辅助材料等劳动对象存在以及用于购买劳动力的那部分生产资本。用于原材料及辅助材料的那部分资本，其物质形态在一次生产过程中被全部消耗掉，不再保存下来，其价值也因而在一次生产过程结束后全部转移到新产品中去，并在产品出售后，全部价值又由流通过程周转回来。正是由于这部分资本在价值周转方式上的这一特点，将它称为流动资本。

资本家用于购买劳动力的那部分资本，以工资的形式在一次生产过程中支付给工人，工人将其用于购买消费资料。工资的价值不是转移到新产品中去，而是由工人在生产过程中用活劳动重新创造出来，工人在这一过程中不仅创造了相当于自身劳动力价值的那部分价值，还创造了剩余价值。在商品出售以后，又全部周转回资本家手中。由于它是一次全部投入生产过程，并随着商品的销售一次全部收回，因而也将它归入流动资本。

（2）将生产资本区分为固定资本和流动资本的目的是为了揭示因生产资本不同部分影响了资本周转速度，从而对剩余价值生产的影响。

固定资本与流动资本的区别主要有以下四个方面。

第一，价值转移方式不同。固定资本的价值逐步转移到新产品中去，流动资本的价值则是一次全部转移到新产品中去。

第二，周转时间不同。固定资本周转一次的时间较长，流动资本周转一次的时间相对较短。在固定资本周转一次的时间内，流动资本可周转多次。

第三，回收方式和期限不同。固定资本是一次预付，分批收回，全部预付资本价值的回收期较长；流动资本的价值是一次预付，一次收回，因此回收期相对较短。

第四，物质更新方式不同。就物质形态而言，固定资本的各要素在发挥作用的时间内不需要更新，而流动资本的各要素则需要不断在实物形式上更新。

2. 固定资本的磨损和折旧

固定资本在使用过程中会不断发生磨损，磨损的部分会逐渐转移到新产品中去。因而磨损程度会影响到资本周转速度。

根据引起磨损的原因不同，可分为有形磨损（或物质磨损）和无形磨损（或精神磨损）两种。

有形磨损是指机器、厂房、建筑物等固定资本的物质要素的损耗。这种磨损看得见，摸得着，因而称为有形磨损或物质磨损。

发生有形磨损的原因有以下两种：一是生产过程中的使用造成的磨损，如机器由于运转造成的磨损。二是由于自然力的影响引起的磨损，如金属设备生锈、砖石的风化等。

无形磨损是指固定资本在其有效使用期限内由于生产技术进步和市场变化所引起的资本价值的贬值。它会造成固定资本价值上的损失，但物质形式没有磨损，因而称为无形磨损或精神磨损。

发生无形磨损的原因主要有以下两种：一是由于劳动生产率的提高使生产相同设备的社会必要劳动时间减少，从而使原有固定资本的价值相应下降；二是由于新技术的发明与应用，生产出了效率更高的机器，使原有机器贬值。

无论是有形磨损还是无形磨损，当磨损达到一定的程度后，为了确保再生产的进行，就要替换或更新固定资本。这样在产品出售后，需要把这部分因磨损而转移出去的价值提取并积累起来。

这种根据固定资本的磨损程度逐步以货币形式提取补偿的方式称为固定资本的折旧。以货币逐年提取的固定资本补偿金，叫做折旧基金，或折旧费。每年提取的折旧费与固定资本原值的比例就是折旧率，其计算公式为

$$折旧率=\frac{折旧费}{固定资本原值}$$

折旧率的大小，会影响到资本的周转速度。多提折旧费，会增加固定资本向新产品转移的价值，提高资本周转速度。这种方法会降低无形磨损的风险，但却会增加产品的成本。

概念提示

折旧率是每年提取的折旧费与固定资本原值的比例。

根据固定资本的磨损程度逐步以货币形式提取补偿的方式称为固定资本的折旧。

三、预付资本的总周转速度

资本周转速度不是单指固定资本或流动资本的周转速度，而是指整个预付资本的总周转速度，即预付总资本的平均周转速度，它可以用预付资本一年中的总周转次数表示，其计算公式为

$$\text{预付资本的总周转速度}=\frac{\text{固定资本年周转价值}+\text{流动资本年周转价值}}{\text{预付资本总量}}$$

其中，

固定资本年周转价值＝预付固定资本的量×固定资本年周转次数

流动资本年周转价值＝预付流动资本的量×流动资本年周转次数

预付资本总量＝预付固定资本的量＋预付流动资本的量

固定资本与流动资本各自的周转速度以及二者在生产资本中所占比重的大小，都会对预付资本总周转产生影响。

当固定资本与流动资本在生产资本中所占比重一定时，固定资本或流动资本周转速度越快，就会使资本的总周转速度加快；反之，则使资本总周转的速度降低。

当固定资本和流动资本的周转速度一定时，在生产资本中固定资本所占的比重越大，预付资本的总周转速度就越慢；反之，流动资本所占的比重越大，预付资本的总周转速度就越快。

【案例4.1】 某产业资本家的固定资本为20万元，其中厂房价值为6万元，可用20年；机器价值为12万元，可用10年；小工具价值为2万元，可用4年。流动资本为8万元，一年周转4次，每次周转3个月。这样，1年中固定资本周转总额为6/20+12/10+2/4=2万元，流动资本周转总额为8×4=32万元，全部预付资本一年中的周转次数为(2+32)/(20+8)=1.214（次）。

四、资本周转速度对剩余价值生产的影响

资本周转速度的快慢，对剩余价值的生产有很大影响，主要表现在以下两个方面。

第一，加快资本周转速度，可以节省预付资本，特别是节省预付的流动资本。随着资本周转速度的加快，可以减少或避免固定资本的无形磨损，同时也可以使同样生产规模所需的流动资本减少，节约预付资本量。

这样资本家可以将节省下来的资本购置生产效率更高的机器，或进行扩大再生产，获取更多的剩余价值。

第二，加快资本周转速度，可以增加年剩余价值量和提高年剩余价值率。

所谓年剩余价值量就是一年内生产的剩余价值总额，年剩余价值率则是一年内生产的剩余价值总额与预付可变资本价值额之比。如用 M 表示年剩余价值量，m' 表示剩余价值率，M' 表示年剩余价值率，v 表示可变资本，n 表示可变资本的周转次数，则公式为

$$M=m'\cdot v\cdot n$$

$$\text{年剩余价值率（}M'\text{）}=\frac{\text{一年内生产的剩余价值总量}}{\text{一年内预付的可变资本}}=m'\cdot n$$

预付总资本中的一部分被用来购买劳动力的预付可变资本，在剩余价值率不变的情况下，若可变资本周转速度加快，则提高年剩余价值率，增加年剩余价值量，一年中同样的预付可

变资本可以雇佣更多的工人，生产出更多的剩余价值。

第三节 社会总资本的再生产

无数个别资本的运动，构成了整个社会资本的运动，从而使得资本主义再生产中社会总产品不断实现。也就是说，社会资本的运动表现为社会资本再生产。

一、社会总资本再生产的核心问题和理论前提

（一）单个资本与社会总资本

概念提示

社会总资本是互相联系、互相依存的所有单个资本的总和。

个别资本又称单个资本，它是资本主义社会中独立发挥资本职能的各个资本，如单个企业的资本。在实际的生产中，各个企业之间存在着竞争和协作的千丝万缕的关系。一个企业在生产经营中要向其他企业购买所需要的生产资料，又要向其他企业销售本企业的产品，同时也面临着同类产品的竞争。

这种互相联系、互相依存的所有单个资本的总和，就是社会总资本，或称社会资本。社会资本的运动是指相互交替、互为条件的个别资本运动的总和。

社会资本的运动，不仅在数量和规模上与个别资本不同，而且在运动内容上也有自己的特点。

第一，社会资本的运动既包括生产消费，又包括个人生活消费，而个别资本的运动只包括生产消费，不包括个人消费。

第二，社会资本运动既包括资本流通，也包括与个人生活消费相适应的一般商品流通，个别资本运动则只考察资本流通。

第三，社会资本运动不仅包括资本流通，而且包括剩余价值的流通，包括剩余价值的分配。

（二）社会总产品的实现

社会总产品是指社会在一定时期内（通常为一年）所生产的全部物质资料的总和。它是由一个国家的各物质生产部门的劳动者创造的。

社会总产品的价值由不变资本（c）、可变资本（v）和剩余价值（m）三部分组成，而它的实物形态，根据产品的最终经济用途区分为生产资料和消费资料两大类。与此相适应，社会生产也分为生产生产资料的第一部类（Ⅰ）和生产消费资料的第二部类（Ⅱ）。每个部类中包括若干生产部门，每个部门中又包括若干企业。

由于社会资本的运动包括生产消费（消费生产资料）和个人生活消费（消费生活资料），因此，要考察社会资本的运动首先必须考察包括生产资料和生活资料在内的全部物质资料——社会总产品。也就是说，考察社会资本运动（再生产和流通）的出发点是社会总产品。

从社会总产品考察社会资本的运动，核心问题是社会总产品的各个部分是如何实现的。

社会总产品的实现包括以下两个方面。

其一，社会总产品如何从商品形式转化为货币形式，以实现价值补偿。

其二，社会总产品价值补偿实现后，如何由货币形式转化为商品形式，也就是资本家如何重新获得生产资料，工人和资本家如何获得消费资料，以实现物质替换。

只有使社会总产品既得到价值补偿，又得到物质替换，整个社会再生产才能顺利进行。因此，社会总产品的价值补偿和实物补偿问题就是社会总产品的实现问题。

社会总产品的实物构成和价值构成，以及社会生产两大部类相互关系的原理，是马克思再生产理论的基本原理，是考察社会资本再生产的理论前提。

二、社会总资本简单再生产

概念提示

社会资本简单再生产是指资本家将获得的剩余价值全部用于个人消费，没有任何积累，使生产在原有规模上重复进行的再生产模式。

资本主义生产的特征是扩大再生产，但分析它却要从社会资本的简单再生产开始，这是因为以下两点原因。

首先，简单再生产是扩大再生产的基础和重要组成部分；

其次，把简单再生产条件下社会总产品的实现条件分析清楚，扩大再生产的实现问题可迎刃而解。

为了分析上的方便，需要排除一些次要的、非本质因素的干扰，作如下假设。

第一，整个社会只有资本家和工人两个阶级。

第二，生产周期为一年，不变资本的价值全部转移到新产品中去。

第三，全部产品按价值出售，价格与价值一致。

第四，没有对外贸易，全部社会总产品在国内得到补偿和实现。

第五，资本有机构成不变，生产技术不变，剩余价值率不变。

（一）社会资本简单再生产的实现过程

马克思用如下公式来说明社会资本简单再生产的实现过程：

$$\text{I}\ (4\,000c+1\,000v+1\,000m)=6\,000$$

$$\text{II}\ (2\,000c+500v+500m)=3\,000$$

在上述公式中，两大部类全年生产的社会总产品价值为 9 000（这里列举的数字单位，可以代表若干人民币、美元或欧元等）。

第一部类产品的物质形式是生产资料，价值为 6 000，包括不变资本价值 4 000，可变资本价值 1 000 和创造的剩余价值 1 000。第二部类产品的物质形式是消费资料，价值为 3 000，其中包括不变资本价值 2 000，可变资本价值 500 和创造的剩余价值 500。

为了使第二年的简单再生产能够继续进行，两大部类的产品包括它的各个组成部分都必须实现，即在物质和价值上都得到补偿。这是通过以下三个方面交换来实现的。

1. 第一部类内部的交换

第一部类的 4 000c 在物质形式上是生产资料，在价值形式上代表当年消耗掉的不变资本价值。这部分产品通过第一部类内部的相互交换实现，把消耗掉的生产资料再生产出来，并从生产交换中购买回来。

2. 第二部类内部的交换

第二部类内部工人的工资 500v 和资本家的剩余价值 500m，在物质形式上全部是消费资料，被本部类的工人和资本家用于生活消费。它可以在第二部类内部的相互交换中实现，因为第二部类本身就是生产消费资料的。

3. 两大部类之间的交换

两大部类经过各自的内部交换关系后，第一部类剩下 1 000v+1 000m=2 000 的生产资料，这部分的价值需用来补偿工人和资本家的生活消费，然而它们以各种机器、原料、辅助材料等存在。第二部类剩下 2 000c 的消费资料，它需用来补偿消耗掉的生产资料，然而它却以食物、衣服等消费资料的形式存在。

这样，在现在只有两大部类的情况下，第一部类的 1 000v 和 1 000m 与第二部类的 2 000c 进行交换，第一部类得到了价值相等的消费资料，第二部类获得了价值相等的生产资料。

通过以上三个方面的交换，两大部类的产品在价值形态上得到补偿，在物质形式上得到了替换，全年社会总产品都得到了实现，下一年简单再生产便能顺利进行了。

（二）社会资本简单再生产的实现条件

通过对社会资本简单再生产实现过程的分析可知，其顺利进行必须满足第一部类的可变资本加上剩余价值的和等于第二部类的不变资本的价值。用公式表示为

$$\text{I}(v+m)=\text{II}c \tag{1}$$

这就是社会资本简单再生产所必须保持的两大部类之间的基本的比例关系，它反映了两大部类之间互为市场、互为条件、相互制约的关系，表明两大部类的生产资料和消费资料的生产只有保持在一定的比例条件下，社会简单再生产才能顺利进行。

从 $\text{I}(v+m)=\text{II}c$ 这个基本的实现条件还可以引申出另外两个实现条件

$$\text{I}(c+v+m)=\text{I}c+\text{II}c \tag{2}$$

$$\text{II}(c+v+m)=\text{I}(v+m)+\text{II}(v+m) \tag{3}$$

条件（2）表示第一部类全部产品的价值等于两大部类不变资本价值的总和。它反映了第一部类生产资料的生产与两大部类对生产资料需求之间的比例关系。也就是说，第一部类生产的生产资料价值必须与两大部类对生产资料的需求相等，才能保障社会资本简单再生产的顺利进行。

条件（3）表示第二部类全部产品的价值等于两大部类可变资本价值和剩余价值的总和。该公式反映了第二部类消费资料的生产与两大部类的资本家和工人对消费资料需求之间的比例关系。如果不能保持这一比例关系，则社会资本的简单再生产无法进行。

在简单再生产的实现条件中，第一个条件 $\text{I}(v+m)=\text{II}c$ 是简单再生产的基本实现条件，另外两个条件则是引申的实现条件。它体现了简单再生产过程中，两大部类之间及其内部应遵循的基本比例关系，只有这样，社会生产才能协调发展。

★重要结论★

社会资本简单再生产实现的基本条件为：第一部类的可变资本加上剩余价值的和等于第二部类的不变资本的价值，即Ⅰ（v+m）=Ⅱc。

三、社会总资本扩大再生产

概念提示

社会资本扩大再生产是指资本家只消费剩余价值的一部分，而把其余的部分用于资本积累，作为追加的资本购买生产资料和劳动力，使生产在扩大的规模上重复进行的生产模式。

（一）社会资本扩大再生产的前提条件

要进行扩大再生产就必须有资本积累，将一部分剩余价值作为追加资本投入生产。这些追加的资本又分为两部分：一部分作为不变资本用于追加生产资料，另一部分作为可变资本用于追加劳动力。由此决定了社会资本的扩大再生产必须具备两个前提条件。

1. Ⅰ（v+m）>Ⅱc

从扩大再生产所需要的生产资料来看，生产资料是第一部类生产的，因此，第一部类一年中所生产的全部生产资料，除了满足了两大部类简单再生产所需的生产资料以外，还有剩余，即Ⅰ（c+v+m）>Ⅰc+Ⅱc，把公式两端的Ⅰc都减去，得到Ⅰ（v+m）>Ⅱc。只有这样，社会资本的扩大再生产才可能进行。

视野拓展

马克思说，“如果生产场所扩大了，就是在外延上扩大；如果生产资料效率提高了，就是在内涵上扩大。”也就说，扩大再生产分为外延型扩大再生产和内涵型扩大再生产。在日常生活中，我们还能经常听到，加快转变经济增长方式由粗放型向集约型转变。那么，粗放型与外延型、集约型与内涵型可以等同吗？

推荐课外阅读《人民日报》/人民网2011年7月4日《卫兴华：粗放型与外延型、集约型与内涵型可以等同吗》一文。

2. Ⅱ（$c+m-\frac{m}{x}$）>Ⅰ（$v+\frac{m}{x}$）

从所需要的消费资料来看，第二部类一年中生产的全部消费资料，除了满足两大部类简单再生产过程中的工人和资本家所需要的消费资料以外，也必须有剩余。如果用$\frac{m}{x}$表示剩余价值中资本家用于个人消费的部分，那么（$m-\frac{m}{x}$）就表示用于追加投资的部分，可把此关系表示为

$$\text{Ⅱ}(c+v+m)>\text{Ⅰ}\left(v+\frac{m}{x}\right)+\text{Ⅱ}\left(v+\frac{m}{x}\right)$$

再把公式两端各减去Ⅱ（$v+\frac{m}{x}$），则得到

$$\text{Ⅱ}\left(c+m-\frac{m}{x}\right)>\text{Ⅰ}\left(v+\frac{m}{x}\right)$$

这两个前提条件，对于外延的扩大再生产来说，是必不可少的，但是对于内涵的扩大再生产而言，由于并没有追加新的劳动力，也就不需要追加消费资料，这样，在工人的工资水

平或实际生活水平没有提高的情况下，社会资本扩大再生产就不必满足第二个前提条件。

（二）社会资本扩大再生产的实现过程

以上分析表明，只有具备了一定的前提条件，进行扩大再生产才有可能性。但要使这种可能变为现实，还必须使社会再生产两大部类保持适当的比例关系，让追加的生产资料和消费资料都得到实现。

我们不妨假定社会总产品的构成为

$$\text{I}\ (4\,000c + 1\,000v + 1\,000m) = 6\,000$$

$$\text{II}\ (1\,500c + 750v + 750m) = 3\,000$$

它满足社会资本扩大再生产的两个前提条件

$$\text{I}\ (v + m) > \text{II}\ c$$

和

$$\text{II}\ \left(c + m - \frac{m}{x}\right) > \text{I}\ \left(v + \frac{m}{x}\right)$$

再假定第一部类的资本家将其剩余价值的一半用于积累，追加资本的资本有机构成与原来的资本有机构成一致，仍为4:1。

因此，第一部类全部产品的价值重新组合为

$$\text{I}\ (4\,000c + 400\Delta c) + (1\,000v + 100\Delta v) + 500\frac{m}{x} = 6\,000$$

其中，$4\,400c$ 在物质形态上是生产资料，通过本部门内部的交换来实现。剩下的 $1\,100v$ 和 $500\frac{m}{x}$ 在价值形式上代表第一部类工人和资本家用于个人消费的部分，而在实物形态上是生产资料，因此它必须和第二部类进行交换才能实现。

由于第二部类的可变资本 v 和剩余价值 m 在其内部实现，这样它只能与第二部类的不变资本 c 进行交换。按照价值等价交换原理，所以第二部类需要在原有的 $1\,500c$ 之外追加 $100c$ 的不变资本，而要保持第二部类有机构成不变，还需追加 $50v$ 的可变资本，这些都从第二部类资本家的剩余价值中拿出。

于是第二部类产品的价值重组为

$$\text{II}\ (1\,500c + 100\Delta c) + (750v + 50\Delta v) + 600\frac{m}{x} = 3\,000$$

与简单再生产一样，在扩大再生产条件下，社会总产品也是通过三方面的交换关系来实现的。

（1）$\text{I}\ (4\,000c + 400\Delta c)$ 通过第一部类的交换关系来实现。

（2）$\text{II}\ \left(750v + 50\Delta v + 600\frac{m}{x}\right)$ 通过第二部类内部的交换关系也得以实现。

（3）$\text{I}\ \left(1\,000 + 100\Delta v + 500\frac{m}{x}\right)$ 和 $\text{II}\ (1\,500c + 100\Delta c)$ 相交换，各自从物质形态上得到补偿。

通过这三种交换关系，社会总产品在价值和物质形态上得到了补偿。若剩余价值率保持

不变，则到第二年年末，两大部类生产的全部产品价值构成为

$$\text{I}\ (4\,400c+1\,100v+1\,100m)=6\,600$$

$$\text{II}\ (1\,600c+800v+800m)=3\,200$$

社会资本再生产的规模就由上一年的9 000扩大到9 800,实现了社会资本的扩大再生产。

提示与说明

在社会资本扩大再生产的实现过程中，我们假定它满足其两个前提条件，其中第一个条件我们可以直接看出，后一个条件可以通过重新组合的式子检验。

（三）社会资本扩大再生产的实现条件

从社会资本扩大再生产的实现过程可以看出，社会资本扩大再生产的实现条件为，第一部类原有可变资本的价值，加上追加的可变资本价值，再加上本部类资本家用于个人消费的剩余价值，三者之和等于第二部类原有的不变资本价值与追加的不变资本价值的和。若用Δv表示追加的可变资本的价值，Δc表示追加的不变资本，则此条件可用公式表示为

$$\text{I}\ \left(v+\Delta v+\frac{m}{x}\right)=\text{II}\ (c+\Delta c)$$

它反映了社会资本扩大再生产要顺利实现两大部类之间必须保持的基本比例关系，是基本条件，根据这个实现条件可以引申出另外两个实现条件。一个条件是，第一部类全部产品的价值等于两大部类原有的不变资本的价值与追加不变资本的价值之和。用公式表示为

$$\text{I}\ (c+v+m)=\text{I}\ (c+\Delta c)+\text{II}\ (c+\Delta c)$$

另一个条件是，第二部类全部产品的价值等于两大部类用来补偿已经消费掉的可变资本价值、追加可变资本价值以及资本家用于个人消费的剩余价值之和。用公式表示为

$$\text{II}\ (c+v+m)=\text{I}\ \left(v+\Delta v+\frac{m}{x}\right)+\text{II}\ \left(v+\Delta v+\frac{m}{x}\right)$$

社会资本扩大再生产的实现条件，反映了两大部类之间互为条件、相互制约、互相依赖的关系。

四、生产资料生产的优先增长

在分析社会资本扩大再生产的实现条件时，我们假定没有技术进步，资本有机构成保持不变。实际上社会资本的扩大再生产往往是在技术进步，资本有机构成不断提高的条件下进行的。

在资本有机构成不断提高情况下，不变资本在用于扩大再生产的资本积累中所占比重会越来越大，从而出现第一部类生产增长速度快于第二部类生产增长的现象，这就是生产资料生产优先增长的规律。这是马克思主义再生产理论的一个十分重要的组成部分。

生产资料生产的优先增长，是与技术进步所引起的资本有机构成的提高相适应的。一般来说，随着技术的进步，资本的有机构成便会提高，造成总资本中不变资本所占比重逐渐增加，可变资本所占比重的不断缩小，使得生产资料生产优先增长形成一种客观趋势。

应该注意的是，生产资料生产优先增长并不意味着生产资料的生产可以脱离消费资料生产的制约，可以片面地、孤立地发展。

马克思主义再生产理论表明，无论在简单再生产还是扩大再生产的条件下，社会生产的两大部类以及各个部门之间必须保持一定的比例关系，社会资本的再生产才能顺利进行。这是我们进行经济建设时必须遵循的客观规律。

★重要结论★

社会资本扩大再生产的前提条件为

$$\mathrm{I}(v+m)>\mathrm{II}c;\quad \mathrm{II}\left(c+m-\frac{m}{x}\right)>\mathrm{I}\left(v+\frac{m}{x}\right)$$

社会资本扩大再生产的基本实现条件为

$$\mathrm{I}\left(v+\Delta v+\frac{m}{x}\right)=\mathrm{II}(c+\Delta c)$$

第四节　资本主义的经济危机

社会资本再生产理论，揭示了资本主义社会化大生产条件下，社会资本再生产要顺利进行，在客观上要求两大部类之间必须保持一定的比例关系。但由于资本主义社会种种矛盾的存在与发展，尤其是资本主义基本矛盾即生产社会化与资本主义私人占有形式之间的矛盾，必然导致周期性的经济危机。

一、资本主义经济危机的实质和根源

资本主义经济危机是指资本主义经济发展过程中，周期性爆发的生产过剩危机。经济危机期间最根本的现象和典型的特征就是商品生产过剩。其他许多现象——如大量商品积压、商品价格暴跌；成批工厂倒闭，失业工人激增，人民生活恶化；国际收入锐减，汇率波动激烈；等等——都是直接或间接地由生产过剩这个根本特征所引起的，都是生产过剩在社会经济生活各方面的具体表现。

资本主义经济危机的实质是生产相对过剩的危机，即生产相对于社会有支付能力的需求而过剩。它是资本主义基本矛盾的集中表现，是由资本主义经济制度的根本特征和内在矛盾决定的。

资本主义经济危机产生的根源在于资本主义的基本矛盾，即生产的社会化与资本主义私人占有形式之间的矛盾。当这个矛盾尖锐化到一定程度，就会引发经济危机。

资本主义基本矛盾有以下两种主要表现形式。

一是个别企业生产的有组织性同整个社会生产的无政府状态之间的矛盾。在以机器生产为基础的资本主义企业内部，各部门之间分工细密，相互协作。资本家为了在竞争中获胜，取得更多的利润，主观上要求加强对企业的管理，客观上也可以办到。所以，资本主义企业内部生产是有组织、有秩序地进行的。但资本主义生产所需要的生产资料是要从外部买进的，生产的产品是要向外卖出的。由于企业的生产资料、劳动产品属于资本家所有，他们各自从自己的利益出发买进或卖出，无法形成社会权威来保证社会生产大系统的顺利进行。资本家为满足私利而展开的竞争，使资本主义社会生产陷入无政府状态。因此，单个企业生产的有序性与整个社会生产的无序性并存、相互矛盾，使社会再生产的比例关系经常失调，达到一定程度就会爆发经济危机。

二是社会生产无限扩大趋势与劳动人民有支付能力的需求相对缩小之间的矛盾。资本家为追求更多的利润和避免在竞争中失败，必然在增加积累的基础上，采用新技术，引进新设备，提高资本有机构成，增强企业生产能力，使社会财富呈不断增长趋势。但不断增加的社会财富被生产资料的所有者所占有，而广大的雇佣劳动者一无所有，只能靠出卖劳动力来维持生活，通过出卖劳动力获得的工资仅够维持劳动力的再生产。在资本有机构成提高的条件下，必然增加相对过剩人口，使劳动群众有支付能力的需求进一步缩小，与日益扩大的生产规模越来越不相适应。这个矛盾表明：生产与消费的矛盾达到尖锐化的程度时，就会以经济危机的形式表现出来。

提示与说明

资本主义经济危机的深刻根源在于资本主义基本矛盾，它是资本主义经济制度的产物。

二、资本主义经济危机的周期性及物质基础

资本主义基本矛盾时而趋于缓和，时而趋于激化，当矛盾激化时，就会发生经济危机。资本主义基本矛盾运动的这一特点决定了资本主义经济危机具有周期性。经济危机的周期性爆发又使得资本主义再生产也呈现出周期性。

资本主义再生产的周期性会经历危机、萧条、复苏、高涨四个阶段。危机是周期性的决定性阶段，它是新周期的起点，又是前一周期的终点。危机阶段表现为生产和消费、供给和需求之间严重不适应，社会生产两大部类的比例关系、各部门之间的联系遭到破坏，社会总产品的实现遇到困难。比如，商品大量积压、价格下跌（商业危机）；企业缩小生产规模甚至停产、倒闭，大量工人失业（产业危机）；银行倒闭（信用危机）。萧条阶段主要表现为生产不再下降、失业不再扩大、价格不再下跌，但购买力低下、生产和市场不景气，几乎处于停滞状态。随着固定资本的更新，就业得以推动，消费得到刺激，社会生产得到恢复与发展，再生产进入复苏阶段。高涨阶段则表现为市场容量剧增，生产迅速扩大，企业利润大幅增长，整个经济十分繁荣。

资本主义经济危机的周期性是以固定资本更新为物质基础的。一方面，固定资本的大规模更新，刺激了对生产资料的需求，从而促进生产资料生产的恢复和发展，进而促进消费资料生产的恢复和发展，从而为经济的复苏和高涨准备了物质条件；另一方面，固定资本的大规模更新促使生产力的进一步发展，导致资本有机构成的提高和相对过剩人口的增长，使资本积累的矛盾进一

视野拓展

从 2008 年下半年开始，由美国次贷危机引发的全球金融危机和经济危机，8 年后仍未见结束。为何由美国次贷危机引发的全球金融危机和经济危机，其直接后果是资本主义陷入衰落、社会主义走向复兴？金融危机下的资本主义制度到底出现了什么样的危机？

推荐读者课外阅读以下两篇文章。

《中国社会科学报》2015 年 7 月 23 日《金融危机下的资本主义制度危机——访中央党校赵曜教授》。

《经济参考报》2012 年 1 月 12 日《西方反思制度弊端　寻找“救赎”途径》（陈瑶、刘蓉蓉）。

步加剧，从而为新的危机的到来奠定了基础。结果，不可避免地再次爆发经济危机。

小结

1. 产业资本在循环过程中分别经历了购买、生产、销售三个阶段，相应采取了货币资本、生产资本、商品资本三种职能形式，它是生产过程和流通过程的统一。

2. 资本周转指的是周而复始的资本循环过程。资本周转速度与资本周转时间成反比，与资本周转次数成正比。加快资本周转，可以节约预付资本的量，提高年剩余价值量和年剩余价值率。

3. 固定资本和流动资本是根据它们在价值转移和周转方式的不同来划分的。其中，固定资本是以机器、厂房、设备等劳动资料形式存在的那部分资本，流动资本是以原材料、燃料、辅料等劳动对象和劳动力形式存在的那部分资本。

4. 社会资本运动的核心问题是社会总产品的实现问题。社会总产品的实物构成和价值构成，以及社会生产两大部类的原理，是马克思再生产理论的基本原理，是考察社会资本再生产的理论前提。

5. 社会资本简单再生产的基本实现条件是Ⅰ（$v+m$）=Ⅱc。

6. 资本主义经济危机的实质是生产相对过剩的危机，即生产相对于有支付能力的需求而过剩，它是资本主义基本矛盾的集中表现。

单元测试题

一、单项选择题

1. 产业资本在循环过程中，按照顺序先后采取了（　　）。

   A. 货币资本、商品资本、生产资本　　B. 货币资本、生产资本、商品资本

   C. 生产资本、货币资本、商品资本　　D. 商品资本、生产资本、货币资本

2. 产业资本在循环过程中依次经历了（　　）。

   A. 生产阶段、购买阶段、销售阶段　　B. 购买阶段、生产阶段、销售阶段

   C. 生产阶段、销售阶段、购买阶段　　D. 购买阶段、销售阶段、生产阶段

3. 区分货币资本、生产资本、商品资本的依据是它们在资本循环过程中（　　）。

   A. 存在的形式不同　　B. 存在的阶段不同

   C. 发挥的职能不同　　D. 带来的剩余价值不同

4. 产业资本循环中货币资本的职能是（　　）。

   A. 生产价值和剩余价值

   B. 实现价值和剩余价值

   C. 为价值的形成和剩余价值的生产准备条件

   D. 生产和实现剩余价值

5. 产业资本循环中生产资本的职能是（　　）。

A. 生产价值和剩余价值　　B. 实现价值和剩余价值

C. 为剩余价值的生产准备条件　　D. 生产和实现剩余价值

6. 产业资本循环中商品资本的职能是（　　）。

A. 生产剩余价值　　B. 实现价值和剩余价值

C. 为剩余价值生产准备条件　　D. 生产和实现剩余价值

7. 在产业资本循环过程中，具有决定意义的阶段是（　　）。

A. 购买阶段　　B. 售卖阶段　　C. 生产阶段　　D. 流通阶段

8. 不断重复、周而复始的资本循环过程是（　　）。

A. 资本循环　　B. 资本周转　　C. 资本积累　　D. 资本流通

9. 从资本运动速度方面揭示资本运动快慢对剩余价值生产影响的是（　　）。

A. 资本循环　　B. 资本积累　　C. 资本周转　　D. 再生产

10. 从资本运动连续性方面揭示价值增殖是怎样发生的和实现的是（　　）。

A. 资本循环　　B. 资本积累　　C. 资本周转　　D. 再生产

11. 下列实物形态的资本中，同时属于生产资本、不变资本和固定资本的是（　　）。

A. 原料和燃料　　B. 辅助材料　　C. 机器设备　　D. 商业设施

12. 下列实物形态的资本中，同时属于生产资本、可变资本和流动资本的是（　　）。

A. 原料和燃料　　B. 辅助材料　　C. 机器设备　　D. 劳动力

13. 下面属于固定资本正常的有形磨损的是（　　）。

A. 机器设备由于使用和自然力作用造成的损耗

B. 由于科学技术进步造成的固定资本价值贬值

C. 由于自然灾害造成的机器设备损坏

D. 由于机器设备制造部门劳动生产率提高导致的贬值

14. 根据下列数据计算该企业预付资本总周转次数（　　）。

生产资本		构成价值（单位：万元）	使用年限
固定资本		1 000	
其中：	厂房	300	15 年
	机器	600	10 年
	小工具	100	5 年
流动资本		500	1/4 年

A. 0.15　　B. 2　　C. 0.25　　D. 1.4

15. 资本周转速度与（　　）。

A. 周转时间成正比，周转次数成反比　　B. 周转时间成反比，周转次数成正比

C. 周转时间成正比，周转次数成正比　　D. 周转时间成反比，周转次数成反比

16. 分析和考察社会资本再生产问题的出发点是（　　）。

A. 社会资本　　B. 社会总产品

C. 社会生产的两大部类　　D. 简单再生产

17. 社会资本再生产的核心问题是（　　）。

A. 社会总产品的构成问题　　B. 社会总产品的实现问题

C. 社会资本的循环问题　　D. 社会资本的周转问题

18. 一个社会各物质生产部门在一定时期内所生产的全部物质资料的总和叫作（　　）。

A. 国内生产总值　　B. 国民生产总值

C. 社会总产品　　D. 国民收入

19. 资本主义简单再生产与剩余价值的关系是（　　）。

A. 资本家的个人消费等于剩余价值　　B. 资本家的个人消费小于剩余价值

C. 资本家的个人消费大于剩余价值　　D. 剩余价值是资本家的个人消费节余

20. 资本主义扩大再生产与剩余价值的关系是（　　）。

A. 资本家的个人消费等于剩余价值　　B. 资本家的个人消费小于剩余价值

C. 资本家的个人消费大于剩余价值　　D. 剩余价值是资本家的个人消费节余

21. 社会资本扩大再生产的基本实现条件是（　　）。

A. Ⅰ（$v+m$）=Ⅱc

B. Ⅰ（$v+\Delta v+m/x$）=Ⅱ（$c+\Delta c$）

C. Ⅱ（$c+v+m$）=Ⅰ（$v+\Delta v+m/x$）+Ⅱ（$v+\Delta v+m/x$）

D. Ⅰ（$v+m$）>Ⅱc

22. 假定第一部类的可变资本（v）是 1 000，剩余价值（m）也是 1 000，第二部类的不变资本（c）是 1 500，这时社会资本（　　）。

A. 只能进行简单再生产

B. 有可能进行扩大再生产

C. 既不能进行简单再生产，也不能进行扩大再生产

D. 只能进行萎缩的再生产

23. 社会资本扩大再生产要求提供追加生产资料，反映这一要求的扩大再生产前提条件的公式是（　　）。

A. Ⅰ（$v+m$）=Ⅱc　　B. Ⅰ（$v+m$）>Ⅱc

C. Ⅱ（$c+m/x$）>Ⅰ（$v+m-m/x$）　　D. Ⅱ（$c+m-m/x$）>Ⅰ（$v+m/x$）

24. 资本主义经济危机的实质是（　　）。

A. 商业危机　　B. 生产不足的危机

C. 生产相对过剩的危机　　D. 生产绝对过剩的危机

25. 资本主义经济危机的根源是（　　）。

A. 货币的流通手段职能　　B. 货币的支付手段职能

C. 资本主义基本矛盾　　D. 人口过剩与资本过剩的矛盾

二、多项选择题

1. 保持产业资本循环连续进行的条件有（　　）。

A. 产业资本运动所经历的三个阶段的每个阶段都必须获得平均利润

B. 必须保持产业资本的三种职能形式在空间上的并存性

C. 三种职能形式的资本都必须执行生产或实现剩余价值的职能

D. 必须保持产业资本的三种职能形式在时间上的继起性

2. 马克思根据资本价值周转方式的不同将生产资本划分为（　　）。

A. 不变资本　B. 固定资本　C. 可变资本　D. 流动资本

3. 产业资本家用来购买劳动力的资本属于（　　）。

A. 流动资本　B. 可变资本　C. 生产资本　D. 固定资本

4. 某机床厂用于加工零件的机床属于（　　）。

A. 不变资本　B. 产业资本　C. 固定资本　D. 生产资本

5. 纺织厂的资本家购买的用于生产的棉花属于（　　）。

A. 不变资本　B. 固定资本　C. 生产资本　D. 流动资本

6. 某资本家机器制造厂生产的机器设备属于该厂的（　　）。

A. 固定资本　B. 产业资本　C. 不变资本　D. 商品资本

7. 引起固定资本无形磨损的原因有（　　）。

A. 劳动资料生产部门劳动生产率的提高

B. 使用过程中自然力对机器设备无形的侵蚀

C. 劳动资料生产部门研发出来新的产品

D. 自然灾害导致机器设备的损坏

8. 加速资本周转具有重要意义，它可以（　　）。

A. 增加实际发挥作用的流动资本　B. 节约预付的流动资本

C. 增加年剩余价值量　D. 提高年剩余价值率

9. 社会总产品的实现即社会总产品的补偿包括（　　）。

A. 资本补偿　B. 货币补偿　C. 价值补偿　D. 物质补偿

10. 分析社会资本运动的两个基本理论前提是（　　）。

A. 社会总产品在物质上由生产资料和消费资料两部分构成

B. 社会总产品在价值上由 $c+v+m$ 三部分构成

C. 社会生产划分为生产资料的第一部类和生产生活资料的第二部类两大部类

D. 社会总产品的实现

11. 社会资本简单再生产的实现条件有（　　）。

A. Ⅰ（$v+m$）=Ⅱc

B. Ⅰ（$c+v+m$）=Ⅰc+Ⅱc

C. Ⅱ（$c+v+m$）=Ⅰ（$v+m$）+Ⅱ（$v+m$）

D. Ⅰ（$v+\Delta v+m/x$）=Ⅱ（$c+\Delta c$）

12. 社会资本扩大再生产的前提条件有（　　）。

A. Ⅰ（$v+m$）>Ⅱc　B. Ⅰ（$c+v+m$）=Ⅰc+Ⅱc

C. Ⅱ（$c+m-m/x$）>Ⅰ（$v+m/x$）　D. Ⅰ（$v+\Delta v+m/x$）=Ⅱ（$c+\Delta c$）

13. 社会资本再生产的实现途径包括（　　）。

A. 第一部类内部的交换　B. 第二部类内部的交换

C. 第一部类和第二部类之间的交换　D. 生产资料和消费资料的交换

14. 为了尽量减少固定资本的无形磨损可以采取的措施有（　　）。

A. 加速折旧　B. 加速固定资本向产品中转移

C. 提前更新设备　D. 提高设备的利用率

15. 下列方法可以加速资本周转的有（　　）。

A. 运用现代物流技术加速商品的运输和流通

B. 运用电子商务加快商品的销售

C. 运用先进技术缩短生产过程中自然力作用的时间

D. 提高劳动效率

三、名词解释

资本循环　资本周转　固定资本的磨损　社会总产品　生产相对过剩

四、问答题

1. 不变资本与可变资本以及固定资本与流动资本这两种资本划分方式有何不同？

2. 如何认识资本主义经济危机的实质、根源？为什么说经济危机是资本主义制度的必然产物？

3. 影响资本周转速度的因素有哪些？资本周转速度对剩余价值的生产有什么影响？

4. 资本循环和资本周转理论对社会主义企业的运行有哪些指导意义？

5. 在技术进步的扩大再生产条件下，为什么生产资料必然优先增长？

第五章　剩余价值的分配

【学习目的与要求】

本章通过对资本主义经济关系的现象形态的考察，分析资本主义生产总过程中资本和剩余价值所采取的各种具体形式。学习本章，应掌握剩余价值如何转化为利润、剩余价值率如何转化为利润率、利润怎样转化为平均利润、价值怎样转化为生产价格；掌握资本以及相应的剩余价值的具体形式，从而了解剩余价值是如何在资产阶级的各个集团之间进行分配的。

第一节　平均利润与生产价格

一、剩余价值转化为利润

商品的价值由不变资本（c）、可变资本（v）和剩余价值（m）三部分组成。对资本家而言，他支付的费用只是不变资本（c）和可变资本（v），剩余价值（m）部分由工人的活劳动创造，然而这部分价值被资本家无偿占有，资本家不需要另外支付任何费用。这样，资本家在计算其生产商品的代价时，只是将不变资本和可变资本的耗费计算在内。生产单位商品所耗费的不变资本与可变资本的总和，便构成了资本主义的成本价格（又称生产成本）。如果用（k）表示成本价格，则商品的价值 $W=c+v+m$ 变成了 $W=k+m$。

从资本家的角度来看，不变资本和可变资本转化为成本价格这一形式，有着很重要的意义。

第一，它是资本家出售商品价格的最低界限，高于这一价格出售，资本家就会赚钱，即可以获得剩余价值；反之，则要亏本。

第二，它决定着资本家竞争能力的大小。成本价格与商品价格的差额越大，即 m 值越大，资本家的竞争能力越强。因此，资本家为了在竞争中处于有利地位，总是千方百计地降低成本。

当不变资本和可变资本转化为成本价格时，它们在价值增殖过程中的不同作用就看不见了，剩余价值由可变资本的产物变为成本价格的增加额，并且成为资本家全部预付资本的增加额。因为在资本家看来，商品价值超出其成本价格的部分，是由整个预付资本所产生的，表现为资本自行增殖的结果。因此，这种形式掩盖了可变资本是剩余价值的真正来源，也掩盖了资本主义剥削的实质。

当资本家不再把剩余价值看成是可变资本的产物，而是全部预付资本的增加额时，剩余价值就转化为利润这种表现形式，如用 p 表示利润，则商品价值 $W = k + p$。从这个过程中，我们知道利润和剩余价值实质上是同一个东西。只是利润是剩余价值的现象形态，剩余价值是它的本质而已。

当剩余价值转化为利润时，剩余价值率就转化为利润率的形式。利润率是剩余价值与预付总资本的比率，即

$$m/(c + v)$$

它反映了资本家预付总资本的增殖程度。它与剩余价值率不仅量上不同，而且质也有区别。

提示与说明

当剩余价值被看成是全部预付资本所带来的增殖时，剩余价值也就转化为利润（p）。利润率（p'）是剩余价值与预付总资本的比值。用公式表示为 $p'=\frac{m}{c+v}$

利润率总是低于剩余价值率，剩余价值率是剩余价值与可变资本的比率，即 m/v；剩余价值率反映的是资本家对工人的剥削程度，而利润率表示的是预付资本的增殖程度，它掩盖了剩余价值的真正源泉，掩盖了资本家对工人的剥削程度。

二、影响利润率的因素

不同部门、不同时期的利润率是不一样的。影响利润率的因素主要有以下四点。

1. 剩余价值率

在其他条件不变的情况下，即预付资本的大小、资本有机构成等条件都不变的情况下，利润率的高低决定于剩余价值率的高低，两者成正比。剩余价值率高，利润率就高；剩余价值率低，利润率就低。

视野拓展

企业可赢利、有活力，经济发展才能有持久动力。正因为如此，中央经济工作会议把让企业有利润作为 2016 年经济社会发展特别是结构性改革的重要目标之一，并提出开展降低实体经济企业成本行动。而这一切的落脚点，是让企业有利润，实现更有质量的发展。那企业该如何提高利润率呢？

推荐读者课外阅读《经济日报》/中国经济网 2016 年 1 月 6 日文章《让企业有利润》(李锦)。

2. 资本有机构成

在其他条件不变的情况下，即劳动生产率、剩余价值率等不变的情况下，部门的利润率与部门的资本有机构成呈反方向变化，因为资本有机构成越低，同量资本中可变资本的比重越大，生产的剩余价值越多，从而利润率越高；反之，利润率就低。

必须说明的是，对单个企业而言，情况刚好相反，因为它的资本有机构成越高，说明它的技术越先进，因而获得的超额剩余价值越多，故利润率越高，两者呈同方向变化。

3. 资本周转速度

同样，在其他条件不变的情况下，资本周转速度越快，同量资本在一年中所生产出来的剩余价值量越多，年利润率越高；反之，年利润率就越低。年利润率和资本周转速度成同方向变化。

4. 不变资本的节约

不变资本本身不会带来更多的利润，但在其他条件不变的条件下，不变资本的节约可以使生产同样的剩余价值只需较少的预付资本，从而提高利润率。

三、利润转化为平均利润

在资本主义制度下，影响利润的各种因素不可能按同样程度发生作用，因此不同生产部门的利润率应当是不同的。例如，不同的生产部门，投入的预付资本的数量相等，由于他们的资本有机构成或资本周转速度等不同，因此，尽管剩余价值率相等，但利润率却不一样。于是，等量资本要求获得等量报酬的本性就会使得资本家把资本从利润率低的部门转移到利润率高的部门，直到各部门的利润率趋于一致，即形成平均利润率，这时，各部门的资本家就会按照平均利润率重新分配全部剩余价值，投在不同部门的等量资本也就能获得等量利润，即平均利润。

平均利润率的形成是通过部门之间的竞争，以资本在部门之间转移的方式实现的。为了获取最大限度的利润，利润率低的部门的资本家会将本部门的资本向利润率高的部门转移，从而使得利润率高的部门资本增加，生产扩大，在市场需求不变的情况下，商品供给的增加，会导致供过于求，从而市场中商品的均衡价格下降，使利润率高的部门利润相应降低。而利润率很低的部门，由于资本家将其资本转移到了利润率较高的部门，使得本部门的资本投入减少，生产规模缩小，在市场需求不变的情况下，商品供给减少，会导致供不应求，从而商品的均衡价格上涨，留在这些部门的厂商平均收益增加，利润率增加，各部门之间的利润率差距缩小。图 5.1 为平均利润的形成过程。

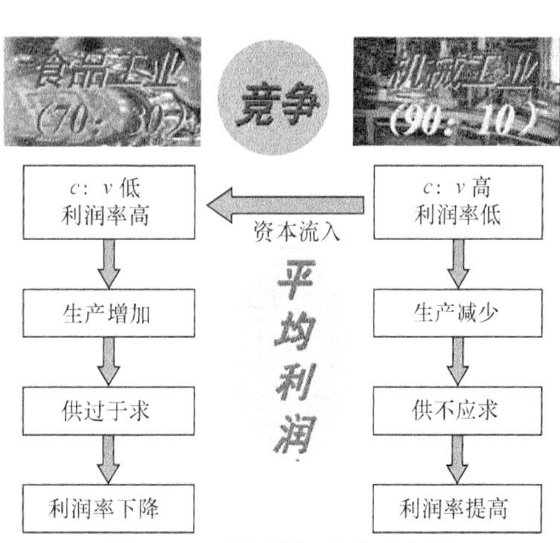

图 5.1 平均利润形成示意图

随着资本在各个部门之间转移的运动不断进行，最终使得各部门的利润率大致相等，形成平均利润率。平均利润率在数值上可以表示为剩余价值总量与预付总资本的比率，即

$$平均利润率=\frac{剩余价值总额}{预付总资本}$$

可见，平均利润率的形成是不同部门的资本家通过竞争重新瓜分剩余价值的结果，其源泉仍然是剩余价值。各个生产部门的资本家按照平均利润率所获得的利润，就是平均利润。用公式表示为

$$平均利润=预付资本\times平均利润率$$

需要强调的是，平均利润率不是各部门利润率的简单平均，平均利润率也不意味着各部门所获得的绝对利润量相等。影响平均利润率水平高低的因素有两个：一是各部门利润率水平，各部门利润率水平越高，平均利润率也就越高；二是利润率不同的各部门的资本量在社会总资本中所占比重大小，利润率高的部门资本所占比重越大，平均利润率就越高。

提示与说明

随着社会生产技术的进步，资本有机构成提高，各部门的利润率会下降，因此，平均利润率有不断下降的趋势。随着平均利润率的下降，工人所受剥削程度并没有降低，资本家所获得的利润的总绝对量却在增加（因为资本积累量的增加）。同时，还存在着一些阻碍平均利润率下降的因素：剩余价值率的提高，工资被压到劳动力价值以下（相对过剩人口大量存在导致），不变资本等要素变得便宜，对外贸易等。

利润转化为平均利润后，更加掩盖了资本主义的剥削关系。本来剩余价值转化为利润已经掩盖了剩余价值的起源，但这时部门的利润量和剩余价值量还是相等的。利润转化为平均利润后，使许多部门所得的利润量和本部门工人创造的剩余价值量不相等了，利润和剩余价值在量上的关系被割断了。

不同生产部门投入等量资本得到等量利润，造成了一种假象，似乎利润的多少只和投入的资本量有关，掩盖了利润的起源和本质，资本主义的剥削关系被进一步掩盖了。

四、价值转化为生产价格

概念提示

生产价格是商品价值的表现形式，它由商品的成本价格和平均利润构成，它并没有否定价值规律。

随着利润转化为平均利润，商品不再按成本价格加剩余价值的价格出售，而是按成本价格加平均利润的价格出售。这种由商品的成本价格（k）和平均利润（$\bar{p}$）构成的价格就是生产价格，用公式表示为

$$生产价格 = k + \bar{p}$$

生产价格的形成是以平均利润率的形成为前提的。利润转化为平均利润的过程，就是生产价格的形成过程，实际上是商品价值中的剩余价值部分在不同生产部门进行平均分配的结果。

提示与说明

价值转化为生产价格，是资本主义生产关系发展到一定阶段的产物。在简单商品经济条件下，商品按价值进行交换。在资本主义初期，商品也还是在较大范围内按照社会价值进行交换。到了机器大工业阶段，资本主义生产关系取得统治地位，形成了自由竞争的环境，资本和劳动力可以在各部门之间自由转移，在这种条件下，利润才会转化为平均利润，价值才转化为生产价格。

从生产价格的形成过程我们知道，生产价格和价值在许多部门是不一致的，而且生产价格形成后，价值规律的作用形式也发生了变化。

生产价格出现前，商品价格围绕价值上下波动。生产价格出现后，商品价格围绕生产价格上下波动。生产价格与价值有一定程度的背离，但是这种背离及价格围绕生产价格上下波动并没有否定价值规律，相反是以价值规律为基础的，这是因为以下几点原因。

其一，生产价格是以价值为基础形成的。因为生产价格组成部分中成本价格 k 是商品价

值 $W(=c+v+m)$ 中的一部分（$k=c+v$），而生产价格中的 $\bar{p}$ 只不过是商品价值 W 中的 m 的重新分配形式，本质上还是 m。因此，生产价格的变动，最终还是取决于价值的变化：W 中 $c+v$ 的变化，会引起生产价格中 k 的变化，m 的变化会引起平均利润的变化。

其二，从全社会范围来看，平均利润总额等于剩余价值总额，因而生产价格总额等于价值总额。也就是说，从社会范围来看，以生产价格为中心实际上就是以价值为中心。

上述情况可以通过表 5.1 来说明。

表 5.1　生产价格与价值的关系

部门	预付资本	m'	m	p'	$\bar{p}'$	$\bar{p}$	商品价值	生产价格	生产价格-价值
食品	$70c+30v$	100%	30	30%	20%	20	130	120	−10
纺织	$80c+20v$	100%	20	20%	20%	20	120	120	0
机械	$90c+10v$	100%	10	10%	20%	20	110	120	+10
合计	300		60			60	360	360	0

提示与说明

平均利润率的形成，价值转化为生产价格，并不排除各部门中少数资本家企业之间的竞争以及某个资本家获得超额利润——个别企业劳动生产率高于部门生产率，商品的个别生产价格低于社会生产价格，但仍按社会生产价格出售，所获得的超过平均利润以上的利润。超额利润是超额剩余价值的转化形式。

马克思的平均利润和生产价格理论具有十分重要的意义，主要体现在以下两个方面。

（1）它科学地解决了劳动价值论与等量资本获得等量利润之间表面上的矛盾，指出生产价格规律与价值规律没有本质差别，前者是后者的表现形式。

（2）它说明了各部门资本家共同瓜分整个工人阶级创造的剩余价值的事实，表明工人不仅受本部门资本家的剥削，而且受整个资产阶级的剥削，揭示了工人阶级与资产阶级的根本对立。因此，资本家之间在剩余价值上虽然有矛盾，但在剥削工人阶级这一根本问题上，他们的利益是一致的。

所以工人阶级要摆脱被剥削和压迫的状况，必须团结起来，反对整个资产阶级，推翻资产阶级的统治，消灭资本主义剥削制度。

提示与说明

部门之间的竞争：方式是资本转移，形成的是平均利润（率），形成了生产价格。

部门内部的竞争：方式是改进技术，提高劳动生产率，形成的是社会必要劳动时间，决定的是价值量。

第二节　剩余价值的分配形式

在资本主义社会，产业工人创造的剩余价值以产业利润的形式随着资本在不同的生产部门之间的转移转化为平均利润之后，还会随着商业资本、借贷资本、银行资本等多种资本的参与，采取商业利润、利息、银行利润、资本主义地租等多种分配形式。

提示与说明

第四章所讲的资本循环和资本周转，都是针对产业资本而言的。本章第一节所讲的剩余价值及利润、平均利润则是指产业工人所创造的剩余价值及其转化形式产业利润。也就是说，产业利润在数量上相当于平均利润，但是实质上仍然是产业工人创造的剩余价值。

一、商业资本和商业利润

产业资本在它的循环过程中要依次采取货币资本、生产资本和商品资本这三种形式，分别执行三种不同的职能。在资本主义初期，这些不同的职能都由产业资本家自己来执行。但随着生产规模和市场范围的不断扩大，流通中的商品资本极大增加，流通时间也延长了，使得产业资本家自己销售的困难加大。如果增加流通中的资本，就要减少生产资本，商业经营不善还会影响资本周转，这些都不利于产业资本家获取更多的剩余价值。

提示与说明

商业资本的产生与资本主义生产的目的有关。

于是，就产生了把商品资本的职能独立出来，交给专门的资本家去完成的必要性。这样，资产阶级中一部分资本家将自己的资本专门用来为产业资本的流通服务，推销产业资本家的商品，这就是商业资本家。

（一）商业资本

商业资本指在流通领域专门从事商品买卖，以获取剩余价值为目的的职能资本。它是产业资本循环中的商品资本的转化形式，是产业资本的独立化部分。因此它不再是产业资本的构成部分，已经从产业资本中分离出来，在流通领域由商业资本家完成原先由产业资本家承担的商品资本的职能。

商业资本的职能是通过商品的销售，实现商品的价值和剩余价值。它的运动包括购买和销售两个阶段。

在购买阶段，产业资本家将商品卖给商业资本家。这一阶段，从产业资本家的角度来看，其商品资本已经转化为货币资本；但就商品本身而言，其价值并没有最终实现，仍旧停留在流通领域。

在销售阶段，商业资本家将商品出售给消费者，这时商品资本才真正转化为货币资本。

商品资本独立为商业资本，促进了资本主义的发展。首先，节约流通资本，增加社会总资本中的生产资本，从而获取更多的剩余价值；其次，缩短流通时间，节省流通费用，加速资本周转，有利于经济的发展和平均利润率的提高；最后，商业资本的独立有利于市场的扩大，促进社会分工，提高产业资本的生产效率，增加资本的积累。但是随着商业资本的独立化，使得资本主义生产、流通和消费之间的脱节现象更加严重，加深了生产和消费的矛盾。

（二）商业利润

商业资本作为职能资本，承担了实现价值和剩余价值的职能，至少应获得平均利润，否则商业部门中的资本就会转移到生产部门中去。也就是说，商业资本家将资本投资于商业，目的也是要获得利润，即商业利润。

商业利润是商业资本家从事商业经营活动所获得的利润，是产业资本家让渡给商业资本家的由产业工人创造的剩余价值的一部分。让渡的途径是：产业资本家按照低于商品生产价格的价格把商品卖给商业资本家，商业资本家再按生产价格卖给消费者。

由于商业资本家承担了产业资本家的部分职能，产业资本家便不能占有全部的剩余价值，而必须把剩余价值即全部利润的一部分让渡给商业资本家。同时，商业资本家专门从事商业活动，可以使产业资本家节省流通费用，增加生产资本，带来更多的剩余价值，比产业资本家自己经营商业更有利。因此，产业资本家愿意让渡一部分剩余价值给商业资本家作为商业利润。产业资本家按低于生产价格的价格将商品出售给商业资本家，商业资本家再按生产价格出售商品，这二者之间的差额构成商业利润。

可见，商业利润仍然是平均利润。商业资本参加了剩余价值的分配后，平均利润率的公式变为

平均利润率 = 社会剩余价值总额/（产业资本总额 + 商业资本总额）

思考与讨论

假定一年中社会资本中的产业资本是 $720c+180v$，剩余价值率为 100%，商业资本家一年预付的总商业资本为 100，计算产业资本家将该商品卖给商业资本家的价格。

（三）商业资本家对商业工人的剥削

商品的价值和剩余价值由产业工人创造，产业工人受到商业资本家和产业资本家的共同剥削。那么，商业资本家雇佣的工人是否也被剥削呢？答案是肯定的，这要从商业工人的劳动说起。

商业流通领域的劳动分为以下两类。

一类是商品的运输、保管、包装等活动，这些活动与使用价值的变化有关，属于生产活动在流通领域的继续，属于生产性劳动，会创造价值和剩余价值。从事这类活动的商业职工，其劳动时间也分为必要劳动时间和剩余劳动时间，他们所创造的剩余价值被商业资本家所占有。

另一类是商品的买卖、簿记、收集信息等活动，它属于非生产活动，不创造价值和剩余价值，但能够实现商品的价值和剩余价值。从事这类商业活动的职工，其劳动时间同样分为必要劳动时间和剩余劳动时间，其劳动力价值也是由生产和再生产这种劳动力商品所必需的社会必要劳动时间决定的。

提示与说明

商业资本是在流通领域进行商品买卖的，但其包装、保管、运输等活动是生产活动在流通领域的继续，因而能创造价值和剩余价值，除此以外单纯的商品买卖活动纯粹属于流通领域，只会实现价值，不能创造价值，更不能创造剩余价值。

商业职工在其必要劳动时间内所实现的价值补偿来源于总的剩余价值，即产业资本家的让渡。他在剩余劳动时间内实现的剩余价值则以商业利润的形式被商业资本家无偿占有。

这样，商业资本家获取了商业职工的剩余劳动所实现的价值，占有了产业工人创造的、产业资本家让渡给他的那部分剩余价值。这就是商业资本家剥削商业工人的实质。

提示与说明

商业利润的特点：①在数量上相当于平均利润，这是商业部门和产业部门之间竞争的结果；②实质上是产业工人创造的剩余价值的一部分，是剩余价值的转化形式，体现的是商业资本家和产业资本家共同剥削工人、瓜分剩余价值的关系。

二、借贷资本和利息

在资本主义社会里的独立资本形态，除了产业资本、商业资本以外，还有借贷资本。借贷资本也参与了利润的分配。

（一）借贷资本

借贷资本是借贷资本家为了获取利息而暂时借给职能资本家（包括工业资本家、农业资本家、商业资本家等）使用的闲置货币资本。

概念提示

借贷资本是从产业资本和商业资本这两种职能资本的运动中游离出来的闲置货币资本转化而来的特殊资本形式。

借贷资本是生息资本的一种具体形态，具有三个特征：①它是一种商品资本，即资本商品，转让的是使用价值，职能资本家利用它可以获得利润；②它是一种所有权资本，即财产资本，与职能资本相对立，借贷资本家凭借所有权可以获得利息，使用权归职能资本家；③它具有特殊的运动形式，G－G′，似乎不经过任何生产过程和流通过程，货币本身就可以产生出更多的货币来，成为一种最具“资本拜物教”性质的资本。

（二）借贷资本的形成

借贷资本的形成与资本主义再生产过程有着密切的联系。借贷资本的主要来源是产业资本在循环和周转过程中暂时闲置的货币资本，主要包括以下几方面。

1. 固定资本折旧基金

这笔按折旧率逐年提取的用于固定资本更新的折旧基金，在设备更新以前会暂时闲置。

2. 暂时闲置的流动资本

如商品已经售出，但还不需要立即购买原材料、辅助材料和支付工资时，这些流动资本也会暂时闲置。

3. 用于积累但尚未形成投资的剩余价值

由于积累的资本只有在达到一定数量时，才能进行扩大再生产，因此在尚未达到追加资本所必需的数量之前，这些剩余价值也会以货币的形式暂时闲置。

由于资本的本质是获取剩余价值，这些从职能资本主要是产业资本中游离出来的暂时闲置的货币资本的所有者，必然会给它们寻找增殖价值的途径。同时，另外一些职能资本家却会发生自有资本不足的问题，需要借入资本，如商品尚未销售出去但需支付工资和购买原材料等。这样，在资本家之间便发生了借贷关系，那些闲置的货币资本被其所有者暂时贷放给急需货币的资本家使用，闲置的货币资本就转化为借贷资本。

（三）利息和利息率

借贷资本的出现，使得职能资本家因使用借贷资本而获得的平均利润分割为两部分：利息和企业利润。也就是说，平均利润 = 利息 + 企业利润。

提示与说明

利息是职能资本家因取得贷款而付给借贷资本家的平均利润的一部分，是借贷资本家由于让渡资本的使用权而取得的报酬。具有以下特点：①它是平均利润的一部分，数量上小于平均利润；②它是剩余价值的特殊转化形式，本质上是产业工人创造的剩余价值的一部分，体现着借贷资本家和职能资本家共同剥削工人、瓜分剩余价值的关系。

那么，为什么利息只能是平均利润的一部分呢？

因为闲置的货币资本贷出去后便成为职能资本，要获取平均利润。借贷资本家作为所有者对这些平均利润有占有权，贷入资本进行经营的职能资本家也有占有权，这就决定了借贷资本家不能以利息的形式将平均利润全部占有，否则职能资本家无利可图便不会借钱经营企业。

同样，职能资本家也不能独自占有全部平均利润，否则借贷资本家就不会把货币资本贷放给他。因此，职能资本家必须与借贷资本家共同瓜分使用这些借贷资本所带来的平均利润，将其中的一部分以利息的形式付给借贷资本家，余下部分作为利润归自己占有。

由此可见，借贷资本家虽然不直接对雇用工人进行剥削，但由于他获得了利息，因而参与了对工人创造的剩余价值的瓜分。

利息的高低通常用利息率来计算，而利息率就是以百分数表示的一定时期内的利息量与借贷资本量之间的比例。影响利息率的因素主要有以下几方面。

（1）平均利润率水平。利息是平均利润的一部分，因而一般情况下，利率必须低于平均利润率，否则，职能资本家就会因得不到任何利益而不去贷款，因为如果利率等于或高于平均利润率，意味着职能资本家必须把赚来的全部平均利润全部当成利息交给借贷资本家甚至还不够交利息；利率还必须大于零，因为如果利率等于零，意味着不用付利息，这就没有人愿意贷出货币资本了。所以，$0<$ 利息率 $<\overline{p}'$。

一般情况下，利息率和平均利润率呈相同方向变动，即平均利润率提高，利息率也提高；平均利润率降低，利息率也会降低。

（2）借贷资本的供求状况。在其他条件不变的情况下，当借贷资本供大于求时，利息率下降；借贷资本供不应求时，利息率上升。

（3）政府的政策。在现代市场经济条件下，利息率是政府调节宏观经济运行的有力杠杆。政府会根据其在一定时期内所要达到的发展目标，以及各方面经济条件的变化，采取不同的货币政策，适时地调整利息率。

三、银行资本和银行利润

在资本主义社会里，货币资本的借贷关系，主要是通过银行来进行的。银行是专门从事货币经营业务的经济组织，它在货币借贷关系中充当借贷双方的中介。另外，银行还经营与货币流通有关的技术性业务，如货币保管与兑换、结算与支付等。

资本主义银行是商品经济发展到一定阶段的产物。随着商品经济的发展，商品流通和货币流通中的一部分技术性业务和货币借贷活动大量增加，需要专门的机构和人员从事这种中介活动，银行便是商品经济中货币流通的支付中介和货币借贷中介的结合体。

提示与说明

银行资本由两部分构成：一部分是自有资本，即资本家为经营银行获取利润所投入的自有资本，它只占银行资本很小的一部分；另一部分是借入资本，即银行吸收的各种存款。

资本家投资于银行和投资于产业、商业一样，其目的都是为了获得利润。现代银行资本是从职能资本（产业资本、商业资本）中分离出来的独立形态的货币资本，是借贷资本的专业化。

银行资本家经营银行所获得的利润称为银行利润。银行存贷款利息的差额，扣除银行经营业务的费用后，余下的部分形成银行利润。职能资本家用银行的贷款作为资本从事生产或商业活动，它所获得的剩余价值的一部分，以利息的形式付给银行资本家，成为银行利润。

由于在银行资本家和产业资本家、商业资本家之间存在着竞争和资本的自由转移，使银行利润相当于平均利润。银行利润的真正来源仍然是产业工人在生产过程中创造的剩余价值。因此，银行资本家也参与了剩余价值的瓜分。

提示与说明

银行利润的特点：①在数量上相当于银行自有资本所获得的平均利润，这是银行业与产业、商业部门竞争的结果，银行利润率＝银行利润/银行资本家自有资本；②实质上是产业工人创造的剩余价值的一部分。

四、股份资本与股息

（一）股份公司与股份资本

股份公司是以发行股票的方式筹集资本的许多单个资本联合经营的企业。以发行股票的方式，集中众多单个资本进行股份联合经营的资本形式就是股份资本。

股份公司是资本主义大工业和信用制度发展的产物。它是随着资本主义生产的发展而逐渐发展壮大的。伴随着技术进步和资本有机构成提高的速度加快，生产社会化程度越来越高，企业规模也迅速扩大。

如果企业仅靠自身的积累来进行扩大再生产，其生产扩大速度相对较慢，以至于单个资本家的有限资本无法满足扩大再生产的要求，这就客观上要求资本家联合起来。为了突破单个资本的局限，于是就出现了以发行股票的方式集中众多单个资本的股份资本，成立了用股份资本来联合经营企业的股份公司。由此可见，股份公司实际上是单个资本和社会大生产之间的矛盾发展的产物。

与单个资本相比，股份公司不仅有着与前者不同的资本结构与形式，而且企业的组织结构也有很大不同。投资购买股票的资本家所投资本交由股份公司使用，他凭股票可以参加公司利润的分配，因此股份公司的所有权和经营权是相互分离的。当然，股份资本的这种两权分离只是相对的，并不是所有者完全失去了对企业的控制，只不过资本所有者不直接干预公司的具体经营决策过程而已。股份资本所有者凭借其所有权对企业所享有的经营权依旧有制约关系，以保证经营权的运用符合所有者的利益。另外，股份公司内部各个股份资本所有者之间也存在互相制约的关系。

提示与说明

股份公司是加速资本集中的一种方式，是社会化大生产的产物，也是资本主义生产关系内部的一种调整。股份公司的发展，促进了资本所有权和经营权的分离，财产占有的形式发生了变化：私人资本由股份公司统一占有、支配和使用，取得了社会资本的形式；私人企业由股份公司统一经营，取得了社会企业的形式。但是财产的资本主义私有制和企业的雇佣劳动制度的性质没有改变，它只是“作为私人财产的资本主义生产方式本身范围的扬弃”。

（二）股票与股息

股票是股份公司发给股份所有者用以证明其入股的股份数额并作为其获取股息收入的凭证。股票持有人就是股东。股东作为股份资本的所有者有权参与股份公司利润的分配。

股票是股份资本所有权的凭证，是股份资本分配收益的权利证书。作为一种有价证券，股票有如下特点。

（1）不返还性。股东认购股票以后，不能退股索回本金。

（2）风险性。股东凭股票可按规定分得股息，也必须承担清偿公司债务甚至是破产的风险。

（3）可流通性。股票虽不能退回，但可以转让、抵押和买卖。

股息是股票持有人凭股票从股份公司的盈利中获得的收入，是产业利润、商业利润、银行利润按股分配的形式，实质上也是工人创造的剩余价值的一部分，也是剩余价值分配的一种形式。股息 = 股票票面额 × 股息率。股息一般高于利息，许多股票购买者购买股票，其目的不是为了参与公司的经营管理，而是为了获得股息。

股票作为一种凭证，本身没有价值，但由于股票能获得股息收入，因此，可以作为一种特殊商品进行买卖，具有价格。股票价格是在证券市场上买卖股票的价格，也叫股票行市，通常是一国经济状况的晴雨表。它不是股票的票面额，而是股息的资本化，即股票价格应等于这样一笔货币资本，如果将它存入银行每年所获得的利息应该等于用这笔货币资本购买股票后每年所获得的股息。用公式表示为

$$\text{股票价格}=\frac{\text{股息量}}{\text{存款利息率}}=\text{股票面额}\times\text{股息率}/\text{银行存款利率}$$

以股票等有价证券形式存在的资本，在企业生产过程中不发挥实际作用，是“纸制的资本”，本身没有价值，是“虚拟资本”，是一种信用工具，在满足筹集资金需要的同时容易导致“经济泡沫”。

概念提示

虚拟资本：以有价证券的形式存在，能给持有者定期带来收入的资本。

五、土地所有权与地租

（一）资本主义地租及其实质

一切形态的地租都是以土地所有权的存在为前提的。土地所有权本身在生产过程中不执行任何职能，对地租的占有是土地所有权在经济上的实现。

提示与说明

在资本主义制度下，不仅工商业资本家、银行资本家要参与利润的分配，土地所有者也要参与利润的分割。

在资本主义制度下，土地所有权归土地所有者，但他们一般不经营农业生产，而是将土地出租给农业资本家经营和使用。农业资本家雇用农业工人在土地上进行劳动，然后再把农业雇佣工人创造的剩余价值的一部分转让给土地所有者，这部分剩余价值就形成资本主义地租。

在资本主义社会中，农业资本家租种土地进行生产，与投资工业一样，至少要获得平均利润，否则他就不会向农业投资；而土地所有者出租土地又必须获得地租，否则他宁愿让土地荒芜。

于是，农业资本家从农业工人那里获得的剩余价值必须大于平均利润，这样他才可以在自己获得平均利润（即农业利润）外，还有一部分余下的剩余价值以地租的形式交给土地所有者。

因此，资本主义地租是在资本主义制度下，租地的农业资本家作为土地使用的报酬支付给土地所有者的、超过平均利润以上的那部分剩余价值。

提示与说明

资本主义地租来源于农业雇佣工人的剩余劳动，本质上是农业工人创造的、土地所有者占有的、超过平均利润以上的那部分剩余价值，即剩余价值的一部分，体现了土地所有者和农业资本家瓜分剩余价值、共同剥削农业雇佣工人的关系。

（二）资本主义地租的形式

资本主义地租按其形成的条件和原因的不同，可以分为绝对地租和级差地租两种基本形式。

1. 绝对地租

绝对地租是租种任何土地都要缴纳的地租。其实质是农产品价值超过生产价格以上的那部分超额利润。

农业部门的资本有机构成低于工业部门（社会平均水平）的资本有机构成，是绝对地租形成的条件。由于农业资本有机构成相对较低，因此，在剩余价值率相同的情况下，同量资本在农业中可以获得更多的剩余价值，使农产品的价值高于生产价格。由于既要保证租地的农业资本家和其他部门的投资者一样获得平均利润即农业利润，又要保证土地所有者获得地租，因此，农产品只能按照价值来决定出售价格。农产品的价值与生产价格之间的差额，也就是农产品的剩余价值超过平均利润的部分，构成绝对地租，如表 5.2 所示。

表 5.2 资本主义绝对地租

部门	c/v	m'	m	$\bar{p}'$	$\bar{p}$	产品价值	产品生产价格	绝对地租
农业	600/400	100%	400	30%	300	1 400	1 300	100
工业	800/200	100%	200	30%	300	1 200	1 300	0

注：① 平均利润率 = 剩余价值总额/社会资本总额 = (400 + 200)/2 000 = 30%。

② 生产价格 = $c + v$ + 平均利润。

③ 农产品价值-农产品生产价格 = 绝对地租。

土地所有权的垄断即土地私有是绝对地租形成的原因。在工业中，部门间的竞争使得利润被平均化以后，资本家只能按生产价格出售商品。农业则不同，由于土地私有，阻碍了利润平均化过程，使农产品可以按价值出售，从而使农业部门长期稳定地存在超额利润，并且为土地所有者所占有。

提示与说明

随着当代科学技术的迅速发展，一些发达国家的农业资本有机构成不再低于甚至超过工业资本有机构成，但只要存在土地所有权的垄断，绝对地租就不会消失，只不过以垄断地租的形式存在——市场价格（即垄断价格）超过价值和生产价格的余额。事实上，当代发达资本主义国家，以往由农业资本家租种土地经营的情况已经逐渐改变，主要经营方式已变为土地所有者直接从事农业经营，因此无须缴纳绝对地租。

2. 级差地租

级差地租是与土地等级的不同相联系的地租形式，是指租种较好土地的农业资本家所获得的交给土地所有者的超过平均利润以上的那部分剩余价值，即农业超额利润。其实质是优等地和中等地生产的农产品的个别生产价格低于由劣等地生产的农产品决定的社会生产价格而形成的差额。

提示与说明

农业资本家租种优等地和中等地，既要缴纳绝对地租，又要缴纳级差地租；而租种劣等地则不需缴纳级差地租，只需缴纳绝对地租。

土地优劣的自然条件差别，是级差地租产生的自然基础和条件。土地的自然条件差别主要有两种：一是土地肥沃程度的差别；二是土地地理位置的差别。由于土地肥沃程度的差别，会使得农业资本家的等量资本投在不同等级土地上所得到的农产品不同，优等地的农产品产出会大于中等地和劣等地的产出。由于土地地理位置的差异会使得位置较佳的农产品在运输和销售等方面具有优势。因而生产条件好的土地，其农产品的个别价格会低于社会生产价格，从而产生超额利润。

级差地租由于形成条件的不同又分为两种形态：级差地租Ⅰ——由于土地的肥沃程度和距离市场远近程度的不同而形成的级差地租；级差地租Ⅱ——由于在同一块地上连续追加投资的劳动生产率的不同而形成的级差地租。

土地的资本主义经营垄断是级差地租产生的原因。由于土地是稀有资源，好地更稀缺。土地一旦出租，其使用权就被租地资本家独占，别的资本家会受到排斥，这就是土地的资本主义经营垄断。由于经营权的垄断，为了保证所有租地的农业资本家都能获取农业利润，农产品的社会价格必须按最高的价格，也就是劣等地生产的产品的单价计算。也就是说，农产品的社会生产价格由劣等地的生产价格决定，否则会造成劣等地的荒废。劣等地的荒废使农产品供应减少，农产品价格上升，一直到经营劣等地也能得到平均利润为止，这样，所有租地的农业资本家都获得了平均利润，而且，优、中等地还有超额利润用来缴纳级差地租，如表 5.3 所示。

表 5.3 资本主义级差地租

土地等级	投入资本	$\bar{p}'$ 20%	产量	个别生产价格		社会生产价格		级差地租
				全部	单价	单价	全部	
优	1 000	200	6	1 200	200	300	1 800	600
中	1 000	200	5	1 200	240	300	1 500	300
劣	1 000	200	4	1 200	300	300	1 200	0

注：农产品的社会生产价格－个别生产价格＝级差地租。

提示与说明

由于土地作为经营对象的垄断和土地作为所有权的垄断的存在，矿山地租和建筑地段地租也同样包括级差地租、绝对地租和垄断地租三种形态。矿山地租是指工业资本家为了开采矿藏而缴纳给矿山土地所有者的地租；建筑地段地租是指资本家为建筑工厂、商店、仓库、码头、车站、住宅或其他建筑物，而向土地所有者所缴纳的地租。建筑地段地租有一个显著特征，是土地的肥沃程度并不起决定作用，而是土地的地理位置起决定作用；另一个显著特征是，垄断地租占有优势。建筑地段地租的提高，还常常是城市房租上涨的主要原因。

视野拓展

马克思曾经认为，在完全的社会主义阶段是不存在土地的级差收入的。那么，在我国社会主义市场经济体制下，到底存不存在级差地租？为什么？

推荐读者阅读《陕西师范大学学报：哲社版》2007 年 36(4)期《马克思级差地租理论与当前中国的农地流转》一文（杨沛英）。

（三）土地价格

原始的土地是天生的自然物，不是劳动产品，没有价值。但由于土地是稀缺的不可再生资源，土地所有者凭借土地所有权可以定期地获得一笔固定收入——地租，因此，当土地所有者要把土地转让出去时，自然要求有相应的回报，土地也因而成为具有价格的可以买卖的特殊商品。

土地价格不是土地价值的货币表现，而是可以定期获得的地租的购买价格，即土地价格是资本化的地租。它等于一笔货币资本的价值，如果将它存入银行每年所获得的利息收入应该等于用这笔货币资本购买土地后将其出租每年所获得的地租，用公式表示为

$$土地价格=\frac{地租}{存款利息率}$$

因此，土地价格与地租量成正比，与银行存款利息率成反比。

随着资本主义的发展，土地价格有上涨的趋势：一是土地的有限和土地使用的扩张使得地租有上涨的趋势；二是随着资本有机构成的提高，平均利润率有下降的趋势，从而使利息率也存在下降的趋势。

小结

1. 当剩余价值被看成是全部预付资本带来的产物时，剩余价值就转化为利润。各生产部门

之间有机构成的差异导致利润率的差异，而等量资本要求获得等量利润引发的资本在不同部门之间的转移，导致平均利润率的形成。随着利润转化为平均利润，商品价值就转化为生产价格。

2. 剩余价值在资本主义社会相应采取了产业利润、商业利润、利息、银行利润、股息、资本主义地租等具体形式。它们都是产业工人创造的剩余价值的一部分，体现了整个资产阶级对雇佣工人的剥削。其中，相当于平均利润的有产业利润、商业利润和银行利润。

单元测试题

一、单项选择题

1. 资本家赔本或赚钱的界限是（　　）。

A. 商品的价值　B. 商品的成本价格　C. 实际生产费用　D. 销售价格

2. 在资本主义社会的商品价值中，既是新创造价值的一部分，又是成本价格组成部分的是（　　）。

A. c　B. v　C. m　D. $v+m$

3. 利润和剩余价值的区别在于（　　）。

A. 来源不同　B. 数量不同

C. 是现象和本质的区别　D. 分别代表商品价值中的不同部分

4. 利润（p）与剩余价值（m）、利润率（p'）和剩余价值率(m')的关系是（　　）。

A. $m>p, m'>p'$　B. $m<p, m'<p'$　C. $m=p, m'=p'$　D. $m=p, m'>p'$

5. 剩余价值率对利润率的影响是（　　）。

A. 利润率总是等于剩余价值率　B. 剩余价值率越低，利润率越高

C. 剩余价值率越高，利润率越高　D. 剩余价值率对利润率没有影响

6. 对单个企业而言，资本有机构成对利润率的影响是（　　）。

A. 两者按同方向变化　B. 两者按相反方向变化

C. 两者成正比例关系　D. 两者成反比例关系

7. 全社会的剩余价值在各部门的资本家之间重新分配的结果是形成了（　　）。

A. 成本价格　B. 超额利润　C. 利润　D. 平均利润

8. 平均利润形成以后，在生产部门内部（　　）。

A. 一切企业都只能得到平均利润　B. 所有企业都不能得到超额利润

C. 所有企业都能得到超额利润　D. 少数技术先进企业仍能得到超额利润

9. 在其他条件不变的情况下，不变资本的节约，可以（　　）。

A. 提高剩余价值率　B. 提高利润率

C. 带来更多的剩余价值　D. 带来更多的利润

10. 资本主义部门之间的竞争所采取的主要手段是（　　）。

A. 价格竞争　B. 资本转移　C. 改进技术　D. 劳动力转移

11. 全社会生产冰箱的各个企业之间的竞争，其结果会形成（　　）。

A. 平均利润率　B. 冰箱的社会价值

C. 冰箱的销售价格　D. 冰箱的个别价值

12. 不同部门的资本家为争夺有利的投资场所而展开的竞争，其结果会（　　）。

A. 形成平均利润率　　B. 形成商品的社会价值

C. 资本转移　　D. 提高资本有机构成

13. 价值转化为生产价格是（　　）。

A. 不同企业之间竞争的结果　　B. 生产者与消费者之间竞争的结果

C. 不同部门之间竞争的结果　　D. 产业资本与商业资本之间竞争的结果

14. 超额利润是（　　）。

A. 商品价值与生产价格的差额

B. 商品价值与成本成本的差额

C. 部门生产的剩余价值与平均利润的差额

D. 个别生产价格与社会生产价格的差额

15. 商业利润（率）只能相当于平均利润（率）的原因是（　　）。

A. 产业资本家不愿意多让渡

B. 商业资本家不肯少要

C. 产业资本家与商业资本家互不吃亏，按平均计算

D. 商业资本家与产业资本家之间的激烈竞争

16. 利息率和平均利润率在数量上的关系是（　　）。

A. 利息率和平均利润率相等　　B. 利息率的最低界限是平均利润率

C. 利息率的最高界限是平均利润率　　D. 利息率高于平均利润率

17. 股份资本的形成主要是通过（　　）。

A. 资本积累　　B. 资本集中　　C. 资本积聚　　D. 收取股息

18. 股份公司是许多单个资本通过认购股票来合资经营的企业，股份公司这种增大资本总额的方式属于（　　）。

A. 资本积累　　B. 资本积聚　　C. 资本集中　　D. 扩大再生产

19. 股票价格是（　　）。

A. 股票的票面金额　　B. 股息收入的资本化

C. 股票的价值的货币表现　　D. 股票的实际价值

20. 资本主义股份公司的股息是（　　）。

A. 股票所获得的利息收入　　B. 股票收入的资本化

C. 剩余价值的转化形式　　D. 股东所获得的超额利润

21. 资本主义地租实质是（　　）。

A. 农业雇佣工人创造的全部剩余价值

B. 农业雇佣工人创造的被农业资本家占有的平均利润

C. 农业雇佣工人创造的缴给土地所有者的平均利润

D. 农业雇佣工人创造的被土地所有者占有的超过平均利润的那一部分剩余价值

22. 级差地租是农产品（　　）。

A. 价值与成本价格的差额

B. 社会生产价格与个别生产价格之间的差额

C. 社会生产价格与成本价格之间的差额

D. 价值与生产价格之间的差额

23. 资本主义级差地租产生的原因是（　　）。

A. 土地的资本主义经营垄断　　B. 追加投资劳动生产率的差别

C. 土地肥沃程度和位置的差别　　D. 土地的资本主义所有权垄断

24. 资本主义级差地租产生的条件是（　　）。

A. 土地的资本主义经营垄断

B. 农业部门资本的有机构成低于工业部门

C. 土地自然条件的差别

D. 土地的资本主义所有权垄断

25. 绝对地租是农产品（　　）。

A. 价值与成本价格的差额

B. 社会生产价格与个别生产价格之间的差额

C. 社会生产价格与成本价格之间的差额

D. 价值与生产价格之间的差额

26. 资本主义绝对地租形成的原因是（　　）。

A. 土地的资本主义经营垄断　　B. 农业的资本有机构成较低

C. 土地资源的稀少和特殊性　　D. 土地的资本主义所有权垄断

27. 资本主义绝对地租形成的条件是（　　）。

A. 土地的资本主义经营垄断　　B. 农业部门资本的有机构成低于工业部门

C. 土地自然条件的差别　　D. 农业部门资本的有机构成高于工业部门

28. 在资本主义社会，农产品的社会生产价格确定不同于工业品的地方是，农业品的社会生产价格由（　　）。

A. 劣等地决定　　B. 中等地决定　　C. 优等地决定　　D. 平均生产条件决定

29. 当农业资本的有机构成等于或高于工业有机构成时（　　）。

A. 绝对地租消失了

B. 绝对地租仍然存在，来自于农产品超额利润

C. 绝对地租仍然存在，来自农产品的价值高于其生产价格的差额

D. 绝对地租仍然存在，但来自农产品的市场价格高于其价值和生产价格的差额

二、多项选择题

1. 决定和影响利润率高低的因素主要有（　　）。

A. 剩余价值率　　B. 资本有机构成　　C. 资本周转速度　　D. 不变资本的节省

2. 利润率的变动与（　　）。

A. 剩余价值率同方向变化　　B. 资本有机构成高低反方向变化

C. 资本周转速度的快慢反方向变化　　D. 不变资本的节约程度同方向变化

3. 某资本家提高利润率的方法有（　　）。

A. 加大对工人的剥削　　B. 改进技术

C. 加速资本周转　　D. 节约生产资料

4. 生产价格形成以后，价值、生产价格和市场价格三者的关系是（　　）。

A. 价值是生产价格的基础，生产价格是价值的转化形式

B. 市场价格随供求关系的变动围绕生产价格上下波动

C. 社会生产价格总额和价值总额相等

D. 商品价值的变动必然引起生产价格的变动

5. 利润转化为平均利润的过程，同时也是（　　）。

A. 价值转化为生产价格的过程

B. 资本在不同部门之间自由转移的过程

C. 不同部门资本家重新瓜分剩余价值的过程

D. 价值规律表现形式发生改变的过程

6. 下列收入中在数量上相当于平均利润的有（　　）。

A. 产业利润　B. 商业利润　C. 利息　D. 银行利润

7. 在农业资本家租种的优等地上劳作的农业雇佣工人所创建的剩余价值的具体形式有（　　）。

A. 农业利润　B. 级差地租　C. 农业工人的工资　D. 绝对地租

8. 影响利息率高低的因素有（　　）。

A. 利润率的高低　B. 平均利润率的高低

C. 借贷资本的供求情况　D. 社会习惯和法律传统

9. 股票作为一种有价证券，有其自身特点，分别是（　　）。

A. 不返还性　B. 风险性　C. 收益性　D. 可流通性

10. 股票价格（　　）。

A. 是买卖股票的价格，不是股票的票面额

B. 股息收入的资本化

C. 是一国经济状况的晴雨表

D. 与股息收入成正比，与银行存款利息率成反比

11. 资本主义条件下，农业资本家剥削农业雇佣工人所获得的剩余价值的具体形式有（　　）。

A. 农业平均利润　B 地租　C. 农业工人的工资　D. 土地契税

12. 土地价格（　　）。

A. 是土地价值的货币表现　B. 资本化的地租收入

C. 与地租收入成正比　D. 与银行存款利息率成反比

三、名词解释

利润　生产价格　成本价格　利息　股息　资本主义地租

四、问答题

1. 什么是利润率？影响企业利润率高低的因素有哪些？这些因素是如何影响利润率的变化的？

2. 平均利润率是怎样形成的？价值转化为生产价格有没有否定价值规律，为什么？

3. 在资本主义社会，与不同的资本形式相对应，剩余价值分别采取了哪些具体形式？它们各自的本质和特点是什么？

4. 为什么平均利润形成后各企业之间的利润率仍会有差别？

第六章　资本主义经济制度的演化

【学习目的与要求】

资本主义的发展经历了自由竞争资本主义和垄断资本主义两个阶段。垄断资本主义又包括私人垄断资本主义和国家垄断资本主义。学习本章，要从资本主义生产关系演化的角度，懂得资本主义是怎样由自由竞争阶段发展为垄断阶段，理解垄断资本主义阶段的本质经济特征；理解国家垄断资本主义的基本形式及其实质；正确认识经济全球化的实质、全球化过程中发达资本主义国家之间以及发达资本主义国家与发展中国家之间的经济关系的实质；正确认识垄断资本主义的历史趋势。

第一节　自由竞争资本主义发展到垄断资本主义

一、自由竞争引起生产和资本的集中

概念提示

自由竞争是资本主义条件下商品生产者之间为争夺最有利的生产和销售条件而进行的不受限制的竞争。

生产和资本的集中是指在资本主义条件下，社会的生产资料和劳动力以及资本日益集中于少数大企业，使他们在整个社会生产中所占份额日益增长。

资本主义生产方式始于16世纪，最终确立是在18世纪中期至19世纪中后期。这期间，由于第一次工业革命的完成（其主要标志是蒸汽机和纺织机的发明和使用），为资本主义生产方式奠定了物质技术基础。资本主义生产由工场手工业转变为机器大工业。资本家独自经营的个体资本和企业成为这一时期资本主义商品经济中自由竞争充分展开的经济基础。所以，这一时期资本主义处在自由竞争阶段。

提示与说明

自由竞争资本主义的特征是：生产和流通领域内遵循的是自由竞争原则，依靠市场机制调节经济，政府采取“放任”的政策。

在自由竞争资本主义阶段，资本主义商品生产者之间为争取有利的生产和销售条件，采取改进生产技术、扩大规模、提高劳动生产率和降低生产成本等手段展开了激烈的竞争。竞争使商品生产者优胜劣汰，社会的生产资料和劳动力日益集中到少数大企业，这些大企业在社会生产中所占份额日益增大，导致了生

产和资本集中。

19世纪后期，美国、法国等资本主义国家发生了新的工业革命。这次工业革命以电气化和重工业的发展为特征，它们使资本主义的生产力有了极大提高，生产力的发展造成了生产规模的扩大，推动了资源和产品向大企业集中。

资本主义自由竞争的结果必然导致生产和资本的集中，其原因有以下几点。

第一，在资本主义的自由竞争中，少数大企业拥有雄厚的资本，易于取得银行贷款，因而能够采用新技术设备，在更大的范围内组织专业化生产和协作，降低商品成本，挤垮或兼并中小企业。竞争的结果总是“大鱼吃小鱼”，从而使生产和资本日益集中到少数大企业手中。

第二，随着资本主义的信用制度和股份公司的广泛发展，通过发行股票的方式可以把许多分散的资本集中起来，形成一个巨额的资本，这就能够在较短时期内建立起一个大型的企业，有力地促进了生产和资本的集中。

第三，在19世纪的最后30年里，资本主义世界连续爆发了五次经济危机，造成了大批中小企业的破产和被大企业吞并，这也推动了生产和资本迅速集中到大企业的手中。

第四，“联合制”的出现也有力地促进了生产和资本的集中。“联合制”是指在生产上有联系的、处在不同生产部门的一些企业联合成为一个大企业，或者是生产主要产品的企业与辅助性企业联合成为一个大企业。它具有单个企业所没有的优越性，促使许多资本主义企业进行联合，使生产和资本出现集中的趋势。

在上述因素的综合作用下，19世纪末20世纪初各主要资本主义国家生产和资本的集中过程极大加快，集中的程度也明显增强。

二、生产和资本集中发展到一定程度必然产生垄断

概念提示

垄断是指少数资本主义大企业或大企业的联合，通过控制某个或若干部门的生产和流通以获取高额垄断利润。

在生产和资本集中的基础上，垄断逐步取代自由竞争。19世纪末20世纪初，在主要资本主义国家，垄断组织和垄断资本在国民经济中已经居于统治地位，于是，资本主义由自由竞争阶段过渡到垄断阶段。在垄断阶段，垄断成为经济生活的基础，垄断在主要资本主义国家处于统治地位。

生产和资本集中发展到一定程度必然引起垄断，这是由以下几个原因造成的。

第一，生产和资本的集中达到一定程度就产生了垄断的可能性。因为生产和资本的高度集中，一个生产部门的大部分生产和销售已被少数大企业所拥有，少数大企业相互之间比较容易达成协议，而且它们的实力雄厚，也有力量操纵和控制这个部门的生产和流通，这就形成了垄断的可能性。

第二，生产和资本集中达到一定程度，又产生了垄断的必要性。因为企业规模扩大，资本充足，实力雄厚，彼此之间的激烈竞争必然使双方都受到很大的损失。为了避免在竞争中的两败俱伤，同时也为了操纵产品的生产和销售市场以获取高额利润，这些大企业之间也有必要暂时达成协议联合起来形成垄断。

第三，生产和资本的高度集中，在一个部门中形成了少数大企业，这不仅使原有的中小企业无力与之匹敌，而且使得能与之相互竞争的新企业难以产生，因为要建立能够同大企业抗衡的新企业，需要庞大的资本。因此，少数大企业很自然地在本部门内居于垄断地位。

经典语录

自由竞争产生生产集中，而生产集中发展到一定阶段就导致垄断。（列宁，1995a）[588]

垄断代替自由竞争，是帝国主义的根本经济特征，是帝国主义的实质。（列宁，1995a）[883]

三、垄断资本主义的基本经济特征

垄断资本主义的本质特征是垄断，列宁对垄断资本主义基本经济特征的分析，深刻揭示了垄断是垄断资本主义的重要经济基础。垄断资本主义的基本经济特征有以下几点。

（一）垄断在经济生活中占统治地位

垄断在经济生活中占统治地位，是进入垄断资本主义阶段的标志。

1. 垄断组织

垄断资本的统治，是通过一定的垄断组织实现的。垄断组织是指在资本主义经济的一个或几个部门中，居于垄断地位的大企业的联合。垄断组织掌握的资本就是垄断资本。

垄断组织有多种形式。起初，占主体地位的形式是横向一体化的形式。它是同一部门的大企业互相联盟，形成垄断组织。最简单的是短期价格协定，进一步普遍发展的，主要是卡特尔和辛迪加。卡特尔指的是生产同类商品的资本主义大企业，在规定商品产量和销售价格、划分市场等方面达成协议而组成的垄断同盟。参加卡特尔的企业，在生产、商业和法律上都是独立的。辛迪加指的是同种类型的一些大企业，为了共同采购原材料和销售商品而结成的同盟，其目的是通过低价购进原材料和高价销售商品，牟取高额垄断利润。参加辛迪加的企业在生产和法律上仍然是独立的，但却丧失了商业上的独立性。高一级的形式则有统一掌管参加企业的业务和财务、独立进行经营活动的托拉斯。托拉斯指的是由许多生产同类商品或在生产上有着密切联系的企业联合组成的大垄断企业。参加托拉斯的企业，不仅在商业上，而且在生产上和法律上都丧失了独立性，因而这是一种更为稳定的垄断组织。

20 世纪 20 年代以后，先是在美国，然后在其他资本主义国家，纵向一体化的大资本的联合开始占据优势地位。在纵向一体化迅速发展的同时，经营的多样化也开始发展起来。在经营多样化的基础上产生了康采恩——以一两个实力最为雄厚的大企业或大银行为核心，通过跨部门、跨行业的联合而形成的垄断集团——这一混合联合垄断组织形式。

第二次世界大战后，随着新的科学技术革命的掀起和生产力的新的巨大发展，以及国家对社会经济生活干预的增加，主要资本主义国家的生产集中、垄断程度都有了很大的提高。从生产集中看：①兼并的对象从大企业兼并中小企业发展到大企业之间的相互兼并，甚至跨国兼并；②兼并方式从横向（同一部门同类企业之间）、纵向兼并（相关部门企业之间的兼并）发展到混合兼并（兼并非相关部门的企业）。混合兼并是战后垄断资本扩大垄断势力和进行垄断竞争的重要形式。从垄断程度看：①出现了一些巨型企业，他们在生产和销售市场中所占份额非常大；②垄断企业的经营方式多样化、综合化；③垄断组织的形式发生了新的变化，混合联合公司成为战后私人垄断组织的主要形式。混合联合公司是一种由跨部门、跨行

提示与说明

不管哪种垄断组织形式，其实质都是垄断资本家为了垄断生产和市场，攫取高额垄断利润的工具。哪一种工具对他们获取高额垄断利润有利，他们就采取哪一种

业的大企业组成的采取多样化经营方式的新型垄断组织，它一般没有长期固定的主体企业，所属企业在生产经营上没有任何联系。战后混合联合公司的崛起，是垄断发展的必然趋势，表明垄断统治进一步加强。

2. 垄断利润

垄断利润是垄断统治在经济上的实现形式。垄断及其在经济生活中的统治地位，实质或目的是保证垄断资本家取得高额垄断利润。追求高额垄断利润是剩余价值规律在垄断资本主义阶段的具体表现形式，它支配和制约着垄断资本主义社会经济生活的各个方面和社会再生产的各个环节。

概念提示

垄断利润是指垄断资本家凭借其在生产和流通中的垄断地位而获得的远远超过平均利润的高额利润。

垄断利润的源泉，归根到底还是工人阶级和其他劳动人民创造的剩余价值，甚至还包括一部分必要劳动创造的价值。具体来说，垄断利润的获得途径主要有以下几个方面。

一是剥削垄断企业内部本国的劳动者创造的剩余价值。垄断企业大多是以生产规模巨大、技术设备先进、劳动者具有较高生产技术为特征的。一方面垄断资本直接剥削的劳动力数量众多；另一方面，其中的复杂劳动力在生产过程中所支出的复杂劳动能够创造更大的价值和剩余价值。垄断利润首先是以垄断资本剥削企业内部的雇佣劳动为基础的。当大企业把一批中小企业并入自己的生产体系时，这些小企业的职工也被纳入垄断资本的直接剥削范围，他们生产的剩余价值也成为垄断利润的重要的直接来源。

二是垄断组织以垄断低价购买非垄断企业的产品，并以垄断高价出售自己的产品来掠夺非垄断企业剥削到的一部分利润。

三是通过国家政权对国民收入做有利于垄断资本的再分配（如政府对垄断企业的减税、津贴、科研资助、订货等），把社会上已形成的一部分价值和剩余价值转化为垄断利润。

四是通过对外扩张、资本输出、不等价交换等形式，掠夺其他国家人民的一部分财富。

3. 垄断价格

垄断利润主要是通过垄断组织制定的垄断价格来实现的。

概念提示

垄断价格是指垄断组织在销售商品或购买生产资料时，凭借其垄断地位规定的、旨在保证最大限度利润的市场价格。垄断价格分为垄断高价和垄断低价两种。

垄断高价是垄断组织销售商品时规定的市场价格，它远远高于商品的价值或生产价格；垄断低价是垄断组织向非垄断的中小企业购买原料、初级产品等生产资料时规定的市场价格，它低于商品的价值或生产价格。垄断价格虽然由垄断组织凭借其垄断地位来制定，但也会受一些因素的制约。在垄断条件下，为争夺市场占有率的竞争、为防止产品的积压迫使垄断组织必须对市场的容量、价格与需求的关系等进行估测，不能任意定价。

垄断价格的出现，改变了价值规律的表现形式，一些商品的价格经常高于或低于商品的价值或生产价格，但这并没有否定价值规律。具体原因如下。

第一，垄断价格不可能完全脱离价值，同样还是在价值的基础上变化，还要受到市场竞争和供求关系的影响。

第二，垄断价格的制定及变化，归根到底取决于生产该商品所耗费的社会必要劳动时间及其变化。垄断企业不能任意提高或降低商品的价格，比如说，通常情况下普通自行车的价格再高，也不可能高过一辆小汽车的价格。

第三，垄断价格并没有改变全社会商品价格和价值总额的一致性。垄断企业多得的利润，正是其他商品生产者和消费者失去的价值部分。从个别垄断企业看，商品价格可能高于商品的社会价值，资本利润可能高于企业所创造的剩余价值，但在全社会范围内，垄断利润总和等于剩余价值总和，垄断价格总和等于价值总额，以垄断价格为中心实际上就是以价值为中心。垄断利润只是剩余价值的又一次分配罢了。

提示与说明

价值规律的几种表现形式：

简单商品经济时期——价格围绕价值上下波动；

自由竞争资本主义时期——价格围绕生产价格上下波动；

垄断资本主义时期——价格围绕垄断价格上下波动。

可见，垄断价格的出现，只是使价值规律的作用形式歪曲地表现为大部分商品的市场价格采取了垄断价格的形式，并没有否定价值规律。在资本主义商品生产一般基础上形成的垄断资本以及垄断资本所生产的商品的价格运动，最终不能超越资本主义商品生产的一般规律。

垄断价格对资本主义经济产生了重大影响。从微观方面看，垄断价格意味着垄断资本对工人、消费者和中小企业剥削的加深。从宏观方面看，垄断价格的特殊变动干扰了资本主义周期变动的正常机制，推动了价格的持续上涨并阻碍了经济的应有发展，从而成为垄断资本主义阶段高失业率、长期通货膨胀乃至经济停滞等反常现象的一个重要根源。

4. 垄断和竞争的关系

垄断资本主义阶段存在竞争的主要原因：一是垄断没有消除以资本主义私有制为基础的商品经济。垄断资本主义的经济仍然是商品经济，价值规律仍然起作用，竞争作为价值规律的必然产物，也就必然存在。二是不存在由一个垄断组织囊括一切部门、一切企业的绝对垄断。社会经济活动中仍存在大量的非垄断企业。非垄断企业之间（占次要地位），以及它们与垄断组织之间，垄断组织相互之间以及各垄断组织的内部不可避免地还会存在竞争。

提示与说明

自由竞争必然促使生产更加集中，进而形成垄断，垄断是在自由竞争的基础上作为竞争的对立物而产生的，但垄断并没有也不可能消除竞争，而是凌驾于竞争之上，与之

垄断资本主义时期，自由竞争虽然在一定范围内仍然存在，但已不占主要地位，占主要地位的是垄断竞争——以垄断资本为主要方面或围绕着垄断资本而展开的竞争。垄断竞争主要有三种形式：垄断组织内部的竞争；垄断组织之间的竞争；垄断组织与“局外企业”（非垄

断企业）之间的竞争。

与自由竞争相比，垄断资本主义阶段的竞争——垄断竞争不仅存在而且在竞争的内容、形式、目的、手段上都有新的特点。

第一，竞争的主要目的发生了变化。自由竞争的目的主要是为了获取平均利润；而垄断条件下竞争的主要目的是要获取高额垄断利润和巩固并扩大已有的垄断地位。

第二，竞争的性质发生了变化。自由竞争的条件是各个部门企业的数量众多、规模差异较小，资本之间的竞争是相对平等和自由的。但是，垄断竞争却以少数大公司在某些部门中的垄断为基础，主要通过操纵和抬高商品价格获取高额利润，同时依靠设置壁垒阻碍部门外资本的流入，或对部门内的小资本进行控制，迫使非垄断部门和非垄断企业接受较低的利润率。因此，垄断大资本与非垄断的中小资本之间已不再是相对平等的自由的竞争关系，而发展为大资本对小资本的排挤、扼杀和控制的关系了。

第三，竞争的手段发生了变化。垄断条件下的竞争，除了传统的经济手段外，常常采用政治手段，甚至是暴力手段来消灭竞争对手。另外，非价格因素已具有越来越重要的意义。

第四，竞争的规模扩大，竞争程度更加剧烈。拥有数百亿资金的垄断资本，往往会在各种竞争手段上投下上百万的资金，采取各种手段打垮竞争对手，把不愿服从其统治的企业扼杀。

第五，竞争的范围发生了变化。为了取得对未来经济活动的控制权，垄断组织的竞争对象不仅包括国内的对手，而且包括国际的对手，范围遍及各个领域和部门，竞争的程度更为激烈，时间更持久，破坏性后果也更加严重。

（二）金融资本和金融寡头的统治

概念提示

金融资本是由垄断的工业资本和垄断的银行业资本融合或混合生长而成的一种垄断资本。金融资本是垄断资本主义社会中事实上的统治力量。

金融寡头是指少数掌握着金融资本，控制国民经济命脉，并在实际上控制着国家政权的少数垄断资本家或垄断资本家集团。金融寡头是现代资本主义国家的主宰。

20世纪初期，在工业垄断资本形成的基础上，银行垄断资本也迅速发展起来。这时银行的作用发生了根本变化，从普通的借贷关系中介人变成了主宰企业命运乃至整个国民经济的万能的垄断者。

因为大银行资金实力雄厚、信用度高、竞争力强，可以给大企业提供大量借贷资金。而企业也乐于将闲置的、暂时不用的巨额货币存入大银行。这样，大银行和大企业之间逐渐形成了较为固定的金融关系，银行还借此掌握了企业资金往来和经营情况，能对企业进行及时、有效的监督和控制，甚至左右企业的命运。正是在此基础上，工业和银行业的垄断资本相互渗透，彼此融合或混合生长，形成了最高形态的垄断资本，列宁称之为“金融资本”。

提示与说明

金融资本形成的主要途径：一是信贷关系——垄断的大银行和垄断的大工业企业之间长期固定的巨额资金的借贷；二是资本纽带——彼此向对方领域投资、参股和控股，如垄断的大工业企业购买大银行的股票或债券、或自己创办新的银行；垄断的大银行购买大企业的股票或债券，或自己创办新的工业企业；三是人事结合——双方的垄断资本家或其代理人互兼对方要职。

在金融资本形成的过程中，在主要资本主义国家形成了少数控制着银行又控制着工业的最大垄断资本家或垄断资本家集团，列宁称之为“金融寡头”。金融寡头在经济领域内主要是通过“参与制”，即通过掌握“股票控制额”的方式建立层层控制。比如，先利用手中的资本控制一些大型的“母公司”，然后再由母公司取得其他一些公司的股份和控制权，再由这些作为“子公司”的公司用同样的方法继续控制更多的“孙子公司”，依此类推，金融寡头就可以运用手中的巨额资本并通过层层控制进而在事实上掌握、操控更多的资本，从而控制整个国民经济。他们还进一步通过同政府进行“个人联合”，实现其政治上的统治，即由金融寡头或其代理人担任政府要职，或是收买政府高官和国会议员到企业担任高职，从而控制整个国家机器，使资产阶级政府成为其实行政治统治的工具。

另外，金融寡头还通过建立各种咨询机构，通过控制新闻、出版、广播、电视等舆论工具，来影响政府的决策从而控制整个社会生活。

（三）资本输出具有特别重要的意义

资本输出是指资本主义国家的政府、资本家或资本家集团，为了获取高额利润或利息，以及牟取其他经济利益，而对国外进行投资或贷款。

资本输出的财力基础是存在“过剩资本”，即相对垄断资本家获取高额垄断利润的需要而过剩的资本。

从输出资本的具体形式看，资本输出主要有两种形式：一是借贷资本输出，即贷款给外国的政府或企业，这是间接投资；二是生产资本输出，即通过对外直接投资，在国外兴办企业或收购其他国家的企业，这是直接投资。

从输出资本的主体来看，资本输出也可以分为两种形式：一是私人资本输出，即由私人垄断资本家或垄断资本家集团对外输出的资本；二是国家输出资本，即由资本主义国家的政府及其所属机构对外输出的资本。

提示与说明

资本输出在自由竞争资本主义时期就已经存在，但当时占统治地位的是商品输出。商品输出就是资本家为获得高额利润而开辟国际市场向国外销售商品，它是资本主义自由竞争时期的重要经济特征之一。

进入私人垄断资本主义时期，资本输出的主要形式是借贷资本的输出；第二次世界大战后，资本输出的主要形式是生产资本输出。

垄断资本主义时期，大量资本输出具有特别重要的意义，这是因为以下几个原因。

（1）资本输出成了金融资本获取高额利润的重要手段。随着垄断的形成，一方面金融资本攫取了大量利润，积累、掌握巨额货币资本；另一方面，国内利润率较高部门已被垄断组织所控制，具有较高的进入壁垒，从而产生大量的“过剩资本”，需要输出到国外寻求有利投资场所。

（2）资本输出也是金融资本向外扩张，争夺世界商品销售市场和原料产地的有力手段。进入垄断阶段以后，对世界商品市场和原料产地的争夺进一步加剧，资本输出可以越过对方的贸易和关税壁垒，就地生产，就地销售，迅速占领和垄断市场。把资本输出到落后国家直接开发资源，可以使垄断廉价的原材料来源获得可靠的保证。

资本输出是垄断资本主义的基本经济特征之一。大规模资本输出的结果，一方面，使金融资本的势力从国内扩展到国外，在世界范围内形成了以少数发达资本主义国家的金融资本为中心的世界资本主义经济体系，加强了金融资本在世界范围内的剥削和统治；另一方面，也在客观上对世界范围内商品经济的发展和科技文化的交流起了促进作用。

第二次世界大战后，由于国际分工和生产国际化的发展，特别是随着跨国公司的迅速发展，资本的国际流动出现了一些新特点。

一是资本输出的流向发生了变化，由原来的主要是发达国家向经济落后国家输出，发展到当代的多方向输出，特别是发达国家之间的相互输出。据联合国贸易和发展会议发表的报告显示，2007 年全球外国直接投资额突破 1.5 万亿美元。2007 年流入发达国家的外国直接投资增至 1 万亿美元，其中美国吸收的外国直接投资继续保持世界第一的水平，为 1930 亿美元。

二是资本输出的规模和速度空前增大。垄断资本主义国家为了各自的利益一度盛行贸易保护主义，通过各种各样的关税及非关税壁垒，将其他国家的商品挡在门外，严重阻滞了商品资本的输出。为了给本国剩余资本寻找出路，占领他国广阔的市场，各国垄断资本家纷纷改变资本输出的形式，以当地生产、当地销售、当地经营的直接投资方式进入他国。产业资本国际化获得迅速的发展，形成了以生产资本国际运动为核心来带动商业资本和借贷资本的资本国际化运动。

提示与说明

伴随着资本输出，资本开始走向国际化。资本国际化是指资本活动超出国界，在国际范围内不断运动的过程。在自由竞争资本主义时期，资本国际化以商业资本的国际化为主，其主要形式是国际贸易；进入私人垄断资本主义时期，资本国际化则以借贷资本国际化为主，其主要形式是国际间接融资，即在国际金融市场进行股票、债券交易；第二次世界大战后，随着跨国公司的崛起，国外直接投资急剧增长，产业资本国际化成为资本国际化的主要形式，它是通过对外直接投资、在他国兴建生产性企业实现的。

（四）国际垄断同盟在经济上瓜分世界

随着资本输出的增加和垄断组织向国外扩张势力范围活动的加剧，各国最大垄断组织之间争夺国外市场的竞争十分激烈。为了避免在竞争中两败俱伤，各国垄断组织谋求暂时妥协，达成国际性协定，以资本输出为基础，形成了垄断世界市场的国际垄断同盟。国际垄断同盟是资本主义各国的一些大的垄断组织，为了保证其国际垄断地位，通过订立协定，划分世界市场，而结成的国际性垄断经济同盟。它是垄断资本主义国家从经济上瓜分世界的手段，其目的在于瓜分世界市场，制定垄断价格，控制生产规模，垄断原料来源，分配投资场所，以保证共同获得高额垄断利润。

（五）垄断资本主义列强瓜分殖民地

国际垄断同盟在经济上分割世界，必然导致资本主义列强从领土上分割世界。由于殖民地作为可靠的廉价原料产地、商品销售市场和有利的投资场所，是帝国主义生存和发展的重要条件，世界主要发达资本主义国家在向垄断阶段过渡的过程中，都不同程度地实行殖民扩张，疯狂掠夺殖民地的财富。20 世纪初，世界领土基本分割完毕，垄断资本主义殖民体系形成。世界领土被瓜分完毕是帝国主义时期的特点。

1876—1914 年，列强掠取了将近 2500 万平方公里领土，把世界领土分割完毕。全世界土地总面积的 2/3 已沦为殖民地，总人口的 56%沦于殖民压迫之下。随后，帝国主义列强之间就不可避免地展开了重新分割世界领土的斗争，其中几个大国争夺霸权的斗争更为激烈，终于导致 20 世纪两次世界大战的爆发。

随着帝国主义殖民统治的形成，世界被划分为两部分：一部分是为数众多的被压迫民族，另一部分是为数很少的、掌握着巨额财富和军事力量的压迫民族，由此在世界上形成了帝国主义殖民体系。

第二次世界大战后，许多殖民地国家摆脱了原来的殖民统治，走向民族解放的道路。在这种新的形势下，垄断资本主义国家一方面不愿意放弃对原来殖民地的控制和剥削；另一方面又迫于形势而抛弃对原有殖民地的那套统治方式，变化新的控制和剥削手段。各垄断资本主义国家采用比较隐蔽的方式，来控制和掠夺发展中国家，从而使垄断资本的各种经济利益继续得到保障。

第二节　国家垄断资本主义的形成及其实质

一、国家垄断资本主义的产生与发展

（一）国家垄断资本主义的产生

国家垄断资本主义是资本主义国家政权和私人垄断资本相结合的一种垄断资本主义。国家垄断资本主义在垄断资本主义阶段的初期就已出现，第二次世界大战后获得迅速而持久的发展，成为垄断资本主义国家占统治地位的经济形式。

第二次世界大战后，由于新科技革命极大地推动了社会生产力的发展，生产社会化程度极大提高，这就同垄断资本主义私人占有的矛盾日益尖锐，由此引起一系列的矛盾。这些矛盾是私人垄断资本所不能解决或缓和的，这就促使垄断资本同国家机器结合起来，凭借资产阶级国家的力量，对社会经济生活进行干预和调节，以暂时解决或缓和这些矛盾。因此，从私人垄断资本主义过渡到国家垄断资本主义，是生产社会化导致资本主义基本矛盾加剧的结

果，国家垄断资本主义意味着在资本主义关系内部允许的范围内进行的一种自我调整，它是垄断资本主义发展的必然趋势。

★重要结论★

国家垄断资本主义的产生之所以必然而且必要是因为资本主义基本矛盾发展的结果。

由资本主义基本矛盾引发的一系列矛盾主要表现在以下几个方面。

（1）新科技革命推动下出现的航天、海洋开发、核能等新兴部门和企业的开发，需要巨额投资，风险大、周期长，私人垄断资本往往力量不够也不愿承担，需要国家直接投资或资助。

（2）经济现代化要求发展现代化的公共基础设施、交通通信，要求保护环境，要求加强基础教育、发展基础科学和应用科学研究。而这些部门和事业的发展，投资回报率低、回收期长，私人垄断资本不愿承担，需要由国家统一组织兴办。

（3）生产高度社会化，部门、地区之间联系更密切，要求经济协调发展，克服“市场失灵”，必须借助国家力量干预经济，进行必要的调节。

（4）科技发展，经济结构调整，失业问题增加；资本剥削程度提高，贫富分化严重，国内阶级矛盾尖锐，需要国家采取措施增加就业，改善社会保障和福利制度以缓和阶级矛盾。

（5）生产社会化的发展，使拓展市场问题、克服生产过剩、遏制危机的频繁发生更加突出，垄断资本迫切需要借助国家力量，采取多种措施（扩大政府采购、出口信贷、出口补贴等）来开拓、扩大国内外市场。

可见，私人垄断资本与国家政权的结合，国家垄断资本主义的迅速发展和在经济生活中取得支配地位，正是资本主义基本矛盾加剧的必然结果，也是垄断资本主义生产关系的进一步调整。

（二）国家垄断资本主义的发展

到目前为止，国家垄断资本主义的发展大体分为以下三个阶段。

（1）1914 年第一次世界大战爆发前，是国家垄断资本主义开始形成的时期。一些资本主义国家建立国营铁路、邮政、电话等基础性设施，国家举办储金局、专卖事业等。

（2）第一次世界大战至第二次世界大战结束初期，是国家垄断资本主义不稳定发展期。这个阶段国家垄断资本主义的发展，带有为适应战争需要和反危机应急措施的特殊性，国家给生产军需品的私人垄断组织以津贴、优惠贷款，美国执行罗斯福的“新政”，干预经济生活、反危机等。

（3）第二次世界大战结束后至现在，在现代科技和现代工业革命的基础上，生产社会化的高度发展，推动着国家垄断资本主义的持续发展，因而呈现出了经常性、广泛性、持续性、稳定性等新特点。

经典语录

“帝国主义战争大大加速和加剧了垄断资本主义变为国家垄断资本主义的过程。”（列宁，1995b）[171]

二、国家垄断资本主义的基本形式和实质

（一）国家垄断资本主义的基本形式

从资产阶级国家和私人垄断资本相结合的不同方式来考察，国家垄断资本主义可划分为下述几种基本形式。

1. 国家直接掌握的垄断资本

国家直接掌握的垄断资本，或称国有企业垄断资本，也就是资本主义国家中的国有经济，其组成形式是资本主义国营企业。它是国家垄断资本主义的最高形式。这种形式的产生，一是通过国家采取“国有化”政策，用高价收购或其他补偿方式，把私人垄断企业收归国有。“第二次世界大战”后，西欧曾掀起过“国有化”浪潮，国家通过财政拨款以高额补偿金的方式，把煤炭、钢铁、电力、煤气、铁路等部门或企业收归国有。二是通过国家的财政拨款，直接投资兴建新企业。这种方式在战争期间主要是兴建军事工业，服务于战争需要。第二次世界大战后，随着新科技的发展，一批新兴尖端技术如航天、核能等需要建立，庞大的投资和巨大的风险使这类工业只能由国家投资兴建。与此同时，大量的基础设施也需要国家投资兴建。

2. 国家与私人垄断资本在企业内部结合

国家与私人垄断资本在企业内部结合是国家与私人共有的垄断资本，也称半国有企业垄断资本，其组织形式是国私合营企业。这种形式的产生，一是国有垄断资本向私人垄断企业投资，购买私人垄断企业的股票；二是原有的国营企业进行改组，吸收一部分私人垄断资本向国有企业投资，购买国有企业的股票；三是国家与私人垄断资本联合投资兴建新的企业。战后各国兴建新兴工业企业多采用这种形式。在这种形式中又有两种情况：一是由国家控制企业的股权，国家垄断资本居主导地位；二是由私人控制企业的股权，私人垄断资本居主导地位。这种国家与私人共有的垄断资本，一方面使国家可以用较少的国有资本直接参与私人企业，从而控制较大量的私人垄断资本的经营活动，大大有利于国家进行宏观调整；另一方面，私人垄断资本可以直接利用国有垄断资本增强自己的经济实力和竞争实力，还可以得到更多的政府提供的优越条件，使垄断资本家获得巨额垄断利润。当前，这种国家垄断资本主义形式仍有很大的发展。

提示与说明

资本主义国有制是资本主义经济关系中资产阶级国家作为资本家代表的“总资本家”所有制形式，是垄断资本为加强统治而在经济上采取的国家与垄断资本相结合的经济形式。它主要通过三种途径形成：一是国家收购私人垄断企业使之国有化；二是国家直接投资兴办新的国有企业；三是国有资本与私人垄断资本合资组成的股份公司中的国有资本部分。

3. 国家与私人垄断资本在企业外部的结合

这也就是国家从外部对私人垄断企业经济运行进行干预和调节，即国家调节经济，它是国家垄断资本主义的低级形式。这种形式的内容包括：国家向私人垄断企业订货或购买产品；通过国家控制的金融机构向私人垄断企业提供各种补贴；国家提供科研费用将科研成果供私人垄断企业享有；国家通过实行“经济计划化”和“福利国家制度”来干预和影响社会经济的运行等。国家通过这些形式对私人垄断企业的生产和流通进行间接的调节，从而形成了国家与私人垄断企业的密切联系。

（二）国家垄断资本主义条件下的宏观经济调控

随着资本主义社会生产力的发展，生产高度社会化，更加要求国民经济按比例、协调运转。然而，由于资本主义基本矛盾的存在，资本主义再生产正常实现所要求的客观比例不可避免地经常遭到破坏。资本主义国家对经济的宏观调控成为生产力高度发展的客观需要。国家和垄断资本的结合，使国家对经济的干预和影响日益增强。

提示与说明

资本主义国家对经济运行的宏观调控主要是运用财政政策、货币政策等经济手段和法律手段，维持总需求和总供给的基本平衡，保持物价总水平的基本稳定，实现经济稳定增长、充分就业和国际收支平衡。

国家垄断资本主义宏观经济管理和调控目标的实现，主要是通过国家调节市场、市场引导企业这一经济调节机制实现的。这也是国家对经济的管理调控以经济手段为主的具体体现。

资本主义国家对经济的干预和调节的对象，既包括各个微观经济主体，也包括作为整体的国民经济宏观全局。

资本主义国家对经济的干预和调节的方式，一方面是国家对国民经济的直接调节、控制和介入，主要是通过国有经济成分为资本主义整体生产过程创造必要条件，支持私人垄断资本的发展并获得高额垄断利润。具体表现在以下两方面。一方面主要从事那些投资多、周转慢、风险大，私人企业不愿意经营的公共基础设施建设、基础工业产品生产；开发高新技术，为促进私人垄断企业提高技术水平和整个国民经济的发展服务；通过采购和订货等方法直接向私人垄断企业提供支持，为私人垄断资本的发展服务。另一方面是国民经济的间接调节与控制，主要是通过国家制定并实施各种政策措施调节经济运行，间接地引导私人资本按照国家垄断资本主义所希望的方向发展。

1. 财政政策

财政政策是指国家凭借政权通过财政收入政策和财政支出政策来影响社会总需求和社会总供给，对一部分社会产品进行分配和再分配，以保证社会经济的稳定增长。在当代市场经济条件下，财政政策是国家干预和调节经济，实现宏观经济目标的工具。财政政策包括财政收入政策和财政支出政策两个方面。财政收入主要来自税收，此外还有货币发行收入、债务收入、国有企业利润收入等。财政支出主要有军费支出、行政管理费支出、对私人资本补助、政府兴办企业和公用事业支出、社会福利支出等。财政收入与财政支出的数量关系有三种情况：收支相等称为财政平衡；收入大于支出称为财政盈余；收入小于支出称为财政赤字。

国家运用财政政策干预和调节经济的方法主要是：当社会总需求小于社会总供给而出现经济停滞时，政府或者实行减少财政收入的减税政策，从而给企业和社会成员留下较多的收入，刺激投资和消费的增加，扩大总需求；或者实行增加财政支出的政策，如增加公共工程、增加对商品和劳务的采购，增加失业救济以及各种社会福利等费用支出，刺激企业投资和社会成员消费，以扩大总需求；或者实行财政补贴等，鼓励生产、促进投资，以扩大总需求。反之，当总需求大于总供给而出现通货膨胀时，政府实行增加财政收入的增税政策及减少财政支出的政策，抑制企业投资，压缩社会成员消费，以达到紧缩总需求的目的。

2. 货币政策

货币政策是指政府根据确定的宏观经济目标，由国家直接控制的中央银行采取增加或减少货币供应量的措施来影响利息率水平的升降，从而影响投资的增减，促使总需求发生变化，求得总需求与总供给趋于一致。货币政策是国家管理和组织货币流通所规定的政策，它包括货币政策目标、货币政策手段及调节过程等内容。货币政策的变化，会引起价格的变化和资本流动、投向的变化，以及整个社会经济结构的变化和经济发展速度的变化。因此，货币政策是国家用来干预和调节经济的主要手段之一。

发达市场经济国家在调控货币供应量方面，主要运用所谓的三大手段或三个法宝：一是法定准备金率政策，即通过调整法定存款准备金率的办法控制信贷规模；二是再贴现率政策，也就是通过调整再贴现率来控制信贷需求；三是公开市场业务，即由中央银行在金融市场上公开出售或收购有价证券来调节资金供求关系。比如，在经济萧条时期，实行扩张性货币政策，具体做法有：降低法定存款准备金率和再贴现率，以增加货币供应量，降低利率，同时在公开市场上买进各种有价证券，发放货币，以刺激总需求；在经济高涨时期，实行紧缩性货币政策，具体做法有：提高法定存款准备金率和再贴现率，以减少货币供应量，提高利率，同时在公开市场上卖出各种有价证券，回笼货币，以抑制总需求。

此外，各资本主义国家为了调节借贷资本的分配结构和货币的流向，还通过中央银行实行有选择的信贷管制，即对某些存款或贷款，规定相应的限制或优惠条件，以维护垄断资本集团的利益。

概念提示

法定存款准备金率：法律规定的各商业银行向中央银行上缴的存款占各商业银行所吸收到的全部存款的比率。

再贴现率：商业银行把手中未到期的有价证券到中央银行再贴现而向中央银行支付的利息率，也就是商业银行向中央银行贷款时的利率。

公开市场业务：中央银行通过买进或卖出有价证券，吞吐货币，调节货币供应的活动。

3．“经济计划化”

实行“经济计划化”是指由一定的机构编制国民经济发展计划，作为指导和调控社会经济生活的一种方式。垄断资本主义国家经济计划的主要内容包括：一是经济和社会发展的中长期预测；二是计划期内经济和社会发展的总目标以及相适应的具体目标；三是为实现经济和社会发展的总目标和具体目标所应采取的政策措施。

国家实行计划调节，一是生产社会化的客观要求；二是缓和资本主义基本矛盾和其他矛盾的客观要求；三是维护垄断资本家利益的客观要求。

国家垄断资本主义的计划管理的实施，主要依靠各种经济杠杆，通过调整物质利益关系来引导企业的行为，使之符合或接近计划目标。这些经济杠杆主要包括财政、税收、信贷和经济合同等。

当代资本主义国家的计划，利用国有经济成分的影响和依靠市场机制而起作用。这种管理和调节在一些国家发挥了重要作用，但由于这种计划调节是建立在资本主义私有制基础上的，这就决定了它带有根本

视野拓展

在美国乃至世界经济发展史上，爆发于1929年至1933年的经济危机和罗斯福总统实施的“新政”给人们留下了极其深刻的印象，以致研究现代资本主义经济，不可回避地要研究这段历史。那么，“罗斯福新政”与美国进入国家垄断资本主义又有着什么关系呢？推荐读者通过下文回顾这段历史。

的局限性，它没有、也不可能从根本上克服资本主义生产的无政府状态和实现经济有计划的长期稳定发展。

（三）国家垄断资本主义的实质

国家垄断资本主义是资本主义的新发展，是私人垄断资本与国家政权的结合，它通过国家调节经济生活，在一定程度上缓和了经济生活的各种矛盾，实行各种有利于垄断资产阶级的政策措施，更好地保证垄断资产阶级获得高额利润，更有利于维护资本主义制度。但这一变革并未改变资本主义的经济基础和生产关系的本质。

第一，国家垄断资本主义的产生，丝毫没有触动生产资料的私人占有制，而是使其发展到了顶点，垄断资本主义已不是一般地拥有生产资料，而是通过对政权机构的控制掌握着国家的命脉，左右着整个社会的经济生活。

第二，国家垄断资本主义的产生，并未改变私人垄断资本的本质属性。尽管普遍采取股份制形式，但控股权始终掌握在少数大垄断资本家手中，他们追求高额垄断利润以及加强对雇佣工人的剥削的本性没有改变，工人阶级遭受剥削的社会地位也没有改变。

第三，国家垄断资本主义的产生，是为垄断资本主义获取高额利润服务。现代资本主义国家，不管它采取什么形式，本质上都是资产阶级的国家机器，是“理想的总资本家”。在整个社会经济活动中，国有企业的存在和发展是为私人垄断资本服务、为私人垄断资本获取高额垄断利润提供必要条件的。

国家垄断资本主义是资本主义基本矛盾激化的产物，它的产生，使垄断资产阶级能够有意识地调整资本主义生产关系，从而暂时缓解了资本主义的基本矛盾；当矛盾尖锐时，可以牺牲私人垄断资本的眼前利益、局部利益以保证全体资产阶级的长远利益和整体利益，这充分体现了垄断资产阶级的整体意志。

由此可见，国家垄断资本主义是私人垄断资本利用国家机器为其利益服务的手段，是私人垄断资本为了维护垄断统治和获取高额垄断利润而和国家相结合的一种垄断资本主义形式，是资产阶级国家在直接参与社会资本的再生产过程中，代表垄断资产阶级利益并凌驾于个别垄断资本之上，对社会经济进行调解的一种形式。

★重要结论★

国家垄断资本主义的实质是：资产阶级国家和垄断资本相结合进行剩余价值的生产、实现和分配，以保证垄断资产阶级获得高额垄断利润；同时国家从资产阶级特别是垄断资产阶级的整体利益出发，采取各种措施调节经济、调节各阶级和阶层的关系以维持资本主义经济的运转和资本主义制度的生存。一句话，那就是为资产阶级的整体和长远利益服务，维护和巩固资本主义制度，保证实现高额垄断利润。

三、国家垄断资本主义的双重作用

国家垄断资本主义的作用具有双重性，既有积极的一面也有它的局限性。

（一）国家垄断资本主义的积极作用

国家垄断资本主义在一定程度上改变了资本主义的运行机制和调节机制，即在自发的市场调节基础上，加进了政府有意识的宏观调节。这种变化是资本关系社会化的一种表现，它相对地适应了生产社会化的要求，从而有利于资本主义的发展和矛盾的缓和。

国家垄断资本主义的积极作用主要表现在以下几个方面。

（1）国家运用各种方式干预经济，对社会再生产进行综合性的调解，在一定程度上适应了资本主义生产社会化的发展和经济结构调整的需要，对资本主义社会生产的无政府状态具有一定的调节作用，使社会资本再生产在一定时期和一定程度上得以协调实现，从而促进了社会经济的发展。

（2）国家垄断资本主义在社会再生产过程中投入巨额资本，兴办了私人垄断资本无力兴办的、适应新技术发展要求的巨大新兴企业，有力地推动了科技进步和产业结构的优化和升级。

（3）资产阶级国家作为“总的资本家”凌驾于个人垄断资本之上，代表着垄断资产阶级的整体利益，能够协调垄断资本和中小资本、垄断资本内部各集团之间的利益关系和矛盾，使他们的局部的、暂时的利益服从资产阶级整体的长远利益。

（4）国家垄断资本主义在一定时期内暂时缓和了劳资矛盾、垄断资本与中小资本的矛盾。垄断资产阶级国家通过对国民收入进行再分配，又通过“福利社会制度”对工资收入进行再分配，在一定程度上使劳动人民的基本生活得到保障，缓和了阶级矛盾。

总的来看，国家垄断资本主义的发展，对第二次世界大战后发达资本主义国家经济，在一个较长时期内相对稳定和较快发展，起了积极的推动作用。

补充资料

20 世纪 50 年代以来，在现代科技革命和国家垄断资本主义的推动下，从总体上看，资本主义经济获得了比较迅速的发展。在 20 世纪 50 年代初到 70 年代初资本主义“黄金时代”的 20 年里，主要资本主义国家工业生产年均增长率都较高：美国是 5.4%，日本是 15.5%，原联邦德国是 8.6%，意大利是 8.4%，法国是 5.75%。另据有关资料统计，在 1948—1976 年不到 30 年间，资本主义世界工业生产增长 3 倍以上，年均增长率达到 6.6%。

（二）国家垄断资本主义的局限性

国家垄断资本主义是建立在生产资料私人占有制的基础之上的，是垄断资本进行统治的工具，它在推动经济发展的同时，又表现出了它自身具有的不可克服的局限性。

国家垄断资本主义不可能改变生产资料的私有制和资本对雇佣劳动的剥削关系，也不可能摆脱资本主义客观经济规律的支配，更不可能解决资本主义的基本矛盾和其他社会矛盾。国家垄断资本主义对社会经济发展的阻碍作用，集中表现在它使资本主义的某些内在矛盾更加深化和复杂，主要表现在以下几个方面。

（1）国家垄断资本主义的经济力量主要来自税收，国家垄断资本主义的发展意味着财政支出的增大，致使广大人民的税负越来越重，财政赤字增加。如 2009 年财政年度美国财政赤字高达 1.42 万亿美元，大约相当于国内生产总值的 10%左右。这就使得人民有支付能力的消费需求相对较少，使日益增大的社会生产同消费之间的矛盾更加发展，导致经济危机的频繁出现。

（2）国家垄断资本主义通过财政、货币政策，扩大政府开支来刺激经济发展，必然导致财政赤字和滥发货币，造成长期通货膨胀，而支持经济发展的购买力大多数是靠未来的购买力，使得进入 20 世纪 70 年代以后，资本主义世界经济出现了“滞胀”的局面，即经济发展停滞、缓慢，并伴之以通货膨胀。

（3）国家借助于发行公债来增加财政收入，并支持私人信贷膨胀，以刺激投资和消费需求，结果却债台高筑，加剧了财政金融危机。

（4）国有垄断企业经营管理不善，效率低下，造成严重亏损，成为国家财政的沉重包袱。

这一切表明，随着国家垄断资本主义的发展及主要资本主义国家国内、国际条件的变化，国家垄断资本主义及其各种实现形式正越来越成为阻碍生产力发展的制约因素，正因为如此，20 世纪 70 年代以后，人们开始检讨以凯恩斯经济理论为核心的国家干预经济理论，审视与批判“政府失败”。主要发达资本主义国家相继采取了降低国家干预的程度，减少国家作用范围的措施。

视野拓展

21 世纪头十年第一场全球金融与经济危机的演变、蔓延已历数年之久，但世界经济的复苏与增长仍一波三折，步履蹒跚。伴随资本主义国家政府的各种救市措施和对经济的调控与干预，国家垄断资本主义获得了进一步发展和深化。这种发展和深化有着怎样的特点呢？

推荐读者阅读《红旗文稿》2016 年第 5 期《国际金融危机与国家垄断资本主义新发展》（刘儒）。

补充资料

凯恩斯主义是西方经济学的一个重要流派。凯恩斯主义认为，自发的市场经济运行必然产生有效需求不足，不可能达到充分就业，因此必须放弃自由放任主义的不干预政策，加强国家对经济的调节，干预职能。

第三节　经济全球化过程中的垄断资本主义经济关系

一、经济全球化的产生与发展

经济全球化，是指在现代科技革命和社会生产力巨大发展的推动下，世界各国的生产、贸易和金融等活动更加紧密地联系起来，使各个国家和地区之间的经济关系逐步走向相互开放、相互依存的新阶段。作为世界经济发展的一种趋势，经济全球化以市场为驱动力，使得资本、商品、信息、技术和劳动力等资源在全球范围内流动得越来越迅速，

示例

一位跨国公司老板在他的办公室里说：“因为经济全球化，所以我的办公室设在纽约，我的工厂在墨西哥、洪都拉斯和海地，我的钱存在瑞士银行，我需要的技术来自日本，而我生活在巴黎”。

资源的配置也越来越超出民族国家的范围，不同国家相互依存的程度越来越高，区域经济的一体化越来越快。世界经济相互交织、相互融合，成为有机的整体，各个国家的经济越来越离不开世界经济体系的运行而独自发展。

（一）经济全球化的主要内容

经济全球化的主要内容包括贸易的全球化、生产的全球化和资本的全球化。

（1）生产的全球化。生产全球化是经济全球化的主要特征。生产全球化主要是指随着科学技术的发展和高精尖产品及工艺技术的出现，生产领域的国际分工和协作得到增强，各国在生产上密切合作的趋势明显。举例而言，美国波音公司生产的波音客机，所需的450万个零部件，来自6个国家的1 500家大企业和1.5万家中小企业。波音公司所完成的不过是飞机的设计、关键零部件的生产和产品的最终组装而已。

提示与说明

国际分工是世界各国（地区）之间的劳动分工，是社会分工从一国国内向国际延伸的结果，是国际贸易和各国（地区）经济联系的基础。

国际分工的类型有：垂直型国际分工——经济技术发展水平相差悬殊的国家（如发达国家与发展中国家）之间的分工；水平型国际分工——经济发展水平相同或接近的国家（如发达国家以及一部分新兴工业化国家）之间的分工。当代发达国家的相互贸易主要是建立在水平型国际分工的基础上的。

（2）贸易的全球化。贸易全球化是经济全球化的主要表现。主要是指随着科学技术的发展和各国对外开放程度的提高，流通领域中国际交换的范围、规模和程度得到增强。

经典语录

“经济全球化是被贸易发展推着走的一列高速火车。”（世界贸易组织首任总干事雷那托·鲁杰罗）

（3）资本的全球化。资本的全球化主要是指随着科学技术和各国对外开放程度的提高，资本在国际间流动速度加快。国际资本流动规模的迅速扩大，成为贸易之外联系世界各国经济的另一重要纽带。国际直接投资是资本全球化的基础。国际直接投资的不断增加，从生产上把世界各国的经济越来越密切地联系在一起，大大推动了经济全球化的进程，并带动了世界经济的全面增长。

补充资料

2016年1月20日联合国贸易和发展会议发布的《全球投资趋势监测报告》显示，2015年全球外国直接投资（外资）流量同比大幅提升36%，达1.7万亿美元，是2000年以来的最高水平（2007年曾达1.5万亿美元）。

（二）跨国公司是经济全球化的主导力量和主要载体

提示与说明

跨国公司是指以本国总公司为基地，通过对外直接投资，在其他国家和地区设立子公司或分支机构，在一个决策体系下从事跨国生产、销售和金融等活动的大型企业。

第二次世界大战前，国际垄断组织的主要形式是国际卡特尔。战后，伴随着产业资本的大规模国际化，跨国公司成为当代私人国际垄断组织的主要形式。

补充资料

到2012年全世界跨国公司总数已超10万家，在国外的分公司达89万多家。跨国公司的生产总值已超过世界工业总产值的40%。跨国公司最多的是美国，2015年营业额最多的跨国公司是沃尔玛（4 856.51亿美元）。

在经济全球化迅速发展的同时，跨国公司在当今世界经济生活中的地位越来越重要。

第一，它凭借技术优势、规模经济、产品差异化等条件，绕过贸易壁垒，使生产要素在国际范围内流动。跨国公司把资本、技术和管理合成一体，推广到世界各地，形成全球性的生产、交换、分配和消费。跨国公司成为生产全球化的微观基础。

第二，跨国公司的发展一定程度上改变了传统的国际贸易形式，丰富了国际贸易的内容，使公司内贸易成为贸易全球化的一个崭新形式。

第三，跨国公司的发展在推动金融全球化、加速资本跨国界的流动（直接投资）方面也起着重要作用。

提示与说明

跨国公司早期的经营形式是通过对外投资建立生产型子公司，母公司用产权控制子公司，很少干预子公司的经营，子公司在东道国内独立经营。在存在贸易壁垒条件下，生产要素及非贸易服务的流动受到限制，跨国公司一般多采取国内生产体系，子公司独立于母公司，子公司之间没有联系，实行水平一体化分工。在国际市场价格激烈竞争情况下，跨国公司为降低成本，将其生产价值链中的某些价值增值环节移到国外，以充分利用东道国的比较优势，开发东道国当地的资源和利用廉价的劳动力，为公司的其他企业提供所需的生产投入品。

信息技术的发展，使跨国公司有条件对其拥有的生产资源和所有的经营活动，进行跨国界的配置、协调和管理，在全球范围内安排从研究、开发到售后服务的各个活动，统一各子公司的经营活动，将市场、资源和效率等目标有机地结合起来，将公司的各项职能和经营活动在世界范围内实现最佳投资组合。

跨国公司创造了企业内部的国际分工，深化了国际生产网络的一体化，并且随着跨国公司之间联盟与合作关系发展，形成一个更大的开放型外部网络。跨国公司的内部网络和跨国公司之间的外部网络相互渗透、相互补充，共同构成跨国公司进行全球竞争的战略基础和一体化的国际生产体系。

总之，跨国公司在全球范围内组织生产和流通，它成为经济全球化的主导力量和主要载体。

（三）经济全球化的发展对世界经济的影响

一方面，经济全球化是生产力高度发展的产物，同时也对生产力的发展具有促进作用，具有历史的进步性。经济全球化对世界经济的积极影响，主要表现在以下几方面。

（1）经济全球化使生产要素以空前的速度和规模在世界范围内流动，以寻求相应的位置进行最佳资源配置，这有助于各国经济的优势互补和资源利用效率的提高。

（2）经济全球化使生产网络化体系逐步形成。这有助于推动世界产业结构的调整和升级。

（3）经济全球化使贸易自由化的范围、金融国际化的进程以最快的速度扩大和推进。这有助于推动各国加入世界经济大循环，改革贸易和金融体制，在国际市场的竞争中取胜。

（4）经济全球化使科学技术在世界范围内得到广泛的传播和应用，推动了社会生产力的高度发展。

提示与说明

马克思、恩格斯在《共产党宣言》中就描述了当时的全球化趋势：“不断扩大产品销路的需要，驱使资产阶级奔走于全球各地。它必须到处落户，到处创业，到处建立联系”“资产阶级，由于开拓了世界市场，使一切国家的生产和消费都成为世界性的了”。这就是马克思和恩格斯时代的经济全球化。

当前的现实的全球化是西方国家主要是美国主导的全球化，是历史上早已存在的全球化过程的继续和发展。这种全球化的规则是西方国家，主要是美国通过它所控制的世界贸易组织、世界银行和国际货币基金组织制定的，其实质是将资本主义生产方式和资本主义市场经济制度全球化。

未来的理想的全球化则是社会主义全球化和共产主义全球化。

另一方面，经济全球化作为以发达资本主义国家为主导的经济运动，必然会对世界经济产生消极影响，主要表现在以下几方面。

（1）经济全球化把市场经济的盲目性、自发性、滞后性等消极功能扩展到世界范围，造成了资本主义所固有的周期性波动和经济危机爆发的世界性。

（2）经济全球化把资本主义追求最高利润的动机和目的扩展到世界范围，使人类的一切活动都实现利润的最大化。

（3）经济全球化把一国资本主义经济、政治发展的不平衡扩展到世界范围，对发展中国家形成新的经济霸权的威胁，损害了这些国家的主权和经济的正常发展。

（4）经济全球化把一国资本主义发展中的两极分化扩展到世界范围，使一些国家和一部分人走向了贫穷化。

提示与说明

过去，当加拿大经济与美国经济联系过于紧密因而很容易被美国经济病症传染时，人们常用的一句话是：“美国一打喷嚏，加拿大就感冒”。后来，随着经济一体化的发展，与美国经济联系紧密的国家日益增多，因而有更多国家很容易被美国经济病症传染，这时人们常用的那句话就改为：“美国一打喷嚏，很多国家就感冒”。现在，当美国主导的全球化几乎遍及全世界时，人们常用的那句话又改为：“美国一打喷嚏，全世界就感冒”。《纽约时报》用一个比喻来说明美国在全球化的世界中对其他国家和经济的影响：“在这个世界上，美国连在床上挠挠耳朵都得想想对其他国家和经济的影响，更不用说翻身了”“全球化……使美国把自己的有害抵押贷款传染给世界”。

二、经济全球化过程中的资本主义国际经济关系

（一）经济全球化过程中发达资本主义国家之间的经济关系

发达资本主义国家之间经济关系的实质，就是以维护本国垄断资本利益为主的，既有矛盾和冲突也有协调与合作的关系。

在经济全球化过程中，发达国家之间既存在着相互竞争、相互矛盾的一面，又存在着相互妥协、相互协调的一面。

经济全球化的发展，加剧了各发达资本主义国家之间的经济矛盾，并使这些经济矛盾主要表现为贸易冲突、投资冲突和金融冲突，其中贸易冲突最为突出。

（1）贸易冲突。在国际贸易中，各发达资本主义国家为维护和扩大本国垄断资本的销售份额，必然会因利益纷争而发生“贸易冲突”。“贸易冲突”主要表现在三个方面：一是提高关税税率或征收附加税，引起被征收高税率的国家进行报复，被征收高税率的国家进而相应地对对方的出口征收高税率，就形成关税之争；二是变动汇率，当一方通过货币贬值迫使对方货币升值，从而使对方商品价格提高，以削弱其竞争力时，另一方也采取措施使自己的货币强制贬值，就形成汇率之争；三是进口配额制，当一国对外国商品的进入实行限制时，如果被限制的一方也采取相应对的报复措施，就形成配额之争。

（2）投资冲突。在国际资本流动中，各发达资本主义国家在输入国投资建厂，生产产品就地销售，可以绕开东道国的贸易壁垒，保持和扩大市场占有率，因此，各发达国家之间争夺有利的投资场所的竞争非常激烈，必然发生“投资冲突”。投资冲突虽远不如贸易冲突那样激烈，但也是各发达资本主义国家之间经济矛盾的集中点。

（3）金融冲突。在国际金融领域发生的“金融冲突”主要表现在两个方面：一是为巩固和加强各自的货币在国际货币金融事务中的地位而展开争夺；二是围绕各不同货币之间的汇率变动而产生纠纷。

发达资本主义国家之间的竞争和矛盾主要是运用妥协和协调的方式来解决的。这是当代发达资本主义国家之间经济关系的一个重要特点。资本主义国家经济协调是指各资产阶级国家代表本国垄断资本的利益，对资本主义国际化再生产过程中所产生的各种矛盾、摩擦进行共同协商和调节。资本主义国际经济协调的形式主要有三种：①国际经济组织的协调。在众多的国际经济组织中，国际货币基金组织、世界银行、世界贸易组织被认为是以国际经济组织协调国际经济关系的三大支柱。②区域经济联盟的协调。③政府首脑会晤的协调。政府首脑会晤是在各发达资本主义国家经济关系矛盾重重、危机四伏情况下渡过难关的应急措施，是在政府最高领导人一级水平上对重大经济问题进行磋商，协调彼此之间经济关系和经济政策，对国际经济问题进行联合调节的一种经常形式。

根据区域经济一体化程度的不同，区域经济集团的组织形式主要可分为以下五种。

自由贸易区：要求废除区域内部各成员国之间的贸易障碍，但各成员国对区域外的国家仍保持各自的关税制度。

关税同盟：除了要求废除成员国之间的关税外，还要求有统一的对外关税制度，并按照已经

协调好的比例分配进口配额和关税收入。

共同市场：除了实行区域商品自由流通和统一对外关税外，还实行生产要素自由流动，协调各成员国的货币，联合干预汇率浮动幅度，进而建立起统一的货币制度。

经济同盟：在区域内实行毫无节制的生产要素自由流动，制定统一的产业政策，协调各成员国的经济、金融、科技和社会政策，废除政策上的歧视。

完全一体化：各成员国统一市场、统一货币、统一经济发展规划、统一制定财政和社会政策，设立一个中央机构负责对所有事务进行调控，制约各成员国。

（二）经济全球化过程中发达资本主义国家同发展中国家之间的经济关系

随着经济全球化的发展，各资本主义国家之间，特别是发达国家与发展中国家之间的相互依存、相互联系不断增强，但它们之间的矛盾和冲突也日益突出。

发达国家与发展中国家之间的经济关系主要从以下三个方面表现出来。

（1）贸易关系。发达国家为了保护自己在国际贸易中对发展中国家的支配地位，一方面采用不等价交换的方式，即凭借其垄断地位，利用发展中国家不具备制造技术要求高、精度大的电子、机械设备和化工等产品的特点，极力提高自己所生产的并销往发展中国家的工业制成品的价格，强行要求发展中国家按照这种垄断高价从他们那里买进这些工业制成品；利用发展中国家所生产的初级产品具有的需求弹性低、库藏时间短、容易找到代用品的特点，极力压低发展中国家出口初级产品的价格，迫使发展中国家按照这种垄断低价向它们出口这些初级产品。另一方面采用等价交换的方式，即利用其在世界资本主义体系结构中所占有的国际分工和劳动生产力的优势，以具有较少国别价值（一国范围内社会必要劳动时间决定的价值。在表现形式上，是以该国货币表现的）的商品换取发展中国家具有较多国别价值的商品，从中获取大量超额利润。

（2）投资关系。资本输出是发达国家企图统治世界的手段，发展中国家债务负担沉重就是这种关系的表现形式。发展中国家要弥补在与发达国家的不平等交易中所遭受的外汇收入的巨大损失，要在困境中发展经济，不得不接受发达国家的资本输出。发展中国家大量输入资本，虽在一定程度上弥补了建设资本的不足，带动了先进技术的引进，促进了新兴工业部门的建立，但却掉入了债务陷阱，加深了自己在经济发展中对发达国家的依附。因此，发达国家向发展中国家的投资过程，就是发展中国家的债务积累过程，就是发达国家对发展中国家进行残酷剥削和掠夺、并造成对其依附的过程。

（3）技术关系。发达国家占据了世界资本主义体系中的技术垄断地位，一方面把在本国已趋于过剩或被淘汰的技术项目转移到发展中国家，另一方面也把有害于生态环境的、只具有陈旧生产设备的企业转移到发展中国家。这样做，对发达国家来说，既可以降低成本，占领发展中国家市场，也可以腾出人力、物力进行更高层次技术领域的开发、研究，保住自身在新技术领域的领先地位。而对发展中国家来说，生产的发展只能处于技术的较低层次、较低等级上，只能跟在发达国家身后亦步亦趋的爬行，技术的改进和生产中使用的技术配件也都必须依靠发达国家提供，这样，发达国家往往是以高价或搭配陈旧和过时的设备转让技术，既使发展中国家蒙受了大量的经济损失，更使发展中国家丧失了发展经济的主动性和发展生产的动力。

提示与说明

发达国家与发展中国家之间在贸易、投资、技术等方面的经济关系，是相互依赖中的不平等关系，揭示的是世界经济结构内部矛盾的深刻性和对立的尖锐性。发达国家是垄断者、支配者、掠夺者和压迫者，发展中国家是非垄断者、受支配者、被掠夺者和被压迫者，因此，它们的经济关系的实质，是剥削与反剥削、控制与反控制的关系。

在经济全球化条件下，发达资本主义国家对发展中国家进行剥削和掠夺的方式是“新殖民主义”。新殖民主义取代旧殖民主义，成为第二次世界大战以后发达资本主义国家剥削和控制发展中国家的新形式。

新殖民主义是相对于旧殖民主义而言的。旧殖民主义是第二次世界大战以前资本主义殖民统治的主要形式。它是指垄断资本依靠公开的、赤裸裸的暴力统治，直接占领殖民地国家的一种剥削手段，其基本特点是“政治兼并”，即在政治统治和殖民占领的前提下，实行经济扩张和掠夺。新殖民主义则是在第二次世界大战结束以后，发达国家在旧殖民体系瓦解的基础上，为维护其既得利益，对已经获得了政治独立的发展中国家采取的一种新的剥削和掠夺的手段。与旧殖民主义不同，新殖民主义的基本特征是不带“政治兼并”的“经济兼并”，即表面上承认殖民地国家的政治独立权利，实际上则利用种种手段，迫使发展中国家从经济上、政治上乃至军事上从属和依附于发达国家的垄断资本。

提示与说明

新殖民主义的手段主要有：经济渗透、资本输出、促进跨国公司对外扩张。必须说明的是，这不过是垄断资本主义国家的金融资本掠夺发展中国家的一种新手法，其实质与旧殖民主义是一样的。

（三）建立国际经济新秩序

国际经济秩序是指在世界范围内建立起来的国际经济关系，以及各种国际经济体系与制度的总和，是使世界经济作为有内在联系和相互依存的整体进行有规律的发展与变化的运行机制。

一般认为，在第二次世界大战期间和随后建立的三大国际经济组织标志着战后国际经济秩序的形成。这一国际秩序是为了维护20世纪40年代美国的经济利益和政治要求服务的，被称为国际经济旧秩序。国际经济旧秩序是资本主义形成过程中西方殖民者控制、掠夺、剥削殖民地和附属国的产物，是资本主义发展过程中，国际垄断资本控制、掠夺和剥削发展中国家的经济秩序。国际经济旧秩序的基本特征就是发达资本主义国家从国际贸易、金融、货币、技术等领域控制和剥削发展中国家，造成世界资本主义体系范围内的贫富两极分化。在旧的国际经济秩序中，由发达国家所主导制定的种种“游戏规则”，主要体现发达国家垄断资本的利益和要求，而发展中国家的正当利益和合理要求则无法得到应有的体现。因此，它不断地遭到发展中国家的抗议，发展中国家要求建立新的国际经济秩序的浪潮不断高涨。

视野拓展

以“为了美好生活的世界新秩序”为主题的2014年77国集团峰会承诺共建国际经济新秩序，读者可看中国金融信息网新闻报道。

国际经济新秩序是指在国际经济交往中消灭剥削和控制，建立起真正体现平等互利、互助合作原则的世界经济体系。发展中国家要求建立的国际经济新秩序在其内容上反映了两大基本特征：一是平等互利，即各个主权国家之间主权平等，对支配自己的资源和经济活动享有主权，对国际经济事务的决策享有主权，在国际贸易、金融、技术等领域的交往必须公平互利；二是相互依赖，即各个国家之间的经济发展紧密相连，发达资本主义国家有责任帮助发展中国家发展经济，在公平的基础上进行广泛的合作，消除世界上的贫富差距，促进共同繁荣。

视野拓展

第二次世界大战确立了我国在国际交往中的大国地位。进入21世纪我国对世界的影响与日俱增。那在“国际经济新秩序”的建立中，我国应起到什么作用、该做些什么？

推荐读者课外阅读中国网2016年1月8日新闻《习近平以“人类命运共同体”理念引领世界新秩序》(陈向阳)。

第四节　垄断资本主义发展的历史趋势

一、垄断资本主义是过渡的资本主义

列宁对垄断资本主义的历史地位进行了概括：“必须说帝国主义是过渡的资本主义。”当代资本主义的发展从根本上说是国家垄断资本主义的发展，它仍然是在资本主义、垄断资本主义范围内的发展，并没有超出垄断资本主义质的规定性。它仍然受资本主义、垄断资本主义经济规律的支配，当然也改变不了自身作为垄断资本主义所处的历史地位。帝国主义作为资本主义发展的最高阶段、最后阶段，表明从资本主义向社会主义过渡的条件日益成熟，即资本主义向社会主义过渡的现实可能性已经存在。

提示与说明

资本主义向社会主义过渡的条件日益成熟：生产的高度社会化为社会主义生产创造了必要的物质条件；管理社会化为社会主义准备了社会性的管理资源与管理机构；资本的社会化程度的日益提高为否定资本主义私有制准备好了客观条件；资本主义生产方式的发展，产生和锻炼了以完成消灭资本主义建立社会主义为历史使命的无产阶级。

第一，垄断使资本主义生产全面社会化。一方面垄断的发展在国内造成了规模巨大的垄断组织，使生产和资本都高度集中；另一方面，垄断的发展使生产社会化向国际方向发展，国际性垄断组织如跨国公司、战略联盟等的出现进一步加剧了经济全球化的趋势。战后，由于跨国公司的发展，垄断企业已超越国界，形成国际性垄断组织。国家也与垄断组织结合，出面结成国际垄断同盟。欧盟正是国际垄断同盟的典型代表。

第二，垄断使资本主义管理日益社会化。进入垄断资本主义阶段以后，在股份公司及垄断组织中，资本所有权与经营管理权进一步分离，企业的经营管理权已经由职业企业家及其经理机构来行使，所有权和经营权分离，使其在管理上更像一个社会性组织。银行也已经成为适应社会大生产需要的绝妙管理机器，成为国民经济的神经中枢和社会经济生活的中心。

随着国家垄断资本主义的发展，与国家干预与调控相关的各种社会性的管理机构也迅速发展。剔除了资本家私有制和资产阶级官僚统治以后，这些管理资源与管理机构均可以直接为社会主义所用。此外，国际垄断组织、国家垄断资本主义和国际垄断同盟的出现，使经济调节国际化。

第三，垄断使资本日益社会化。资本日益社会化，为把资本主义私有制转变为社会主义公有制创造了条件。股份公司作为一种资本联合的组织形式，由于其控制权仍掌握在资本家手中，其性质是资本主义的。但股份公司极大地推动了资本的社会化。马克思指出：股份公司制度“是在资本主义体系本身的基础上对资本主义的私人产业的扬弃；它越是扩大，越是侵入新的生产部门，它就越会消灭私人企业”。股份公司的发展，以及作为股份公司的二次方、三次方……的私人垄断资本主义与国家垄断资本的出现充分暴露了资本主义私人占有制的暂时性，使其更接近于社会主义公有制。股份公司的飞速发展，使资本的社会化程度日益提高。国家垄断资本主义的出现，使资本的社会化程度发展到新的层次。跨国公司的发展又进一步使资本的社会化向全球化发展。

第四，资本主义生产方式的发展，产生和锻炼了以消灭资本主义建立社会主义为历史使命的无产阶级。无产阶级是社会先进生产力的代表，无产阶级自身解放的要求和社会发展方向一致，它是团结广大劳动群众，消灭资本主义，实现社会主义的社会力量。

总之，生产力的社会化要求生产关系的社会化，客观上要求以社会主义公有制代替资本主义私有制，过渡到社会主义的条件逐步成熟。

二、社会主义代替资本主义是历史的必然

视野拓展

关于资本主义的历史必然，当代西方马克思主义研究学者是怎样认为的呢？推荐读者阅读环球时报驻英国特派记者李文云的报道《戴维·麦克莱伦：长远看，资本主义的本质是破坏性的》。

资本主义经济制度战胜封建制度，曾经是人类社会生产方式的革命性变革，极大地解放和促进了社会生产力的发展。但资本主义越发展，就越是不断制造出对自身的否定因素，使资本主义生产关系越来越成为生产力发展的障碍，必然为社会主义所代替。

（一）社会主义代替资本主义具有必然性

资本主义经济制度终将被社会主义制度代替是由资本主义经济制度的根本缺陷所决定的，其根本缺陷主要表现在以下几个方面。

第一，在生产资料所有制上，资产阶级占有生产资料，资本家凭借资本所有权可以奴役雇佣劳动，而雇佣工人则仅仅是作为其劳动力商品的使用价值来发挥作用，为资本家生产剩余价值。这些剩余价值又成为不断扩大对雇佣工人剥削，从而获得更多剩余价值的手段，使劳动臣服和隶属于资本。雇佣工人与资本家在生产领域是尖锐对立的。

第二，在分配上，资本家凭借资本所有权，通过绝对剩余价值生产与相对剩余价值生产，占有越来越多的剩余价值。而雇佣劳动者一方面在国民收入中所占的份额相对下降，即相对贫困化。另一方面，随着资本积累与资本主义经济的周期性的波动，面临着失业及生活水平下降，即绝对贫困化的威胁。资本积累与无产阶级贫困的积累相伴而生。无产阶级的贫困加

深了无产阶级和资产阶级的矛盾。

第三，资本主义私有制与社会化大生产的矛盾使得资本主义经济的运行不可避免地要在经常发作的经济危机中循环。从资本主义制度确立到现代国家垄断资本主义，资本主义经济运行经历了“市场自发调节论”和“国家干预论”交互替换的过程，但由于资本主义私有制这一本质没有改变，资本主义经济运行已经被证明不可能超越其基本矛盾。私有制受市场调节的盲目性与社会化大生产要求的经济运行的比例性、协调性的矛盾始终没有找到解决的最佳方式。

这些制度及体制性的缺陷表明,资本主义社会的生产力与生产关系已经越来越不相适应。一方面，新的、反映生产力与社会化大生产客观要求的社会主义生产关系的建立与发展仅仅是时间的问题了；另一方面，在资产阶级积累起巨额财富的同时，无产阶级却陷于失业、贫困的境地。这导致无产阶级和资产阶级之间的矛盾日趋激化。这两个方面的交互作用，形成资本主义的基本矛盾及无产阶级与资产阶级的矛盾。

资本主义基本矛盾导致经济危机的频繁爆发，无产阶级与资产阶级的矛盾也在经济危机中不断激化，发展成为对抗性矛盾。按照资本主义自身发展的辩证法，必然引起无产阶级起来剥夺资产阶级，即剥夺者被剥夺。马克思指出，这是不以人的意志为转移的必然趋势。

垄断资本主义（私人垄断资本主义和国家垄断资本主义，特别是国家垄断资本主义）的发展，一方面使资本主义发生了许多马克思不可预见的变化,主要是资本主义生产关系的某些局部调整；另一方面，也为未来的社会主义准备了更为充分的主观、客观条件，使马克思的预见更接近于变成现实。

2007年开始，一场由美国次贷危机引起的世界金融与经济危机再次暴露出了资本主义制度的弊端，也再次证明了马克思主义理论的强大生命力，充分体现了社会主义制度的优越性。

（二）社会主义取代资本主义是一个漫长、曲折的过程

马克思指出：“无论哪一种社会形态，在它们所能容纳的全部生产力发挥出来之前，是决不会灭亡的；而新的更高的生产关系，在它存在的物质条件在旧社会的胎胞里成熟以前，是决不会出现的。”这是经济全球化条件下两种社会制度并存和发展的理论依据。

在当今世界格局中，社会主义制度与资本主义制度并存和共同发展，将是长期的现象。资本主义必然被社会主义取代，是由资本主义自身发展的内在规律所决定的，是根源于资本主义基本矛盾发展的历史必然性。但资本主义基本矛盾运动的复杂性、曲折性决定了社会主义取代资本主义的长期性。一方面，资本主义经济制度内部通过调整使生产关系所能容纳的生产力仍有较大的空间。资本主义社会无论在深度还是广度上都有潜力可挖，还有缓解基本矛盾的方法，生产力无论是在国内还是国际上都有广泛发展的余地。只要资本主义制度还没有发挥它所能容纳的全部生产力，社会主义就还得和资本主义在同一地球上并存下去。另一方面，资本主义世界体系中，发达资本主义国家处在科技发展的前列，拥有经济、军事上的

优势，主要资本主义国家间的经济联系、合作密切，以跨国公司、跨国财团为代表的国际垄断资本实力雄厚，大批发展中国家仍然不同程度地依赖于发达的资本主义国家和国际垄断资本。与此同时，取得社会主义革命胜利的社会主义国家，虽然代表着人类社会发展的方向，具有强大的生命力，但他们原有的经济基础薄弱，仍属于科技、经济实力较弱的发展中国家，他们需要加快发展，创造出比资本主义更高的劳动生产率。

可见，在经济全球化背景下，在两种制度的共存和发展中既有竞争又有合作，社会主义国家要善于抓住机遇，学习、吸收发达资本主义国家发展生产力的经验和成果，减少经济全球化带来的负面影响，让社会主义制度的优越性和活力充分地呈现出来，最终战胜资本主义。社会主义战胜资本主义的根本，是将社会主义建设好，使之生产力发达、政治民主、精神文明，充分而全面地展示其优越性。我们应该坚信，不论历史发展进程如何曲折、复杂，资本主义制度在全世界范围内最后消亡，社会主义在全世界范围的最后胜利是不可避免的，这是人类社会历史发展的必然趋势。

小结

1. 自由竞争必然引起生产和资本的集中，而生产和资本集中发展到一定阶段必然产生垄断。

2. 垄断资本主义较之自由竞争资本主义具有一些新特征：垄断成为资本主义社会经济生活的基础，金融资本和金融寡头控制着经济，资本输出成为其经济扩张的重要手段，与此同时，各国垄断组织从经济上瓜分世界，形成了国际垄断同盟。

3. 国家垄断资本主义是资产阶级国家政权与私人垄断资本相结合的垄断资本主义，其基本形式由国家直接掌握的垄断资本、国家与私人垄断资本在企业内部结合以及国家与私人垄断资本在企业外部的结合。战后国家垄断资本主义的迅速发展，其根本原因是资本主义基本矛盾的不断发展和深化。国家垄断资本主义的实质是垄断资产阶级控制国家政权并利用国家对经济的干预，来维护其垄断地位并保证获得稳定的高额垄断利润。

4. 经济全球化的主要内容是生产全球化、贸易全球化和资本全球化。其实质是以发达资本主义国家为主导的经济运动。全球化过程中，发达资本主义国家之间经济关系的实质，就是以维护本国垄断资本利益为主的既有矛盾和冲突也有协调与合作的关系。发达国家与发展中国家之间的经济关系的实质，仍然是剥削与反剥削、控制与反控制的关系。

5. 资本主义经济制度的根本缺陷决定了资本主义制度必将被社会主义所代替，但实现从资本主义向社会主义过渡的具体过程必然充满了曲折和复杂的斗争，是一个漫长的过程。

单元测试题

一、单项选择题

1. 垄断价格的出现表明，垄断能（　　）。

A. 创造出新的价值，从而不违背价值规律

B. 增加商品价值总量，不受价值规律制约

C. 提高或压低个别商品的价格，但受价值规律制约

D. 增加商品价值总量使之与商品价格总额相等

2. 在资本主义垄断阶段，(　　)。

A. 垄断完全排除了竞争

B. 垄断和竞争并存

C. 只有垄断组织之间的竞争，没有非垄断企业之间的竞争

D. 只有垄断企业和非垄断企业之间的竞争，没有垄断组织之间的竞争

3. 垄断组织为了获取高额垄断利润，依靠其垄断地位而规定的市场价格是(　　)。

A. 生产价格　　B. 垄断价格　　C. 成本价格　　D. 最低销售价格

4. 垄断统治的目的是为了(　　)。

A. 控制生产　　B. 控制流通

C. 获取高额垄断利润　　D. 维护自己的统治

5. 自由竞争必然会引起生产和资本的集中，而生产和资本集中发展到一定程度会自然地(　　)。

A. 走向垄断　　B. 爆发危机　　C. 形成联合　　D. 缓和冲突

6. 垄断利润主要是通过(　　)实现的。

A. 竞争　　B. 宏观调控　　C. 垄断价格　　D. 工业企业

7. 垄断组织通过垄断价格实现的垄断利润，最终来源于(　　)。

A. 雇佣工人和其他劳动者创造的价值和剩余价值

B. 销售价格和进价的差额

C. 垄断资本家的节约

D. 对外贸易

8. 国家垄断资本主义是资本主义国家(　　)。

A. 与私人垄断资本相结合的资本主义

B. 掌握全部私人垄断资本的资本主义

C. 掌握全部社会垄断资本的资本主义

D. 通过投资实现全部资本国有化的垄断资本主义

9. 主要资本主义国家相继由自由竞争阶段发展到垄断阶段的时间是(　　)。

A. 18世纪中叶　　B. 19世纪中期

C. 19世纪末20世纪初　　D. 第二次世界大战后

10. 垄断资本主义最根本的经济特征是(　　)。

A. 垄断统治的确立　　B. 金融寡头的统治

C. 垄断资本的国际化　　D. 国家垄断资本主义

11. 国家垄断资本主义的产生，从根本上说是(　　)。

A. 生产社会化的必然结果　　B. 资本主义基本矛盾深化的必然结果

C. 资本主义经济宏观调控的必然结果　　D. 市场经济发展的一般规律

12. 垄断资本主义国家事实上的主宰者是(　　)。

A. 银行资本家　　B. 工业资本家　　C. 金融寡头　　D. 商业资本家

13. 金融寡头在经济上和政治上的统治方式分别是（　　）。

A. 参与制与个人联合

B. 个人联合与参与制

C. 参与制与建立政策研究咨询机构对政府施加影响

D. 个人联合与建立政策研究咨询机构对政府施加影响

14. 垄断资本的统治就是（　　）。

A. 工业资本的统治　　B. 金融资本的统治

C. 银行资本的统治　　D. 商业资本的统治

15. 垄断资本主义国家从经济上瓜分世界的手段是（　　）。

A. 商品输出　　B. 资本输出

C. 占领殖民地　　D. 建立国际垄断同盟

16. 当代私人国际垄断组织的主要形式是（　　）。

A. 跨国公司　　B. 国际辛迪加　　C. 国际卡特尔　　D. 混合联合公司

17. 垄断资本主义国家社会经济生活的基础是（　　）。

A. 垄断　　B. 资本输出　　C. 国家垄断资本　　D. 占领殖民地

18. 垄断资本在国外设立企业进行生产经营是（　　）。

A. 政治上控制输入国　　B. 对外经济援助

C. 生产资本输出　　D. 借贷资本输出

19. 金融寡头通过掌握股票控制额的方式，控制和支配其他众多的企业的方式是（　　）。

A. 资本相互渗透　　B. 参与制　　C. 资本集中　　D. 资本积聚

20. 各种垄断组织虽然形式不同，但本质上都是为了（　　）。

A. 联合起来共同发展　　B. 避免两败俱伤

C. 相互之间的竞争　　D. 获取高额垄断利润

21. 在垄断阶段，垄断银行的新作用是（　　）。

A. 简单的借贷中介人　　B. 给借贷双方提供货币基金的服务

C. 由普通的中介人变成万能的垄断者　　D. 向工业企业提供大量贷款

22. 垄断资本主义国家对经济的宏观管理与调节代表着（　　）。

A. 大垄断资本家的经济利益　　B. 中小资本家的经济利益

C. 垄断资产阶级的整体利益　　D. 全体劳动人民的共同利益

23. 解决资本主义基本矛盾的唯一途径是（　　）。

A. 用垄断代替自由竞争

B. 用国家垄断资本主义代替私人垄断资本主义

C. 用国际垄断代替国家垄断资本主义

D. 用社会主义制度代替资本主义制度

24. 资本主义国有企业垄断资本的组织形式是（　　）。

A. 国有企业　　B. 资本主义国有企业

C. 资本主义股份制公司　　D. 资本主义国有经济

25. 国家垄断资本主义的实质是（　　）。

A. 垄断资本家控制国家，并利用国家对经济的干预来保证自己获得高额垄断利润

B. 社会主义的前夜

C. 对资本主义生产方式的否定

D. 资本主义公有制

26. 资本跨国从事商品生产和经营（通过对外直接投资，在他国兴建生产性企业）是（　　）。

A. 产业资本的国际化　　B. 商业资本的国际化

C. 借贷资本的国际化　　D. 货币资本的国际化

27. 经济全球化的实质是（　　）。

A. 以发达国家资本主义为主导的经济运动

B. 世界向共产主义的过渡

C. 发达国家与发展中国家的对抗与合作

D. 发展中国家争取建立国际经济新秩序

28. 当代经济全球化的主要承载者和体现者是（　　）。

A. 国际货币基金组织　　B. 联合国

C. 世界贸易组织　　D. 跨国公司

29. 在经济全球化条件下，发达资本主义国家之间经济关系的实质是（　　）。

A. 剥削与反剥削、控制与反控制之间的经济关系

B. 合作与竞争共存的关系

C. 以维护本国利益为主的既有矛盾冲突又有协调合作的关系

D. 共同瓜分世界的关系

30. 在经济全球化条件下，发达资本主义国家与发展中国家之间经济关系的实质是（　　）。

A. 剥削与反剥削、控制与反控制之间的经济关系

B. 合作与竞争共存的关系

C. 既有矛盾冲突又有协调合作的关系

D. 和平外表掩盖下的竞争关系

二、多项选择题

1. 第二次世界大战后，垄断资本主义国家对发展中国家采取了新殖民主义的统治方式，其主要手段有（　　）。

A. 资本输出　　B. 经济渗透

C. 促进跨国公司对外扩张　　D. 政治兼并

2. 资本主义社会的发展大体可分为两个阶段，即（　　）。

A. 自由竞争资本主义　　B. 资本主义原始积累阶段

C. 垄断资本主义　　D. 国际垄断资本主义

3. 融合或混合生长而成金融资本的有（　　）。

A. 银行资本　　B. 工业资本

C. 垄断的银行资本　　D. 垄断的工业资本

4. 垄断竞争即垄断时期由垄断本身产生的竞争包括（　　）。

A. 垄断组织内部的竞争　　B. 垄断组织之间的竞争

C. 非垄断企业之间的竞争　　D. 垄断组织与非垄断企业之间的竞争

5. 国家垄断资本主义的基本形式有（　　）。

A. 国营企业　B. 国私合营企业　C. 国家调节经济　D. 跨国公司

6. 资本主义股份公司（国家参与制企业）形成的途径包括（　　）。

A. 国家和私人垄断资本共同投资于一个新的企业

B. 国家向私人出售一部分国有企业的股份

C. 国家出资收购原有的私人垄断企业

D. 国家收购一部分原有私人企业的股份

7. 资本主义社会中生产力的发展和生产社会化程度的提高为社会主义制度的建立准备了完备的物质基础，（　　）。

A. 因而资本主义制度将自行灭亡

B. 并不意味着资本主义制度将自行灭亡

C. 但社会主义战胜资本主义还是要经过长期和反复的斗争

D. 因而社会主义代替资本主义是必然的历史趋势

8. 根据列宁的分析，垄断资本主义的基本经济特征有（　　）。

A. 垄断在经济生活中占统治地位

B. 在金融资本的基础上形成了金融寡头的统治

C. 资本输出在经济生活中占重要地位的同时国际垄断同盟在经济上瓜分世界

D. 垄断资本主义列强瓜分世界

9. 经济萧条时期中央银行应采取以下哪些手段来调节货币供应量？（　　）

A. 降低法定准备金率　　B. 降低再贴现率

C. 减少税收　　D. 在金融市场上买进各种有价证券

10. 在经济过热时，资本主义国家会采取以下做法来调节经济。（　　）

A. 扩大税收

B. 减少政府财政预算

C. 中央银行提高法定准备金率和再贴现率

D. 中央银行在金融市场卖出各种有价证券

11. 经济全球化的主要内容包括（　　）。

A. 生产全球化　B. 贸易全球化　C. 资本全球化　D. 科技全球化

12. 资本主义国际经济协调的主要形式有（　　）。

A. 国际经济组织的协调　　B. 区域经济联盟的协调

C. 政府首脑会晤的协调　　D. 第三国家出面协调

13. 经济全球化的发展，加剧了各发达资本主义国家之间的经济矛盾，并使这些经济矛盾主要表现为（　　）。

A. 贸易冲突　B. 金融冲突　C. 投资冲突　D. 关税冲突

14. 在众多的国际经济组织中，被认为是以国际经济组织协调国际经济关系的三大支柱是（　　）。

A. 国际货币基金组织　　B. 世界银行

C. 世界贸易组织　　D. 联合国

15. 经济全球化对世界经济发展带来的消极影响主要表现在（ ）。

A. 把市场经济的矛盾扩大到世界范围

B. 把资本的动机和目的扩展到世界范围

C. 把一国资本主义经济政治发展的不平衡扩展到世界范围

D. 把一国资本主义发展中的两极分化扩展到世界范围

三、名词解释

垄断 资本输出 跨国公司 垄断价格 国际垄断同盟 经济全球化 国际经济新秩序

四、问答题

1. 什么是金融寡头？金融寡头通过哪些方式实现其在经济和政治乃至整个社会生活上的统治？

2. 什么是金融资本？它是怎样形成的？

3. 什么是国家垄断资本主义？简述其产生原因、基本形式和实质。

4. 如何理解社会主义代替资本主义的必然性和曲折性？

5. 经济全球化对世界经济发展的影响有哪些？

第三篇

中国特色社会主义的经济制度与经济运行

本篇概要

本篇考察的是社会主义的生产关系，包括中国特色社会主义的基本经济制度、分配制度、经济体制与经济发展。

第七章　中国特色社会主义的经济制度

【学习目的与要求】

本章分析了中国特色社会主义的所有制结构和分配制度，即以公有制为主体、多种所有制经济共同发展的基本经济制度和以按劳分配为主体、多种分配方式并存的个人收入分配制度。学习本章，要领会多种所有制经济共同发展和多种分配方式并存的客观必然性；全面把握社会主义公有制的内涵、主体地位及实现形式；了解非公有制经济的主要形式与作用；掌握按劳分配的特点；坚持和完善社会主义初级阶段的其他分配方式。

第一节　以公有制为主体、多种所有制经济共同发展

一、我国现阶段的所有制结构

生产资料所有制是人们在生产过程中结成的经济关系，一般表现为经济主体在社会生产中对生产资料的占有形式。生产资料所有制作为一个经济范畴，不单单指生产资料归谁所有，它是指人们对生产资料的所有、占有、支配和使用诸方面的关系，它是一定生产关系的基础。

提示与说明

生产关系的基础是生产资料所有制。社会主义生产关系（社会主义经济制度）的基础是公有制和按劳分配。

社会主义生产关系的实质，是以生产资料公有制和按劳分配为基础，消灭私有制，消除两极分化，实现共同富裕。

人们对生产资料的所有、占有、支配和使用，体现在法律上就成为对生产资料的所有权、占有权、支配权和使用权。生产资料所有权反映的是生产资料的归属关系，生产资料的占有权就是对生产资料的实际拥有权，生产资料的支配权就是决定生产资料的投放权力，生产资料的使用权是运用生产资料进行生产的权利。

马克思和恩格斯根据发达国家的情况曾经设想，社会主义的全部生产资料由社会直接占有，即实行单一的社会主义全民所有制的过渡形式。他们在谈到集体所有制时，仅仅把它看成私有制向全民所有制的过渡形式。

十月革命后列宁指出，像俄国这样小农经济占优势的国家，不能过渡到马克思、恩格斯所设想的“纯社会主义经济形式”，他肯定了合作经济的社会主义性质，阐明了合作经济对社会主义发展的重大意义，以后又肯定了全民所有制和集体所有制是社会主义公有制的两种基本形式，成为社会主义国家流行的所有制结构的模式。

生产资料社会主义公有制是社会主义生产关系体系的基础，社会主义的生产、分配和消费等方面的经济关系，都是在社会主义公有制基础上形成和发展的。坚持社会主义经济制度，就必须坚持生产资料的社会主义公有制。

但在一个阶级社会形态中，生产资料所有制不可能是单一的，而是以一种所有制占统治地位，同时并存其他所有制形式，占统治地位的所有制形式决定该社会经济形态的性质。在我国社会主义初级阶段，生产力发展水平低，生产社会化程度不高，社会主义公有制的范围和公有化程度，必须与生产力发展水平相适应，不能实行纯而又纯的社会主义公有制，应当以社会主义公有制为主体，积极发展多种所有制经济。

概念提示

所有制结构是指各种不同的所有制形式在一定社会形态中的地位、所占比重及其相互关系。任何社会形态都存在一定的生产资料所有制结构。

改革开放以来，随着人们实践的发展，我国的所有制结构发生了巨大变化，原来单一公有制的结构已经为公有制为主体条件下多种所有制共同发展所代替。

★重要结论★

我国现阶段是以公有制为主体、多种所有制经济共同发展的所有制结构。

二、以公有制为主体、多种所有制经济共同发展的客观必然性

我国在改革开放以前很长的时期，由于对基本国情认识不足，发生了“左”的错误。在所有制结构问题上只是抽象地从社会主义的一般原理出发，而没有从我国社会主义初级阶段的实际和生产力发展水平出发，单纯地追求“一大二公三纯”，实行了一些超越我国社会发展阶段的错误政策，如重全民、轻集体、排挤个体、消灭私营，急于过渡，盲目求纯，几乎形成了公有制一统天下的局面，严重地阻碍了社会生产力的发展。

十一届三中全会以来，党和国家认真总结了在所有制问题上的经验教训，经过改革探索确立了以公有制为主体、多种所有制经济共同发展的所有制结构，逐步消除所有制结构不合理对生产力的羁绊，形成了公有制实现形式多样化和多种经济共同发展的局面。

党的十八大报告指出：要毫不动摇巩固和发展公有制经济，推行公有制多种实现形式，推动国有资本更多投向关系国家安全和国民经济命脉的重要行业和关键领域，不断增强国有经济活力、控制力、影响力。毫不动摇鼓励、支持、引导非公有制经济发展，保证各种所有制经济依法平等使用生产要素、公平参与市场竞争、同等受到法律保护。

在我国现阶段之所以建立以公有制为主体、多种所有制经济共同发展的所有制结构，是由我国的社会主义性质和初级阶段的国情决定的，具有客观性及必然性。

提示与说明

社会主义初级阶段的多种经济成分并存与过渡时期的多种经济成分并存是根本不同的，区别在于公有制经济在多种经济成分中是否占主体地位。现阶段的多种经济成分并存，是社会主义公有制经济在整个国民经济中占主体地位条件下的并存，而过渡时期是以私有制经济占绝对优势条件下的多种经济成分并存，是私有制经济处于被改造条件下的多种经济成分并存。

（一）我国的社会主义性质决定要坚持以公有制为主体

我国是社会主义国家，公有制是社会主义经济制度的基础，也是社会主义生产关系的本质特征。公有制经济的发展在本质上符合社会化大生产的要求，是社会主义现代化建设的支柱，是国家对社会经济运行进行宏观调控的主要物质基础。只有坚持公有制的主体地位，才能引导个体经济、私营经济和外资经济沿着有利于社会主义的方向前进，才能巩固和发展社会主义制度。

（二）我国的生产力状况决定要实行多种不同的所有制

我国进入社会主义以来，特别是改革开放以来，经济建设取得了举世瞩目的成就，把一个落后的农业大国建设成拥有独立的、比较完整的国民经济体系的国家。但从总体上来看，我国的生产力水平低，发展不平衡，呈现多层次性，主要表现在部门、地区发展不平衡，自动化、现代化的先进生产手段与手工操作的简陋工具等多层次的生产力并存。

只有根据不同生产力发展水平的要求，实行多种不同的所有制，使所有制结构与生产力结构相适应，才能发挥生产关系对生产力的促进作用。这是由生产关系一定要适应生产力发展状况的规律决定的。在社会主义初级阶段，公有制经济本身的发展是不完善、不成熟的，它不能解决社会经济发展的所有问题。这也要求我们发展多种所有制经济，来促进社会主义经济的发展。

（三）一切符合“三个有利于”标准的所有制形式，都应当为发展社会主义服务

一切符合“三个有利于”标准的所有制形式都可以而且应当用来为社会主义经济发展服务。

评价生产资料所有制形式是否优越，不能抽象地以公有化的程度为标准，而是要看它是否适应生产力发展的要求，能否促进生产力的发展。各种不同的所有制形式，不论其是否是公有制以及公有化程度的高低，在它们所能容纳的生产力范围，都有其不可替代的作用。

提示与说明

“三个有利于”是1992年初邓小平在视察南方的重要讲话中提出来的。他指出，判断各方面工作是非得失的重要标准就是：“是否有利于发展社会主义社会的生产力，是否有利于增强社会主义国家的综合国力，是否有利于提高人民的生活水平”。（邓小平，1993）[372]

党的十一届三中全会以来的实践证明，以公有制为主体、多种经济成分共同发展的所有制结

构有利于发展我国的社会生产力，有利于增强国家的综合国力，有利于提高人民生活水平。

补充资料

2013—2015 年，（我国）国内生产总值年均增长 7.3%，由高速增长转为中高速增长，在世界主要经济体中名列前茅，明显快于同期世界经济 2.4%左右的年均增速。我国经济体量持续扩大，增量尤为可观，对世界经济增长的贡献超过 25%。现在经济每增长 1%，相当于 5 年前增长 1.5%、10 年前增长 2.5%。就业和物价总体稳定，居民收入较快增长。由于服务业发展势头较好、“双创”积极推进，在经济增速放缓的背景下我国就业总量持续扩大，是经济运行的突出亮点。2013—2015 年，每年城镇新增就业均超过 1 300 万人，与此同时，物价保持稳定，居民消费价格涨幅均在 2%左右，全国居民人均可支配收入年均实际增长 7.8%，快于同期国内生产总值年均增速。

本资料摘自《求是》2016年第 5 期《党的十八大以来我国经济建设取得的成就和经验》（国家统计局党组），国家统计局网站转载链接。

三、坚持和完善社会主义初级阶段的基本经济制度

公有制为主体、多种所有制经济共同发展是我国社会主义初级阶段的基本经济制度。随着实践的发展，党的“十六大”根据解放生产力和发展生产力的要求，进一步提出坚持和完善基本经济制度的原则要做到两个“毫不动摇”和一个“统一”。

第一，必须毫不动摇地巩固和发展公有制经济。毫不动摇地巩固和发展公有制经济，是坚持和完善社会主义初级阶段基本经济制度必须遵循的一条基本原则。马克思主义认为，所有制是社会经济制度的核心和基础，决定社会经济制度的性质。我国是社会主义国家，必须坚持公有制的主体地位。

第二，必须毫不动摇地鼓励和支持非公有制经济发展。毫不动摇地鼓励、支持和引导非公有制经济发展，是坚持和完善社会主义初级阶段基本经济制度必须遵循的又一条基本原则。

第三，坚持公有制为主体，促进非公有制经济发展，使两者统一于社会主义现代化建设的进程中，不能把这二者对立起来。各种所有制经济完全可以在市场竞争中发挥各自优势，相互促进，共同发展。

毫不动摇地巩固和发展公有制经济，毫不动摇地鼓励、支持和引导非公有制经济发展，使两者在社会主义现代化进程中相互促进，共同发展，是必须长期坚持的基本方针，是完善社会主义市场经济体制、建设中国特色社会主义的必然要求。

党的十八届三中全会进一步指出，“公有制为主体、多种所有制经济共同发展的基本经济制度，是中国特色社会主义制度的重要支柱，也是社会主义市场经济体制的根基。公有制经济和非公有制经济都是社会主义市场经济的重要组成部分，都是我国经济社会发展的重要基础”“必须毫不动摇巩固和发展公有制经济，坚持公有制主体地位，发挥国有经济主导作用，不断增强国有经济活力、控制力、影响力。必须毫不动摇鼓励、支持、引导非公有制经济发展，激发非公有制经济活力和创造力。要完善产权保护制度，积极发展混合所有制经济，推动国有企业完善现代企业制度，支持非公有制经济健康发展。”

《中华人民共和国国民经济和社会发展第十三个五年规划纲要》指出，坚持和完善基本经济制度，要“坚持公有制为主体、多种所有制经济共同发展。毫不动摇巩固和发展公有制经济，毫不动摇鼓励、支持、引导非公有制经济发展。依法监管各种所有制经济。”

提示与说明

多种经济成分并存是当代资本主义和社会主义共有的经济现象。当代资本主义经济中不仅有私有制经济成分，也有国有经济成分以及其他经济成分；在社会主义经济中不仅有公有制经济成分，也有私有制经济成分以及其他经济成分。

但是资本主义和社会主义的基本经济制度的性质是根本不同的。生产资料所有制是一个社会基本经济制度形成的基础。在一个社会的生产资料所有制结构中，占主体地位的所有制成分决定这个社会基本经济制度的性质。资本主义和社会主义基本经济制度性质的根本区别在于它们占主体地位的所有制成分根本不同。

我国社会主义初级阶段，生产资料公有制经济占主体地位，其他经济成分是社会主义市场经济的重要组成部分。在公有制经济与非公有制经济相互联系、相互作用中公有制经济得到巩固和发展，并取得了多种实现形式。非公有制经济也因此得到改变和发展。因此，必须毫不动摇地巩固和发展公有制经济，毫不动摇地鼓励、支持和引导非公有制经济发展。

实践证明，要体现出社会主义的本质，极大地解放和发展生产力，就必须坚持以公有制为主体，多种所有制经济共同发展的基本经济制度。

第二节　社会主义公有制经济

一、社会主义公有制的内涵

巩固和发展公有制经济，首先要对什么是社会主义公有制经济有一个正确的理解，必须全面认识公有制经济的含义。

生产资料社会主义公有制，其实质和核心是社会主义条件下全体社会成员或部分社会成员共同占有生产资料，实现了人们在生产资料面前的平等。在公有制范围内，对生产资料的支配、使用，以及由此取得的收益都必须服从于和服务于他们共同的意志和需要。任何个人或少数人都不能利用生产资料占有他人的劳动成果、为自己谋取私利。凡是具有这种特点和性质的所有制，不论其具体形式如何，都属于公有制经济的范围。

提示与说明

党的“十五大”报告指出：“公有制经济不仅包括国有经济和集体经济，还应包括混合所有制经济中的国有成分和集体成分。”

（一）国有经济

国有经济，即全民所有制经济，是由全社会范围内联合起来的劳动者共同占有生产资料的公有制形式。我国现阶段生产资料由国家代表全体人民所有，采用国家所有制形式，所以也称为国有经济。

国有经济是同社会化大生产密切联系的社会主义公有制。在国有制企业中，劳动者作为生产资料的联合所有者与生产资料相结合，消除了利用生产资料私有进行剥削的可能。劳动者成为生产过程的主人，劳动的全部成果归劳动人民所有。

在我国，矿藏、水流、森林、草原、荒地、滩涂和其他海陆自然资源（由法律规定属于集体所有的森林和土地、草原、荒地、滩涂除外），都属于全民所有。国有的铁路、银行、邮政、电信以及国有的工厂、农场、商店等企业，也都属于全民所有。

可见，国有经济在关系国民经济命脉的重要领域和关键领域占支配地位，拥有雄厚的经济实力和比较先进的生产技术，在国民经济中起主导作用，是社会主义国家的主要经济基础，在社会主义国民经济中居于主导地位。

补充资料

2014 年，全国国有企业（不包括金融类国有企业）资产总额 102.1 万亿元，净资产 35.6 万亿元，实现利润总额 2.5 万亿元，上缴税金 3.8 万亿元，分别是改革开放之初的 141 倍、73 倍、38 倍、65 倍，进入世界 500 强的 94 家大陆企业中有 84 家是国有企业。

本资料摘自人民网/《人民日报》2015 年 11 月 24 日《坚持公有制为主体多种所有制经济共同发展（学习贯彻党的十八届五中全会精神）》（王勇）。

（二）集体所有制经济

集体所有制经济是指由一部分劳动群众共同占有生产资料的一种社会主义公有制形式。集体所有制经济是劳动群众根据自愿互利原则组织起来的，独立经营、自负盈亏的合作经济组织，是社会主义公有制的一种具体形式。

集体所有制经济一方面同占主导地位的社会主义全民所有制经济相联系，并受其制约，按照社会主义原则进行经营管理，沿着社会主义方向前进；另一方面，在集体经济组织的范围内实现了劳动者生产资料所有关系上的平等，劳动者之间建立了平等的互助合作关系。

集体所有制是公有制经济的重要组成部分，在社会主义建设中发挥着积极作用。集体所有制经济可以体现共同致富原则，能广泛地吸收社会分散资金，适应不同生产力发展水平的需要，增加公共积累和国家税收。同时，集体所有制企业还在适应市场需要，满足不同层次就业等方面，有着国有经济不可替代的作用。因此，大力发展集体所有制经济，对发挥公有制经济的主体作用，推进公有制经济的发展具有重要的战略意义。

现阶段，我国的社会主义集体所有制包括农村集体所有制和城镇集体所有制。农村中普遍实现的家庭联产承包经营是我国农村集体经济的主要经营方式。家庭联产承包经营是指由农户承包集体经济组织的土地资料等生产资料，联系产量计算报酬的一种经营方式。

在家庭联产承包经营中基本的生产资料如土地、农田水利设施等，仍归集体所有，其他生产资料交给农户。

（三）混合所有制经济中的国有成分和集体成分

改革开放以来，随着我国经济的发展，投资来源的多元化，企业组织形式的多样化，所有制形式也越来越多样化，特别是各种所有制之间相互渗透、融合所形成的混合所有制经济得到了很大发展。十八届三中全会通过的《关于全面深化改革若干重大问题的决定》提出，“要积极发展混合所有制经济”“混合所有制是我国基本经济制度的重要实现形式”。

《中华人民共和国国民经济和社会发展第十三个五年规划纲要》指出，积极稳妥发展混合所有制经济。支持国有资本、集体资本、非公有资本等交叉持股、相互融合。推进公有制经济之间股权多元化改革。稳妥推动国有企业发展混合所有制经济，开展混合所有制改革试点示范。引入非国有资本参与国有企业改革，鼓励发展非公有资本控股的混合所有制企业。鼓励国有资本以多种方式入股非国有企业。

视野拓展

为什么要实行混合所有制经济？怎样实行混合所有制经济？

推荐读者关注环球视野2015年7月20日文章《为什么要实行和怎样实行混合所有制经济》（卫兴华）文章和《国务院关于国有企业发展混合所有制经济的意见》（国发〔2015〕54号）。

混合所有制经济目前主要有股份公司、跨所有制所组成的企业和企业集团、中外合资企业和中外合作经营企业等。其中，由国家和集体控制的混合所有制经济，则更具有明显的公有性，有利于扩大公有经济的支配范围，增强公有制的主体地位。

随着经济体制改革的深化，混合所有制经济中的公有成分在整个国民经济中越来越重要。

二、社会主义公有制的主体地位

（一）公有制主体地位的体现

提示与说明

公有制经济在国民经济中处于主体地位，主要体现在以下两个方面。

一是公有资产在社会总资产中占优势。建国几十年来，我国的社会主义公有制经济，特别是国有经济，已经积累了数额巨大的公有资产，这是坚持公有制经济主体地位的重要物质基础。

二是国有经济控制国民经济命脉，对经济发展起主导作用。

国有经济的主导作用是就全国而言的，有些地方、有些产业可以有所差别；公有资产占优势，要有量的优势，更要注重质的提高。

国有经济的主导作用主要体现在控制力上。国有经济在关系国民经济命脉的重要行业和关键领域占支配地位，支撑、引导和带动整个社会经济的发展，在实现国家宏观调控目标中发挥着重要作用。

国有经济的布局，要从战略上进行调整。对关系国民经济命脉的重要行业和关键领域，国有经济必须占支配地位，在其他领域可以通过资产重组和结构调整，根据“有进有退，有所为有所不为”的原则，加强重点，提高国有经济整体质量。只要坚持公有制经济为主体，国家控制经济命脉，增强国有经济的控制力和竞争力，在这个前提下，国有经济比重减少一些，不会影响社会主义性质。

（二）坚持公有制经济的主体地位

在生产关系中，生产资料起决定作用，它决定人们在直接生产过程中的关系。在我国坚持公有制经济的主体地位是由社会主义的性质以及它在国民经济中的作用决定的，具体说有以下几方面。

（1）社会主义公有制经济是与社会化大生产相适应的，是同社会发展的方向相一致的。以公有制为基础的社会主义生产关系是适应社会化生产的客观要求而产生的，从根本上解决了社会化大生产和私有制之间的矛盾，极大地促进了生产力的发展。

（2）公有制经济是社会主义制度的根本特征，是社会主义社会的经济基础，只有依靠作为主体的公有制经济的力量，社会主义国家才有充分的经济实力引导个体经济、私营经济和外资经济沿着有利于社会主义的方向发展。

（3）公有制经济控制国民经济的命脉，拥有现代化的物质技术力量，控制生产和流通，它是社会主义现代化建设的主要支柱、国家财政收入的重要来源和国家实行宏观调控的主要物质基础。

视野拓展

推荐读者阅读《京华时报》2015年11月25日第004版新闻报道《习近平：公有制主体地位不能动摇》。

（4）社会主义公有制经济是满足社会成员日益增长的物质文化需要，实现劳动人民经济上、政治上的主人地位和全体社会成员共同富裕的不可缺少的物质保证。

总之，坚持公有制经济的主体地位，是马克思主义的一条不可动摇的根本原则，是我们进行所有制结构调整的基本前提，也是我国社会主义市场经济的基本标志。只有坚持公有制经济的主体地位，才能保证国民经济的发展沿着社会主义方向前进，才能防止两极分化，最终实现共同富裕，才能保证社会主义制度的巩固和发展。

三、公有制的实现形式

十八大报告指出，要毫不动摇地巩固和发展公有制经济，推行公有制多种实现形式，推动国有资本更多地投向关系国家安全和国民经济命脉的重要行业和关键领域，不断增强国有经济的活力、控制力和影响力。巩固和发展公有制经济，还要努力寻找能够极大促进生产力发展的公有制实现形式。公有制的实现形式与公有制是有区别的。

提示与说明

所有制作为生产关系的基础，有公有制与私有制、社会主义与资本主义的区别。而所有制的实现形式是采取怎样的经营方式和组织形式问题，它不具有“公”与“私”“社”与“资”的区分。同样的所有制可以采取不同的所有制实现形式，而不同的所有制可以采取相同的实现形式。

公有制反映的是生产资料所有权的归属，坚持公有制的性质，根本是坚持国家和集体对生产资料的所有权。公有制的实现形式反映的是资产的组织形式和经营方式，是公有制的体现，适当的公有制实现形式有利于公有制的完善。

因为实现形式要解决的是发展生产力的组织形式和经营方式问题，因此，只要有利于生产力的发展，公有制实现形式就可以而且应该多样化，一切反映社会化生产规律的经营方式和组织方式都可以大胆利用。在我国的社会主义经济实践中，公有制可以采取独资企业、股份制、股份合作制、合作社等组织形式，在经营方式上，可以实行公有公营、公有民营、租赁或承包经营等方式。

随着国有经济、集体经济改革的深化，多种所有制经济的发展，投资主体的多元化，公有制经济的实现形式一定会更加多样化。公有制经济实现形式的多样化，有利于强化产权约束，有利于调动劳动者的积极性，有利于提高企业和资本的运作效率，促进生产力发展。

股份制是公有制的一种主要实现形式，是以入股的方式筹集资金的一种资本组织形式。股份制是资本集中的一种形式，它可以在短时期内迅速集中大量资本，弥补个别资本积累和积聚的不足，缓解个别资本积累的有限性同发展社会化大生产要求巨额资本之间的矛盾。这一形式有利于所有权与经营权的分离，有利于提高企业和资本的运作效率。我们应该吸收和借鉴当今世界各国包括资本主义发达国家的一切反映社会化大生产规律的先进的企业组织形式和管理方式。股份制不存在姓“社”姓“资”的问题，其性质如何关键看控股权掌握在谁手中。在社会主义条件下，国家和集体控股，具有明显的公有性，有利于扩大公有制经济的支配范围，增强公有制经济的主体地位。

国有企业实行股份制，企业可以独立地运用和经营所有者投资形成的资本，有利于实行政企分开和所有权与经营权的分离，有利于促使企业按照市场经济规律进行活动，增强自我约束、自我激励机制，有利于提高企业和资本的运作效率，通过发行股票广泛地筹集资金，有利于解决企业发展资本不足的问题，还有利于建立跨地区、跨行业、跨所有制和跨国经营的大企业集团。

股份合作制是兼有股份制和合作制特点的一种公有制实现形式。它是以劳动者的劳动联合和劳动者的资本联合为主的集体经济。劳动者除了按劳动取得报酬外，还应按其投入的资本额取得相应的收入。所以，它既不同于股份制，又不同于合作制。股份合作制企业中的职工既是劳动者，又是投资者，共同劳动，共担风险，利益共享，使劳动者与企业利益结为一体，从而充分调动劳动者的积极性。要支持和鼓励股份合作制经济的发展。

第三节　社会主义非公有制经济

视野拓展

推荐读者通过新华网2016年3月5日新闻《“平语”近人——习近平谈非公有制经济》进一步了解党中央对待非公有制经济的态度。

在社会主义初级阶段，多种所有制经济的共同发展有其客观必然性，社会主义市场经济的发展是靠多种所有制经济共同实现的，必须毫不动摇地巩固和发展公有制经济，毫不动摇地鼓励、支持和引导非公有制经济发展。非公有制经济是我国社会主义市场经济的重要组成部分。十八届三中全会《中共中央关于全面深化改革若干重大问题的决定》指出，非公有制经济在支撑增长、促进创新、扩大就业、增加税收等方面具有重要作用。坚持权利平等、机会平等、规则平等，废除对非公有制经济各种形式的不合理规定，消除各种隐性壁垒，制定非公有制企业进入特许经营领域的具体办法。

一、非公有制经济的主要形式

（一）个体经济

个体经济，是指劳动者个人占有生产资料并以个人或家庭成员劳动经营为主的小私有制经济。其特点是既是劳动者，又是私有者：劳动者以自己的劳动为基础，不剥削他人的劳动，不具有剥削性质；生产资料和劳动成果个人私有，因而又是私有制经济。

个体经济是私有性质的非社会主义经济，但同资本主义私有制又有着本质的区别，那就是它不包含剥削。

提示与说明

在我国社会主义初级阶段，非公有制经济包括个体经济、私营经济和混合所有制经济中的非公有制成分。

个体经济是以简单工具和手工劳动为基础的，同较低的生产力发展水平相联系。主要包括：小手工业、零售商业、饮食业、修理业、运输业等，还有一些农业个体户。只要经济发展还不足以在全社会范围内淘汰这样的生产力水平，个体经济就有存在的客观性和必要性。

个体经济经营方式机动灵活，适应性强，经营时间长，可以在较小的规模里充分利用零星资源灵活发展生产，扩大社会服务，促进城乡商品流通，弥补公有制经济的不足，方便群众，较好地满足劳动人民的生活需要。同时，还可以充分利用各种闲散的、辅助的劳动力，有助于众多的剩余劳动力的安排，增加劳动群众的收入。

在社会主义初级阶段，在积极发展个体经济的同时，还必须加强对它的管理和引导，使其走上规范化发展的轨道。

（二）私营经济

私营经济，是以生产资料私人占有和雇佣劳动为基础，以获取利润为生产经营目的的一种私有制经济。它是非社会主义性质的经济成分。

在私营经济中，私营企业主占有和支配生产资料，依靠雇佣劳动进行生产经营活动。劳动者在私营企业主意志的支配下，通过雇佣关系同生产资料相结合，生产成果归私营企业主所有，因而在性质上属于存在剥削与被剥削关系的资本主义经济。

社会主义市场经济条件下私营经济具有双重性质，一是它是资本主义性质的经济；二是它是在社会主义公有制占主体地位的条件下，在进行经济体制改革过程中产生的，它要受社会主义国家的监督、管理，受到公有制的制约，是社会主义市场经济的重要组成部分。

因此，在私营经济的发展过程中，要加强管理和引导，依法保护其合法权益，充分发挥它的积极作用，限制它的消极作用，使之健康发展。

视野拓展

《中国个体私营经济与就业关系研究报告》显示，截至2015年9月底，全国7000余万家个体工商户、私营企业吸纳就业2.73亿人。

1990年至2014年，个体工商户从业人数从2093万人增加到1.06亿人，增长了4.06倍；私营企业雇工人员从148万人增加到1.14亿人，增长了76.13倍；私营经济投资者人数从22万人增加到3000万人，增长了132.93倍。

（三）外资经济

外资经济包括中外合资企业、中外合作经营企业中外商投资部分，以及外商独资企业。

这里的外资，是指中国大陆以外的台、港、澳地区及外国人资本的在华投资。外资是与作为主体实行社会主义制度的中国大陆各种所有制相区别的投资。

中外合资经营企业是指双方共同投资入股，共同经营，共负盈亏，共担风险，并按照投资（入股）比例分配收益的企业。这是股权式的经济实体。

补充资料

商务部网站数据显示，截至 2015 年 12 月底，全国非金融领域累计设立外商投资企业 836 404 家，实际使用外资金额 16 423 亿美元。

中外合作经营企业，一般是指中方提供土地、厂房、劳务等，外商提供资金、设备、技术等，共同兴办企业，并根据共同商定的条件和合同规定分享收益。这种企业，在合同期内外商可用提取折旧的办法收回投资，并分享企业利润，合同期满后所有财产（包括技术）归我方所有。这是契约式的经济实体。

外商独资企业，是外国的公司、企业和其他经济组织或个人，经我国政府批准，单独投资在我国设立的自负盈亏的企业。

中外合资、合作经营企业和外商独资企业中所吸收的外资，除个别的社会主义国家在我国的投资外，绝大多数是实行资本主义制度的国家和地区的投资。境外和海外资本家的投资，其资本当然是属于资本主义性质的。他们所获得的利润，实质上就是剩余价值。因此，这些企业中具有资本主义经济的成分。但是，这些企业是在社会主义国家的管理和调节下，同社会主义经济有着紧密的联系。它们都要遵守我国的法律，接受我国政府的指导、监督和管理。合资、合作经营企业还包含着社会主义公有制的股份，其中相当部分是由国家和集体控股的，双方共同经营、共同管理、共负盈亏。因此，外资经济不是一般的资本主义经济，是我们能够加以限制、能够规定其范围的资本主义经济。至于由国家集体控股的合资企业则具有明显的公有性。

外资经济作为我国社会主义市场经济的组成部分，它的存在和发展，对我国国民经济的发展是有利的。经过 30 多年的发展，外资经济已成为我国社会主义市场经济的重要组成部分。

二、非公有制经济的作用

改革开放以来，我国个体、私营等非公有制经济不断发展壮大，已经成为社会主义市场经济的重要组成部分和促进社会生产力发展的重要力量。

积极发展个体、私营等非公有制经济，有利于繁荣城乡经济、增加财政收入，有利于扩大社会就业、改善人民生活，有利于优化经济结构、促进经济发展，对全面建设小康社会和加快社会主义现代化进程具有重大的战略意义。

（一）非公有制经济有利于社会主义市场经济建设

市场经济要求市场主体多元化，非公有制经济的存在和发展，提供了多种市场经济主体，为建立社会主义市场经济体制提供了不可缺少的条件。非公有制经济在市场和公有制进行公平的、激烈的竞争，一方面有利于促进整个社会主义经

视野拓展

2014 年 3 月 1 日起公司注册资本实缴登记制改为认缴登记制，并取消注册资本最低限额后，外资经济也重新走上快车道。据新华网南宁 9 月 17 日电（记者谭谟晓、向志强）2014 年前 8 个月，全国新登记注册外商投资企业 2.45 万户，同比增长 9.37%，在连续两年负增长后实现同期正增长；注册资本（金）0.67 万亿元，同比增长 28.85%。

济的发展；另一方面有利于推动公有制经济的市场化改革进一步深入，从而更好地为社会主义市场经济的发展培育健全的市场主体。

（二）非公有制经济在满足社会需要方面起着重要作用

非公有制经济在经营上的灵活性和形式上的多样性，弥补了公有制经济的不足。它可以充分利用闲散劳动力和现有资源从事生产经营活动，增加社会生产，为人民生活提供方便，满足人民群众多层次、多样化的需要。

（三）非公有制经济在增加就业机会、缓解就业压力方面有着特殊作用

我国人力资源丰富，就业问题始终是一个突出的社会问题，改革中，国有企业的大量富余人员要重新就业，农村大量剩余劳动力要转移。

视野拓展

据有关方面统计，改革开放30多年来，我国约有70%的技术创新、65%的国内发明专利和 80%以上的新产品来自中小企业，而这些中小企业 95%以上是非公有制企业。从20世纪90年代中期以来，城镇新增就业岗位 70%以上是由非公有制企业提供的，从农村转移出的劳动力70%以上也在非公有制企业就业。

上述数据引自2012年11月29日《经济日报》第13版《为各类市场主体发展创造更好环境——访全国政协经济委员会副主任石军》。

非有制经济对劳动力的就业具有较强的吸纳能力，个体、私营经济广泛涉及社会各个领域，为劳动力创造了大量的就业机会。

补充资料

改革开放前，由于限制个体私营经济发展，1978 年个体就业人员仅有 15 万人，占全部就业人员的比例不到 0.04%。改革开放以来，党和政府高度重视并积极引导非公有制经济发展，逐步形成并完善了关于发展非公有制经济的一系列理论、方针、政策和制度。非公有制经济迅速崛起，在国民经济总量中所占的份额也不断扩大，不仅繁荣了城乡经济，增加了财政收入，在创造就业岗位、吸纳失业人员、促进社会稳定方面也发挥了重要的作用。

到 2007 年，我国就业的所有制结构发生了重大变化。城镇非公有制单位就业人员比例从1978 年的 0.2%增加到 2007 年的 75.7%。其中，股份制经济单位就业人员从无到有，已达到 788 万人，占城镇就业人员的 2.7%，外商及港、澳、台投资经济单位从业人员达 1 583 万人，占城镇就业人员的 5.4%；私营个体经济从业人员达 7 891 万人，占城镇就业人员 26.9%。20 世纪 90 年代以来，个体私营企业平均每年净增工作岗位 420 万个，占城镇每年新增加岗位的 58.7%。

（中华人民共和国国家统计局，2008）

2014年，非公有制经济发展迅速，占国内生产总值的比重超过60%，税收超过50%，新增就业达到 90%，在支撑增长、增加税收、扩大就业、促进创新等方面发挥着越来越重要的作用。

（摘自人民网/《人民日报》2015 年 11 月 24 日《坚持公有制为主体多种所有制经济共同发展（学习贯彻党的十八届五中全会精神）》，王勇）

（四）非公有制经济的不断发展有利于我国的对外开放

非公有制经济生产的产品是我国出口商品的重要组成部分。发展非公有制经济有利于扩大出口，特别是利用外商投资企业掌握的各种国际贸易渠道，有利于我国产品更多地进入国

际市场，扩大我国产品在国际市场上的占有率和竞争力。通过投资外资企业，还可以从国外引进先进的科学技术和管理经验，从而促进我国社会主义经济的进一步发展。

三、毫不动摇地鼓励、支持和引导非公有制经济发展

补充资料

2005 年 2 月 19 日，国务院发布《关于鼓励支持和引导个体私营等非公有制经济发展的若干意见》(国发[2005]3 号)，这是新中国成立以来首部以促进非公有制经济发展为主题的中央政府文件，因文件内容共 36 条，这份文件通常被简称为“非公 36 条”。要点如下:

一、放宽非公有制经济市场准入

(一)贯彻平等准入、公平待遇原则。允许非公有资本进入法律法规未禁入的行业和领域。(二)允许非公有资本进入垄断行业和领域。(三)允许非公有资本进入公用事业和基础设施领域。(四)允许非公有资本进入社会事业领域。(五)允许非公有资本进入金融服务业。(六)允许非公有资本进入国防科技工业建设领域。(七)鼓励非公有制经济参与国有经济结构调整和国有企业重组。(八)鼓励、支持非公有制经济参与西部大开发、东北地区等老工业基地振兴和中部地区崛起。

二、加大对非公有制经济的财税金融支持

(九)加大财税支持力度。(十)加大信贷支持力度。(十一)拓宽直接融资渠道。(十二)鼓励金融服务创新。(十三)建立健全信用担保体系。

三、完善对非公有制经济的社会服务。

(十四)大力发展社会中介服务。(十五)积极开展创业服务。(十六)支持开展企业经营者和员工培训。(十七)加强科技创新服务。(十八)支持企业开拓国内外市场。(十九)推进企业信用制度建设。

四、维护非公有制企业和职工的合法权益

(二十)完善私有财产保护制度。(二十一)维护企业合法权益。(二十二)保障职工合法权益。(二十三)推进社会保障制度建设。(二十四)建立健全企业工会组织。

五、引导非公有制企业提高自身素质

(二十五)贯彻执行国家法律法规和政策规定。(二十六)规范企业经营管理行为。(二十七)完善企业组织制度。(二十八)提高企业经营管理者素质。(二十九)鼓励有条件的企业做强做大。(三十)推进专业化协作和产业集群发展。

六、改进政府对非公有制企业的监管

(三十一)改进监管方式。(三十二)加强劳动监察和劳动关系协调。(三十三)规范国家行政机关和事业单位收费行为。

七、加强对发展非公有制经济的指导和政策协调

(三十四)加强对非公有制经济发展的指导。(三十五)营造良好的舆论氛围。(三十六)认真做好贯彻落实工作。

促进非公有制经济健康发展，既要保护个体经济、私营经济等非公有制经济的合法的权利和利益，还要对非公有制经济给予与鼓励和支持、对它们进行引导并依法实行监督和管理。

《中华人民共和国国民经济和社会发展第十三个五年规划纲要》指出，支持非公有制经济发展，要“坚持权利平等、机会平等、规则平等，更好激发非公有制经济活力和创造

力。废除对非公有制经济各种形式的不合理规定，消除各种隐性壁垒，保证依法平等使用生产要素、公平参与市场竞争、同等受到法律保护、共同履行社会责任。鼓励民营企业依法进入更多领域。”

补充资料

我国非公有制经济的发展不仅体现出“快”的增长势头，而且呈现出“好”的发展态势。大量资金投入非公有制经济领域，2007 年全国非公有制经济领域资金总额（包括私营企业的注册资本和个体工商业的资金数额）突破 10 万亿元，达到 101223.92 亿元。（肖青，2008）

据中广网北京 2013 年 3 月 6 日消息 2012 年中国非公有制企业利润总额达到 1.82 万亿元人民币，非公有制经济对税收的贡献率超过50%，在GDP总量中所占比重超过了60%，对就业贡献率超过 80%。在新增就业中，非公有制经济的贡献率更是达到 90%。

第四节　社会主义初级阶段的分配制度

我国社会主义初级阶段的个人收入分配制度是以按劳分配为主体、多种分配方式并存。

一、社会主义市场经济条件下的按劳分配

（一）按劳分配的内容

在社会主义社会，个人收入实行按劳分配的原则，是马克思主义的一项基本原理。所谓按劳分配，是指社会在做了必要的扣除之后，按照劳动者向社会提供的劳动量来分配个人消费品。其主要内容是：凡是有劳动能力的人都应尽自己的能力为社会劳动，社会以劳动作为分配个人收入的尺度，按照劳动者提供的劳动数量和质量分配个人收入，等量劳动领取等量报酬，多劳多得，少劳少得，不劳动者不得食。

提示与说明

按劳分配的对象是个人消费品，而不是社会全部产品，是社会总产品中做了必要的扣除以后所剩余的部分。

（二）实行按劳分配的客观必然性

社会主义公有制经济中，个人收入实行按劳分配的原则，是由其客观经济条件决定的，具有客观必然性，是不以人的意志为转移的客观经济规律。

首先，社会主义生产资料公有制是实行按劳分配的前提条件。生产资料公有制的建立，实现了劳动者在生产资料占有关系上的平等，这就排除了依靠占有生产资料无偿占有他人劳动成果的经济基础，为实行按劳分配原则提供了前提。

其次，社会主义劳动的特点是实行按劳分配的直接原因。在社会主义社会，受生产力发展水平的制约，旧的分工还没有消失，劳动还存在着重大差别，劳动还是谋生的手段，不同

的劳动能力就是一种“天然特权”——可以凭此获得与别人不同的收入。在这种情况下，只有社会承认这个差别和特权，以劳动为尺度分配个人收入，把劳动贡献同劳动报酬紧密联系起来，才能调动劳动者的积极性和创造性，从而推动生产力的发展。

最后，社会主义生产力发展水平是实行按劳分配的物质条件。由于生产力发展水平还不够高，社会产品还没有达到极大丰富，消费品还不能充分满足人们的各种需要，这决定了社会还不具备按需分配的条件，只能实行按劳分配。

可见，社会主义社会实行按劳分配具有客观必然性，是不以人们意志为转移的客观经济规律。

按劳分配是人类历史上崭新的分配制度。它从根本上否定凭借占有生产资料而剥削他人劳动成果的权利，是对一切剥削制度的否定。按劳分配不承认任何阶级差别，只承认人们的劳动差别及由此产生的个人消费品分配和富裕程度的差别。实行按劳分配原则，把劳动贡献和劳动报酬直接联系起来，有利于调动生产者的积极性，促进生产发展。

（三）社会主义市场经济条件下按劳分配的特点

在社会主义初级阶段，社会主义市场经济要求人们的一切经济活动，包括个人消费品的分配活动，都要通过市场来进行。这就决定了按劳分配与市场经济结合具有以下几个特点。

第一，按劳分配中的“劳”还不是直接的社会劳动，而是以企业为单位的个别劳动的组成部分。在社会主义市场经济条件下，公有制企业都是作为独立的商品生产者和经营者存在的，企业生产的商品必须符合社会需要才能为社会所接受，才能使生产商品时耗费的个别劳动转化为社会劳动。如果生产的商品不符合社会需要，这一转化就不能实现。所以，劳动者提供的劳动并不是直接的社会劳动，劳动者提供的劳动只有交换之后才能转化为社会劳动。

第二，按劳分配还不能在全社会范围内按统一的标准实现，而只是局部范围（公有制企业范围）的。我国的社会主义公有制有多种实现形式，在社会主义市场经济条件下，社会主义公有制企业是自主经营、自负盈亏的商品生产者和经营者。他们在根本利益一致的前提下，又存在着经济利益的差别。各个企业劳动和经营管理水平有高有低，对国家的贡献有大有小。因此，不可能在全社会范围内按同一标准进行直接的分配。只能先根据各个企业提供给社会的有效劳动量，在各个企业之间进行分配，然后再由各个企业根据等量劳动领取等量报酬的原则，对本企业的劳动者进行分配。也就是说，作为社会的按劳分配原则具体是通过各个企业贯彻这一原则来实现的。在这种情况下，劳动者个人的收入不仅取决于自己的劳动贡献，而且还取决于所在企业的生产经营状况。因此，个人的收入是与企业的命运紧紧相连的。

第三，按劳分配中的劳动量是以被社会承认的劳动量作为计量单位的，而不是按照劳动者实际付出的劳动量来计量的。在社会主义市场经济条件下，劳动者提供的劳动还不是直接的社会劳动，劳动者在生产过程中付出的劳动量只有在产品实现交换后才能得到社会承认，按劳分配也只能以这部分被承认的劳动量作为计量标准，而不是以劳动者实际付出的劳动量作为计量标准。这就是说，劳动者实际付出的劳动量与被社会承认的劳动量并不完全一致，按劳分配只能以后者作为收入分配的客观尺度。

第四，按劳分配还必须通过商品货币形式来实现。商品生产者在市场中卖出商品，换回货币，实现商品的价值，在企业内部实行按劳动量发放劳动报酬；劳动者取得劳动报酬——一定数量的货币工资，到市场上购买自己所需要的商品或劳务。此时按劳分配过程才算完成。

这样，在现实生活中按劳分配的实现要受到商品价格因素和价值规律的影响和制约。一方面，在价值规律作用下，各个企业的生产经营效果不同，经济收入不同，按劳分配的水平会有明显的差别。另一方面，劳动者用货币工资购买消费品的过程受到市场供求和价格的影响，如果消费品供不应求，则货币工资或者是买不到所需要的消费品或者是因为价格过高，影响按劳分配的实现。由于价格的不合理，就可能造成劳动者根据按劳分配的原则应得到的消费量，同用货币工资实际购买到的消费量之间的不一致，从而影响按劳分配的实现程度。

二、多种分配方式并存

（一）多种分配方式并存的客观必然性

社会主义市场经济的运行要求必须遵循市场经济的规律，按照市场原则处理个人收入分配。在我国现阶段，除了按劳分配这个主体外，还存在着多种分配方式。

实行以按劳分配为主体、多种分配方式并存的个人收入分配制度，是由社会主义初级阶段的客观经济条件决定的，具有客观必然性。

第一，社会主义初级阶段是以公有制为主体，多种所有制形式共同发展的所有制结构，这就决定了在分配制度上必须实行以按劳分配为主体、多种分配方式并存的分配制度。生产方式决定分配结构，生产资料所有制结构决定收入分配结构，多种所有制形式并存必然决定多种分配方式并存。由于生产资料的占有关系不同，也就存在不同的分配方式，他们获得收入的方式也会不同。既然在生产资料所有制结构中以公有制为主体，那么，公有制经济中实行的按劳分配必然是分配结构中的主体。

第二，社会主义公有制的多种实现形式和社会主义市场经济的发展，也是实行多种分配方式的重要原因。一方面，在公有制经济中由于经营方式不同，所有者、经营者、劳动者之间的关系不同，他们获得收入的方式也会不同。另一方面，社会主义经济建设要发挥一切生产要素的积极性，充分利用资本、技术、土地等生产要素的作用。因此，必须在承认劳动要素的投入应取得相应报酬的同时，也应承认资本、技术等要素的投入应取得相应的报酬。

（二）按生产要素分配

按劳分配以外的多种分配方式，其实质就是按对生产要素的占有状况进行分配。把按劳分配与生产要素按贡献参与分配结合起来，是我国现阶段个人收入分配制度的一大特点。党的十六大明确指出：“确立劳动、资本、技术和管理等生产要素按贡献参与分配的原则，完善按劳分配为主体、多种分配方式并存的分配制度。”十八届三中全会提出，要“健全资本、知识、技术、管理等由要素市场决定的报酬机制”。

提示与说明

社会的生产要素是多种多样的，归纳起来可以分为两大类：一类是物质生产条件，如土地等自然资源以及生产厂房、设备、原材料等；另一类则是人的劳动，包括人们在生产过程中提供的活劳动、技术、信息、管理等。

按生产要素分配是指社会根据各种生产要素在商品和劳务生产服务过程中的投入比例和贡献大小给予的报酬，即劳动、资本、技术和管理等生产要素共同参与收益分配。

在市场经济中，生产要素都在生产过程中发挥着重要作用，都要求有相应的收入回报。如果没有收入回报，生产要素的所有者就不会把其所有的生产要素投入到经济活动中去。因此，确立劳动、资本、技术和管理等生产要素按贡献参与分配的原则就是必然的要求。确立生产要素参与价值分配，使个人收入不再单一地来源于按劳分配，使个人收入分配形式呈现多样化。

1. 个体劳动收入

个体劳动收入，即个体劳动者和各种专业户的个人收入。个体劳动者和农村专业户所从事的工商业、服务业以及农副业生产等经济活动，主要是依靠自己的劳动获取收入。

实行家庭承包经营的农民家庭收入中，也包含这种收入的内容。此外，还包括国家企事业单位的职工利用业余时间从事个体劳动而获得的收入。

2. 按劳动力价值分配

按劳动力价值分配的方式，是指在外资经济和私营经济企业中工作的劳动者得到的工资收入。在外资经济和私营经济中，劳动者不占有生产资料，他们作为雇佣劳动者仅仅以劳动要素提供者的身份参与生产与分配，所获得收入是出卖劳动力所得到的劳动力价值或价格，表现为劳动要素收入，采取的形式是工资。

3. 按经营成果分配

按经营成果分配所得收入即经营收入，是指公有制企业由于生产、销售等经营状况较好而取得的收入。这种收入除以税利形式上缴国家和留作企业基金外，一部分分给本企业的劳动者。另外，个体经营者和实行家庭联产承包责任制的农民的收入中也包含经营收入。

通过这种形式进行的分配所获得的收入，不仅取决于生产，也取决于交换；不仅取决于劳动者的投入，也取决于市场状况。

4. 按资分配

按资分配是资本所有者凭借其资本所有权参与其他人劳动成果的分配，主要形式有：①投资于股票和债券得到的股息、红利；②借给他人经营或参加银行储蓄所得的利息；③公有制企业通过投资所带来的较多的收入转换为职工的收入；④以实物形态资本租借给他人经营或使用而取得的租金；⑤农村集体经济中，承包农户通过投资所带来的较多的收入；⑥外资经济中资本所有者取得的利润，以及我国私营企业主取得的利润。

按资分配收入的来源是劳动者所创造的剩余价值的转化形式。但是，只要是合法收入，就会受到国家法律保护。

这种分配方式对于我国充分利用民间资本、引进资本、先进技术、管理经验，对于发展生产、扩大就业、增加国家财政收入是有利的。

5. 按技术要素分配

技术生产要素可分为三个层次，其分配也相应有三种情况。第一个层次是科技人员从事的技术工作，这是进行的复杂劳动，他们据此获得劳动报酬（公有制企业中科技人员的收入则属于按劳分配收入）。第二个层次是技术本身。科技创新与发明，作为科技劳动的成果，可以获得专利，可以转让获得收入。这是按科技产品价值获得的收入。第三个层次是科技入股。即将科技成果转化为企业股份，同其他股东一样凭股份获得收入。科技入股的股份作为长期或无限期获得收入的凭据，其分配方式类似于按资分配。

6. 按管理要素分配

管理作为生产要素，实际上是指管理劳动。管理劳动作为一种复杂劳动，主要是对企业生产经营的计划、组织、领导和控制。个体劳动者和私营企业主的管理活动所获得的（工资）收入，属于劳动收入。社会主义公有制经济中管理者的收入，则属于按劳分配收入。

7. 按土地、房产等要素分配

使用土地、房产等生产要素要支付租金，从而使其所有者获得租金收入。

（三）按社会保障原则分配

按社会保障原则分配即按社会公平和各部门各地区和各行业协调发展的要求进行的一种分配形式。按社会保障原则进行分配所获得的收入主要包括：福利性收入，如公费医疗、劳动保险等；扶持性收入，如对农业生产资料的价格补贴；鼓励性收入，如鼓励科技人员到贫困地区工作而发放的向上浮动工资；救济性收入，如伤残人救济。

随着社会经济的发展，社会成员按社会保障原则分配所获得的收入在总收入中所占的比重会越来越大。

提示与说明

按劳分配为主、多种分配方式并存的结果，形成多种个人收入。个人收入按其获取途径可以分为劳动收入和非劳动收入。劳动收入包括公有制经济中的按劳分配收入、外资和私营企业中雇佣劳动者的收入和科技劳动、管理劳动收入、个体经济中的个体劳动收入以及非生产部门的劳动者的工薪收入等。非劳动收入包括按资分配收入和房地产收入、风险和机会收入，以及转移收入（如社会保障性收入）等。

按劳分配收入是劳动收入，而按生产要素分配收入既有劳动收入，也有非劳动收入（因为生产要素分为劳动要素和非劳动要素）。劳动要素不仅包括一般劳动者的劳动，而且包括科技工作者和管理工作者的劳动；既包括体力劳动，也包括脑力劳动；既包括简单劳动，也包括复杂劳动。因此，按劳动要素分配收入属于劳动收入，而其他生产要素是非劳动要素，其分配收入是非劳动收入。

三、加快推进收入分配制度改革

（一）加快推进收入分配制度改革的必要性

收入分配是经济社会发展的重大问题，关系人民群众切身利益，关系改革发展稳定的全局。分配公平是社会公平的重要内容，也是实现社会公平的重要体现。

改革开放以来，人们收入水平普遍提高，但也出现了一些分配不公的现象，比如居民收入在国民收入分配中的比重偏低、普通劳动者收入偏低、垄断行业收入畸高、一些不合理收入没有得到有效规范、违反分配政策等。

由于分配领域种种不公问题，导致我国群体之间的收入差距不尽如人意，这已是当前不争的事实。

补充资料

相关资料显示，我国的城乡收入差距经历了一个“U”字形发展路径。2002 年以来，我国城乡收入比一直在“3”以上，2007 年城乡居民收入差距扩大到改革开放以来的最高水平 3.33:1。从 2010 年开始，农村居民收入增速连续多年超过城镇居民收入，城乡收入差距首次从上一年的3.33倍下降到3.23倍，2011年再次下降到3.13倍。2012年，农村居民收入增速再次“跑赢”城镇居民，全年农村居民人均纯收入 7 917 元，比上年名义增长 13.5%，扣除价格因素实际增长 10.7%；全年城镇居民人均可支配收入 24 565 元，比上年名义增长 12.6%，扣除价格因素实际增长 9.6%。2013 年，城镇居民人均可支配收入26 955元，村居民人均纯收入8 896元，城乡收入比为3.03:1，较2012年微降。2014年我国城镇居民人均可支配收入28 844元，农村居民纯收入9 892元，城乡居民收入比为2.92:1，城镇和农村居民的收入水平差距首次降至“3”倍以下。

本资料整理自中国经济网北京 2015 年 1 月 20 日讯《中国城乡居民收入比 13 年来首次缩小至3倍以下》。

提示与说明

收入差距并不完全是分配不公造成的。其中也有由于个人能力大小、努力程度不同、贡献高低造成的差距，这种差距是必然的、应该的，是尊重劳动、尊重知识、尊重人才、尊重创造的表现，也是社会发展的重要动力。只有那些不合理、不合法原因造成的收入差距，才是分配不公的表现。

不仅如此，分配不公还制约社会主义优越性的发挥、阻碍经济又好又快发展、抑制社会发展进步的动力、影响社会和谐稳定。可以说，分配不公问题已成为制约我国经济社会向前发展的一大障碍,并引起了党和国家的高度重视。2006 年，党的十六届六中全会提出，要“加强收入分配宏观调节，在经济发展的基础上，更加注重社会公平”。2007 年，党的十七大进一步明确指出，“深化收入分配制度改革，增加城乡居民收入。要坚持和完善按劳分配为主体、多种分配方式并存的分配制度，健全劳动、资本、技术、管理等生产要素按贡献参与分配的制度，初次分配和再分配都要处理好效率与公平的关系，再分配更加注重公平。”十八届三中全会公报指出，要紧紧围绕更好保障和改善民生、促进社会公平正义，深化社会体制改革，改革收入分配制度，促进共同富裕，推进社会领域制度创新，推进基本公共服务均等化，加快形成科学有效的社会治理体制，确保社会既充满活力又和谐有序。

解决好分配不公问题，让全体人民共享改革发展的成果，是维护社会公平正义、促进社会和谐稳定的重要任务，是发展中国特色社会主义的必然要求。社会主义和谐社会是一个活力迸发、注重公平的社会，要构建社会主义和谐社会，就必须积极推进收入分配制度改革，进一步理顺分配关系，完善分配制度，保护合法收入，着力提高低收入者收入水平，扩大中等收入者比重，有效调节过高收入，取缔非法收入，逐步扭转收入差距扩大趋势。

视野拓展

2016 年 3 月 5 日国务院总理李克强在第十二届全国人民代表大会第四次会议上所作政府工作报告中，特别强调了今后五年将完善收入分配制度，缩小收入差距。

（二）缩小收入差距

《中华人民共和国国民经济和社会发展第十三个五年规划纲要》指出，要缩小收入差距。要正确处理公平和效率关系，坚持居民收入增长和经济增长同步、劳动报酬提高和劳动生产率提高同步，持续增加城乡居民收入，规范初次分配，加大再分配调节力度，调整优化国民收入分配格局，努力缩小全社会收入差距。

提示与说明

社会分配机制主要有三个层次：初次分配、再分配和第三次分配。

初次分配是按照各生产要素对国民收入贡献的大小进行的分配，主要由市场机制形成。

再分配是指在初次分配的基础上，把国民收入中的一部分拿出来通过税收和社会保险系统进行重新分配，主要由政府调控机制起作用。

第三次分配是指动员社会力量，建立社会救助、民间捐赠、慈善事业、志愿者行动等多种形式的制度和机制，是社会互助对于政府调控的补充。

一是完善初次分配制度。完善市场评价要素贡献并按贡献分配的机制。健全科学的工资水平决定机制、正常增长机制、支付保障机制，推行企业工资集体协商制度，完善最低工资增长机制。健全高技能人才薪酬体系，提高技术工人待遇。完善适应机关事业单位特点的工资制度。加强对国有企业薪酬分配的分类监管。注重发挥收入分配政策激励作用，扩展知识、技术和管理要素参与分配途径。多渠道增加城乡居民财产性收入。

二是健全再分配调节机制。实行有利于缩小收入差距的政策，明显增加低收入劳动者收入，扩大中等收入者比重。加快建立综合和分类相结合的个人所得税制度。将一些高档消费品和高消费行为纳入消费税征收范围。完善鼓励回馈社会、扶贫济困的税收政策。健全针对困难群体的动态社会保障兜底机制。增加财政民生支出，公共资源出让收益更多用于民生保障，逐步提高国有资本收益上缴公共财政比例。

三是规范收入分配秩序。保护合法收入，规范隐性收入，遏制以权力、行政垄断等非市场因素获取收入，取缔非法收入。严格规范工资外收入和非货币性福利。全面推行非现金结算，建立健全自然人收入和财产信息系统，完善收入统计调查和监测体系。

（三）正确处理公平与效率的关系

公平，一般地讲，反映的是人们追求利益分配合理性的价值理念。“事不公则心不平，心不平则气不顺，气不顺则难和谐”，这句俗语道出了公平的重要性。

提示与说明

所谓公平，主要是指一定社会中人们之间利益和权利分配的合理化。在社会主义初级阶段，公平就是人们的劳动投入、非劳动投入与收入紧密联系，投入的变化应该在收入中得到体现，使收入的变化与投入的变化相适应。

所谓效率，是指人们工作中所消耗的劳动量与所产出的劳动成果之间的比率，反映的是资源配置的有效性或资源利用的有效程度。效率原则是社会主义市场经济的客观要求。

效率实际上是指“馅饼”做得大小的问题，公平实际上是指“馅饼”如何分割或分配的问题。

党的十六届四中全会按照构建和谐社会的要求，强调要注重社会公平，合理调整国民收入分配格局。十六届五中全会提出要在经济发展的基础上，更加注重社会公平。党的十七大进一步提出，初次分配和再次分配都要处理好效率和公平的关系，再次分配更加注重公平。党的十八大再次明确提出，初次分配和再分配都要兼顾效率和公平，再分配更加注重公平。十八届三中全会明确指出要“着重保护劳动所得”“提高劳动报酬在初次分配中的比重”。这就把公平问题提到了更加突出的位置，公平问题不只是再分配要解决的问题，在初次分配中同样要解决好效率和公平问题。讲求效率才能增添活力，注重公平才能促进和谐，坚持效率和公平有机结合才能更好体现社会主义的本质。

效率和公平的关系是辩证统一的。它们既有相互矛盾的方面，也有相互统一的方面，过分地强调哪一方面，都是片面的。公平是提高效率的前提和保证，只有给劳动者公平合理的收益，才能激发劳动者的积极性、主动性和创造性，激发社会的活力、促进效率的提高；效率是实现公平的条件和基础，效率的提高有助于公平的实现，效率低下，就会直接影响社会生产力的发展和社会财富的增长，就不能或难以为实现公平创造坚实的物质基础，只能导致平均主义和普遍贫困。因此，不能把公平与效率割裂开来，或者对立起来。正确处理公平与效率的关系，既要看到收入差距过大带来的种种矛盾和问题，也要认识到解决这些问题需要一个过程：既要有紧迫感，也不能在短期内提出不切实际的目标，把胃口吊得过高。解决问题的思路不应以降低效率来追求低水平的公平，而应主要着力为困难群体提供发展机会、提高发展能力。

在新的历史条件下，我们要更加重视社会公平问题，由“效率优先、兼顾公平”（1993年中央在确立社会主义市场经济体制的文件中提出“效率优先，兼顾公平”的分配原则）转向“效率与公平并重”。

小结

1. 公有制经济是指在社会主义条件下，全体劳动者或部分劳动者共同占有生产资料的所有制经济。在我国，“公有制经济不仅包括国有经济和集体经济，还应包括混合所有制经济中的国有成分和集体成分”。

2. 在我国社会主义初级阶段，公有制的主体地位体现在：公有资产在社会总资产中占优势，国有经济控制国民经济命脉，对整个经济发展起主导作用。公有资产占优势，要有量的优势，更要有质的提高。国有经济起主导作用，主要体现在控制力上。应该注意的是，公有制经济在整个经济中应占主体地位是就全国而言的，有的地方、有的产业可以有所差别。

3. 非公有制经济是社会主义市场经济的重要组成部分，非公有制经济包括个体经济、私营经济和外资经济。

4. 以公有制为主体、多种所有制经济共同发展的经济制度是我国社会主义初级阶段的基本经济制度，它是由我国社会主义的性质和初级阶段的国情决定的。

5. 按劳分配是社会主义个人消费品的分配原则。在按劳分配为主体的前提下，把按劳分配和按生产要素分配结合起来，是社会主义市场经济发展的必然要求。

6. 确立以按劳分配为主体、多种分配方式并存的社会主义初级阶段的分配制度，是由现阶段的所有制结构和市场经济的发展要求决定的。

单元测试题

一、单项选择题

1. 我国社会主义初级阶段的基本经济制度（所有制结构）的特征是（　　）。

A. 以公有制为主体、多种所有制共同发展

B. 以按劳分配为主体、多种分配方式并存

C. 坚持按生产要素分配与按劳分配相结合

D. 市场经济与社会主义制度相结合

2. 我国社会主义初级阶段的多种经济成分并存与过渡时期的多种经济成分并存的根本区别在于（　　）。

A. 是否存在公有制经济　　B. 是否消灭了私有制经济

C. 是否实行了按劳分配　　D. 公有制经济是否占主体

3. 确立以公有制为主体，多种所有制经济共同发展的基本经济制度的依据是（　　）。

A. 社会主义本质的理论　　B. 社会主义性质和初级阶段的国情

C. 社会主义建设的经验教训　　D. 社会主义市场经济的客观要求

4. 我国现阶段公有制经济除了国有经济和集体经济之外，还包括（　　）。

A. 股份制经济　　B. 股份合作制经济

C. 中外合资经济　　D. 混合所有制经济中的国有成分和集体成分

5. 股份制是（　　）。

A. 现代企业的一种资本组织形式　　B. 社会主义经济

C. 资本主义经济　　D. 公私合营经济

6. 目前我国城乡大量出现的股份合作制经济是（　　）。

A. 股份制经济的一种实现形式　　B. 合作制企业的一种实现形式

C. 集体经济的一种实现形式　　D. 私有制经济的一种实现形式

7. 在社会主义市场经济条件下，公有制的实现形式可以而且应该多样化，公有制的主要实现形式是（　　）。

A. 公有独资企业　B. 合伙企业　　C. 股份合作制企业　　D. 股份制

8. 决定公有制经济主体地位的是（　　）。

A. 社会主义性质和公有制经济在国民经济中的作用

B. 公有制经济在社会总资产中的数量

C. 社会主义初级阶段的生产力水平

D. 按劳分配为主的分配方式

9. 在我们所说的外资经济中，“外资”指的是（　　）。

A. 外国人的投资

B. 来自中国大陆地区以外的投资

C. 与中华人民共和国各种所有制相区别的投资

D. 与作为主体实行社会主义制度的中国大陆各种所有制相区别的投资

10. 中外双方共同投资、共同管理，按投资比例分红，建立股权式经济实体的是（　　）。

A. 合伙企业　　B. 中外合资经营企业

C. 中外合作经营企业　　D. 外资独资企业

11. 外方出资金、设备，我方出土地、劳动力，建立契约式的经济实体的是（　　）。

A. 合伙企业　　B. 中外合资经营企业

C. 中外合作经营企业　　D. 外资独资企业

12. 社会主义社会个人消费品分配的基本方式是（　　）。

A. 按劳分配　　B. 按劳动力价值分配

C. 按生产要素分配　　D. 按需分配

13. 按劳分配的对象是（　　）。

A. 劳动成果　　B. 个人消费品　　C. 社会总产品　　D. 生产资料

14. 在社会主义公有制经济中，个人收入实行按劳分配的前提条件是（　　）。

A. 社会主义公有制　　B. 社会主义社会的劳动特点

C. 社会主义社会生产力发展水平　　D. 社会主义市场经济的本质特征

15. 在社会主义公有制经济中，个人收入实行按劳分配的直接原因是（　　）。

A. 社会主义公有制　　B. 社会主义社会劳动的特点

C. 社会主义社会生产力发展水平　　D. 社会主义市场经济的本质特征

16. 在社会主义公有制经济中，个人收入实行按劳分配的物质条件是（　　）。

A. 社会主义公有制　　B. 社会主义社会的劳动特点

C. 社会主义社会生产力发展水平　　D. 社会主义市场经济的本质特征

17. 我国现阶段，个人消费品的分配要坚持以按劳分配为主体、多种分配方式并存的制度，主要是由（　　）。

A. 我国现行的国家政策决定的

B. 我国当前的客观经济条件决定的

C. 我国当前个人消费品的生产状况决定的

D. 我国经济体制改革的目标决定的

18. 社会主义市场经济条件下，按劳分配的实现形式是（　　）。

A. 直接分配　　B. 商品货币形式　　C. 商品形式　　D. 货币形式

19. 社会主义市场经济条件下，实行按劳分配的主体（或按劳分配实行的范围）是（　　）。

A. 全社会　　B. 社会主义公有制企业

C. 各种所有制企业　　D. 国有企事业单位

20. 在下列收入中属于按劳分配性质的收入是（　　）。

A. 个体劳动者的劳动所得　　B. 外资企业职工的工资收入

C. 股份制企业职工按股分红收入　　D. 集体企业职工工资奖金收入

21. 外资经济中外国和我国港澳台资本家取得利润的方式属于（　　）。

A. 个体劳动收入　　B. 按劳动力价值分配

C. 按经营成果分配　　D. 按资本取得的收入

22. 在社会主义市场经济中，各种社会成员由于投资股票、债券以及参加银行储蓄得到的股息、红利和利息的方式属于（　　）。

A. 按资分配　　B. 按劳动力价值分配

C. 按经营成果分配　　D. 按劳分配

23. 农村集体经济中，承包农户通过投资所带来的较多的收入，属于（　　）。

A. 个体劳动收入　　B. 按劳动力价值分配

C. 按经营成果分配　　D. 按资分配

24. 公有制企业员工获得的奖金收入属于（　　）。

A. 个体劳动收入　　B. 按劳动力价值分配

C. 按经营成果分配　　D. 按资分配

25. 农村专业户的收入主要来自（　　）。

A. 个体劳动收入　　B. 按劳动力价值分配

C. 按经营成果分配　　D. 按资分配

26. 在一个社会中各种类型的所有制构成状况，以及它们所处的地位、所占比重、所起的作用和它们之间的相互关系叫做（　　）。

A. 生产资料所有制　　B. 生产资料所有制形式

C. 生产资料所有制结构　　D. 生产资料所有制的实现形式

二、多项选择题

1. 社会主义初级阶段基本经济制度建立的客观依据有（　　）。

A. 公有制是社会主义经济制度的基础，是社会主义生产关系的本质特征

B. 多层次、不平衡的生产力水平要求有多种所有制经济与之相适应

C. 社会主义初级阶段，公有制经济本身的不完善、不成熟也要求发展多种所有制经济

D. 一切符合“三个有利于”标准的所有制形式，都可以也应该用来为社会主义服务

2. 公有制实现形式的多样化，有利于（　　）。

A. 强化产权约束　　B. 调动劳动者的积极性

C. 提高企业和资本的运作效率　　D. 促进生产力的发展

3. 实践表明，股份制（　　）。

A. 是公有制的一种主要实现形式　　B. 有利于所有权与经营权的分离

C. 是现代企业的一种资本的组织形式　　D. 资本主义可以用社会主义也可以用

4. 当前，在我国所有制结构中，公有制始终处于主体地位，主要体现在（　　）。

A. 公有资产在社会总资产中占优势　　B. 国有经济控制国民经济命脉

C. 国有经济对经济发展起主导作用　　D. 国有经济和集体经济发展快、规模大

5. 目前，在我国社会主义初级阶段，非公有制经济的主要形式有（　　）。

A. 个体经济　　B. 私营经济　　C. 外资经济　　D. 集体所有制经济

6. 我国现阶段以雇佣劳动为基础的经济成分有（　　）。

A. 集体所有制经济　B. 个体经济　　C. 私营经济　　D. 外资经济

7. 社会主义社会个人收入实行按劳分配的原则的客观经济条件有（　　）。

A. 社会主义公有制是实行按劳分配的前提条件

B. 社会主义劳动的特点是实行按劳分配的直接原因

C. 社会主义生产力发展水平是实行按劳分配的物质条件

D. 社会主义市场经济的发展，是实行按劳分配的重要原因

8. 现阶段我国实行以按劳分配为主体、多种分配方式并存的个人收入分配制度的依据是（　　）。

A. 公有制为主体，多种所有制形式共同发展的所有制结构

B. 共同富裕的要求

C. 社会主义公有制的多种实现形式

D. 社会主义市场经济的发展

9. 在社会主义社会，个人收入实行按劳分配的原则，其中，“劳”指的是（　　）。

A. 公有制企业范围的个别劳动而不是直接的社会劳动

B. 只被社会承认的那部分劳动

C. 劳动者实际付出的劳动

D. 还必须通过商品货币（价值）形式来实现的劳动

10. 实行家庭承包经营的农民家庭收入，包括（　　）。

A. 个体劳动收入　　B. 按劳动力价值分配收入

C. 按经营成果分配收入　　D. 按资分配收入

11. 以下收入属于劳动收入的有（　　）。

A. 国有企业单位职工利用业余兼职的收入

B. 私营企业职工的工资收入

C. 国有企业职工的奖金收入

D. 集体企业职工的工资收入

12. 在我国的社会主义经济实践中，公有制可以采取的组织形式有（　　）。

A. 独资企业　B. 股份制　C. 股份合作制　D. 合作社

13. 关于分配过程中的“公平”与“效率”的关系，以下说法正确的有（　　）

A. 公平是提高效率的前提和保证，因此，公平比效率重要

B. 效率是实现公平的条件和基础，因此，效率比公平重要

C. 效率和公平的关系是辩证统一的，过分地强调哪一方面，都是片面的

D. 在新的历史条件下，我们要更加重视社会公平问题，由“效率优先、兼顾公平”转向“效率与公平并重”

三、辨析题

1. 收入差距过大问题一直是党和政府关心的大事，这一问题不解决，和谐社会就无法实现。

2. 改革开放以来，私营企业、外资企业在我国得到了很大的发展，一些国有企业在私营企业和外资企业的压力下纷纷破产。于是，发展私营企业、外资企业不可避免地要削弱公有制经济的主体地位。

3. 十六大之后，国家逐渐放开一些产业领域允许私人资本进入，这和资本主义国家吸收私人垄断资本向国有企业投资的做法本质上是一样的。

四、问答题

1. 以公有制为主体、多种所有制经济共同发展，为什么是我国社会主义初级阶段的一项基本经济制度？

2. 我国现阶段为什么必须实行以按劳分配为主体、多种分配方式并存的个人收入分配制度？

3. 资本主义社会存在两极分化，当前，我国在经济发展过程中也存在严重的贫富差距，如何看待这一现象。

第八章　中国特色社会主义市场经济体制

【学习目的与要求】

本章阐述了中国特色社会主义市场经济体制的特征和基本框架。社会主义市场经济体制是同社会主义基本制度结合在一起的，因而具有自身的特征。通过学习本章，读者既要掌握社会主义市场经济体制的特征，还要理解现代企业制度的基本特征和主要内容，理解社会主义市场体系的构成和特征，理解社会主义宏观调控的目标、手段和政策，理解社会保障体系的主要内容和基本目标。

第一节　社会主义市场经济体制

一、社会主义市场经济体制的建立

（一）从计划经济到社会主义市场经济

我国对经济体制进行改革，最终确立社会主义市场经济体制，是随着实践的发展和人们认识的转变而不断深化的，它经历了一个长期的探索过程。

传统的观念认为，市场经济是资本主义特有的东西，计划经济才是社会主义经济的基本特征。在这种理论指导下，我国建立了高度集中的计划经济体制，在经济调节方式上排斥市场手段对经济的调节。随着改革开放实践的不断深入，我们逐渐摆脱了传统的观念，形成了新的理论认识。

1979 年 11 月，邓小平在接见来访的知名华裔加拿大学者和社会活动家林达光时说："说市场经济只存在于资本主义社会，只有资本主义的市场经济，这肯定是不正确的。社会主义为什么不可以搞市场经济，这个不能说是资本主义。我们是计划经济为主，也结合市场经济，但这是社会主义的市场经济""市场经济不能说只是资本主义的。市场经济，在封建社会时期就有了萌芽。社会主义也可以搞市场经济"。

1980 年 1 月 16 日，邓小平在《目前的形势和任务》的讲话中提出"计划调节和市场调节相结合"的观点。

1982 年 9 月，党的十二大报告中第一次明确写下了"计划经济为主，市场调节为辅"的改革原则。

1984 年 10 月，《中共中央关于经济体制改革的决定》指出："社会主义计划经济必须自党依据和运用价值规律，是在公有制基础上的有计划的商品经济。商品经济的充分发展，是社会经济发展的不可逾越的阶段，是实现我国经济现代化的必要条件”。这就破除了把计划经济和商品经济对立起来的传统观念，理论上实现了突破。

1987 年，党的十三大提出：社会主义有计划的商品经济的体制，应该是计划与市场内在的统一体制。计划与市场的作用范围都是覆盖全社会的。新的经济运行机制，应当是国家调节市场，市场引导企业。

1992 年 1 月至 2 月，邓小平到南方视察并发表重要讲话，提出：“计划多一点还是市场多一点，不是社会主义与资本主义的本质区别。计划经济不等于社会主义，资本主义也有计划；市场经济不等于资本主义，社会主义也有市场。计划和市场都是经济手段。”

1992 年 10 月 12 日，党的十四大报告指出：我国经济体制改革的目标是建立社会主义市场经济体制。社会主义市场经济体制目标的确立具有重大意义。它经历了漫长的理论变革和实践发展过程，标志着我国改革开放和社会主义现代化建设事业进入了一个新的发展阶段；标志着我国经济理论的重大突破，是对马克思主义政治经济学的重大发展；为我国经济体制改革指明了前进的方向。

1993 年末，党的十四届三中全会通过了《中共中央关于建立社会主义市场经济体制若干问题的决议》，提出了社会主义市场经济体制的基本框架。

1997 年 9 月，党的十五大提出建立比较完善的社会主义市场经济体制作为新世纪第一个十年的目标之一。

> **提示与说明**
>
> 社会主义市场经济体制的基本框架，由现代企业制度、全国统一开放的市场体系、健全的宏观经济调控体系、合理的分配制度和多层次的社会保障体系五个主要环节构建而成。

经过 20 世纪 90 年代的不断深化改革和建设，20 世纪末，我国已初步建立了社会主义市场经济体制。在此基础上，2003 年，党的十六届三中全会通过的《中共中央关于完善社会主义市场经济体制若干问题的决定》指出：“社会主义市场经济体制初步建立，公有制为主体、多种所有制经济共同发展的基本经济制度已经确立，全方位、宽领域、多层次的对外开放格局基本形成”。同时，十六届三中全会还根据实践发展的要求，对进一步完善社会主义市场经济体制提出了明确的目标和任务。

2007 年，党的十七大根据在新的历史时期要实现的经济发展目标，提出了在完善社会主义市场经济体制方面要取得重要进展的要求，从制度上更好地发挥市场在资源配置中的基础性作用，形成有利于科学发展的宏观调控体系。加快形成统一开放、竞争有序的现代市场体系，发展各类生产要素市场，完善反映供求关系、资源稀缺程度、环境损害成本的生产要素和价格形成机制。完善国家规划体系，发展国家发展规划、计划、产业政策在宏观调控中的导向作用，综合运用财政、货币政策，提高宏观调控水平等。

2012 年，党的十八大提出更大程度、更广泛范围发挥市场在资源配置中的基础性作用。

2013 年 11 月，党的十八届三中全会通过《中共中央关于全面深化改革若干重大问题的决定》，明确提出，经济体

> **视野拓展**
>
> 社会主义市场经济体制的确立对改革开放意义重大，推荐读者通过《中国改革》杂志 2012 年第 12 期《“社会主义市场经济体制”是如何确立的》一文加深了解。
>
> 

制改革是全面深化改革的重点，核心问题是处理好政府和市场的关系，使市场在资源配置中起决定性作用和更好发挥政府作用。市场决定资源配置是市场经济的一般规律，健全社会主义市场经济体制必须遵循这条规律，着力解决市场体系不完善、政府干预过多和监管不到位问题。

我们党确立社会主义市场经济体制的目标模式，并在实践中不断完善这一体制，正确解决了关系整个社会主义现代化建设全局的一个重大问题。

视野拓展

1992 年，党的十四大提出了我国经济体制改革的目标是建立社会主义市场经济体制，提出要使市场在国家宏观调控下对资源配置起基础性作用。2013 年 11 月，党的十八届三中全会提出，要使市场在资源配置中起决定性作用。为何要把市场在资源配置中的“基础性作用”修改为“决定性作用”呢？推荐读者阅读人民网北京 2013 年 11 月 15 日电《习近平介绍为何改为市场起“决定性作用”》。

（二）建立社会主义市场经济体制的客观必然性

传统的计划经济体制在生产力发展比较低下、经济结构比较简单、经济发展目标比较单一的情况下，曾发挥了巨大的作用，但由于它是一种以公有制为基础，实行高度集中的、以行政指令为主的、排斥市场机制的经济体制，因而，从总体上来看，它并不适应商品经济的要求，不适应我国社会主义初级阶段社会生产力的发展要求。在社会主义经济建设的实践中，它的弊端日益显露出来：政企职责不分，条块分割，国家对企业统得过多过死，忽视商品生产、价值规律和市场的作用，分配中平均主义严重。这种高度集中的计划经济体制严重抑制了企业职工的主动性、积极性，使本应生机盎然的社会主义经济在很大程度上失去了活力。因此，必须对原有的高度集中的计划经济体制进行改革，建立社会主义市场经济体制。其客观必然性表现在以下几个方面。

（1）实行社会主义市场经济体制，是适应现代商品经济发展的需要。市场经济是商品经济充分发展的产物，社会主义市场经济仍然是商品经济，商品经济发展要求市场在配置社会资源方面发挥作用。

（2）实行市场经济体制是社会主义经济发展的内在要求。社会主义经济发展要实现经济的社会化、市场化和现代化，而市场经济是经济的社会化、市场化和现代化的必然形式。因为这种体制可以使市场在宏观调控下运行，宏观调控以市场为基础，两者有机结合在一起，实现社会资源的优化配置。

（3）实行社会主义市场经济体制，是发展开放型经济的客观需要。当今的世界是开放的世界，任何一个国家都不可能脱离市场经济体系来谈自己的发展。我们要走向世界，参与国际分工和国际竞争，利用国内和国际两种资源、两个市场，只能实行市场经济体制。

（4）社会主义市场经济体制是已经被实践证明了的具有生机和活力的经济体制。十一届三中全会以来，我国社会经济生活发生了很大变化，取得了举世瞩目的重大成就，大量的事实说明，凡是市场机制发挥作用比较充分的地方，市场机制发挥作用比较充分的时候，经济的活力就比较强，经济增长就比较快，经济效益就比较高，人民生活改善的幅度就比较大，社会发展态势就比较好。30 多年来改革开放的实践证明，建立和完善社会主义市场经济体制是中国改革和发展的必然选择。

二、社会主义市场经济体制的特征

社会主义市场经济体制是社会主义基本制度与市场经济的结合，这一命题包含两层含义：一是指出市场经济本身不具有社会制度的属性，不存在姓“社”姓“资”的问题，它可以同资本主义相结合，也可以同社会主义相结合；二是指出我们要建立的市场经济，是同我国社会主义基本制度结合在一起的市场经济。

这两层含义，一方面说明社会主义市场经济与其他市场经济具有共性的东西；另一方面说明，社会主义市场经济又具有与其他市场经济不同的特征。

（一）市场经济体制的一般特征

社会主义市场经济具有一般市场经济的共性，主要表现在以下几个方面。

一是经济关系市场化。市场是商品生产者和经营者相互联系的场所，一切经济活动都要直接或间接地处于市场体系之中。在市场经济中，企业的决策经营要依据市场信息，生产经营成果，必须得到市场的检验，企业的再生产也必须通过市场才能实现，市场是实现资源配置的主要方式。

二是企业行为自主化。在市场经济条件下，企业的生产经营活动只有符合市场需要，才能实现自己的利益。因此，企业必须拥有从事生产经营的自主权，即对资产的支配权、用工权、分配权、定价权等，并有权占有经营收益，能够以资产抵补经营亏损，成为真正的市场主体和法人实体。

三是宏观调控间接化。政府不直接干预企业的生产经营活动，而主要是通过计划以及财政、税收、金融、价格等经济政策和经济杠杆，影响和规范企业的行为。

经典语录

把市场经济和社会主义结合起来，叫“社会主义市场经济”的首创者是邓小平。1979 年，他就指出：“说市场经济只存在于资本主义，只有资本主义的市场经济，这肯定是不正确的。社会主义为什么不可以搞市场经济？”（邓小平，1993）[367]

四是经济管理法制化。生产经营的活动必须按照市场经济的法规进行。市场经济作为社会化的商品经济，竞争和优胜劣汰是经济运行的内在要求，而实现上述要求必须有健全的法律法规作保障。健全的法制是市场经济有序运行的基本条件。

五是保障制度社会化。这是现代市场经济运行的支撑和保障体系，市场竞争的规则要求对市场竞争的失败者（如破产、失业）和需要照顾的老弱病残者给予社会保障。这种保障制度不是企业的和单位的，而应该是社会化的。

（二）市场经济和社会主义基本制度的结合

社会主义市场经济具有的特性，是指作为社会主义基本制度具有的规定性，也就是市场经济体制同社会主义基本制度的结合而形成的制度性特征。这是社会主义市场经济体制特有的，也是社会主义市场经济体制区别于资本主义市场经济体制的根本体现。主要表现在以下几个方面。

第一，在所有制结构上，以公有制为主体，多种所有制经济共同发展。在社会主义市场经济体制中，各类企业都要进入市场，平等地参与竞争。但是，公有制经济是国民经济的主体，国有经济对经济发展起主导作用。公有制经济的主体地位和国有经济的主导作用，不仅有利于保证国民经济发展的正确方向，而且有利于限制市场机制的消极作用。

第二，在分配制度上，坚持按劳分配为主体，多种分配方式并存。运用包括市场在内的各种调节手段，既鼓励先进，促进效率，合理拉开收入差距，又防止两极分化，逐步实现共同富裕。社会主义市场经济中占主体地位的公有制经济决定了劳动者的个人收入分配必须以按劳分配为主体。同时，多种所有制经济和多种经营方式的存在，又在客观上产生了多种分配方式。

第三，在宏观调控上，以实现最广大劳动人民利益为出发点和归宿。社会主义国家能够把人民的当前利益与长远利益、局部利益与整体利益结合起来，使市场在社会主义国家宏观调控下对资源配置起决定性作用，更好地发挥计划与市场两种手段的长处。社会主义制度优越性的重要表现之一，就是能够做到全国一盘棋，集中力量办大事，能够更好地处理中央与地方、全局与局部的关系。

提示与说明

从经济运行的一般规律和要求看，社会主义市场经济与资本主义市场经济两者具有共性，所以，发达资本主义国家在发展市场经济过程中一切有益的做法和经验都值得我们借鉴和吸收。但社会主义市场经济与资本主义市场经济又是两种不同社会制度与市场经济的结合，它体现的是不同社会制度下的市场经济。市场经济与不同的经济制度结合就会体现出不同的制度特征。

市场经济与社会主义制度结合，就是要坚持以公有制为主体，坚持以按劳分配为主体，坚持以实现共同富裕为目标。离开了这些特征就不是社会主义市场经济，而资本主义市场经济则不具有这样的特征。坚持走社会主义市场经济的发展道路，建设中国特色社会主义经济，最重要的就是坚持社会主义基本制度与市场经济的结合。

三、计划与市场两种调节手段的有机结合

在发展社会主义市场经济体制的过程中，必须坚持计划与市场相结合、灵活运用两种调节手段。计划与市场作为两种调节手段，具有各自的优势和不足。全面认识计划与市场具有的这些特点，是运用好两种手段的基本前提。

（一）计划手段对经济活动的调节具有自觉性、事先性、宏观性等特点

计划对经济活动的调节是一种事先的调节，它能够避免社会资源的巨大浪费。计划调节的优势范围主要在宏观领域，能有效地对经济总量进行控制。

计划的优势表现在：①能够在全社会范围内集中必要的财力、人力、物力进行重点建设；②对经济进行预测和规划，制定国民经济发展战略，在宏观上优化资源配置；③对国民经济重大结构进行调整和生产力合理布局；④能够合理调节收入分配，兼顾效率与公平，保证经济和社会协调发展。

计划的不足在于：①对微观经济活动与复杂多变的社会需求之间的矛盾难以发挥有效的调节作用，容易产生生产与需求之间的相互脱节；②不能合理地调节经济主体之间的经济利益关系，容易造成动力不足、效率低下、缺乏活力等现象。

（二）市场手段对经济活动的调节具有自发性、事后性、微观性等特点

市场是通过市场机制的自发作用来实现对经济活动的调节的。市场调节是一种事后的调

节，是通过经济活动的内在机制，使经济由不平衡到重新恢复平衡。市场手段的优势范围主要在微观领域，能有效地激发经济主体的活力。

市场的优势表现在：①能够使经济活动遵循价值规律的要求，适应供求关系的变化，通过价格杠杆和竞争机制的功能，把资源配置到效益较好的环节中去；②能够给企业以压力和动力，实现优胜劣汰，促进技术和管理进步；③对各种经济信号反应比较灵敏，能促使生产与需求之间及时协调。

市场的不足在于：①对经济总量的平衡、宏观经济结构的调整、生态平衡和环境保护等的调节显得无能为力；②市场机制的自发作用容易造成经济失衡和出现盲目性，导致资源的浪费；③市场规律的作用会引起贫富差距的扩大和出现两极分化等现象。

根据计划与市场各自具有的特点，在实际工作中应切实从实际出发，针对不同的情况采用不同的手段，并使两种手段有机地结合起来，充分发挥两者的长处，真正做到优势互补，扬长避短。只要能够正确处理好计划与市场的关系，就一定能够保证社会主义市场经济既充满活力，又协调稳定地发展。

第二节　社会主义市场经济的微观基础

一、企业是市场经济运行的微观基础

所谓企业，通常是指以赢利为目的从事商品或劳务的生产或流通，实行自主经营、自负盈亏、自我发展、自我约束，具有法人资格的经济组织。

（一）企业的一般特征

（1）它是从事经济活动的组织。企业是从事商品生产或商品流通的组织，只有从事商品生产或经营的组织才能称为企业，而各种社会政治组织、行政单位都不是企业。

提示与说明

在我国现阶段，市场经济的微观经济主体包括企业、农户、居民，其中，企业是市场经济运行的微观基础。

（2）它是以实现一定的经济利益为目的的营利性组织。追求价值增殖是企业的基本功能，实现利润最大化是企业的本质。家庭虽从事生产，但不是为了赢利，因此不是企业。

（3）它是一个经济实体，实行独立核算、自负盈亏。企业作为营利性组织，存在着独立的经济利益，这在客观上必然要求独立核算，自主经营，自负盈亏。

（4）它在法律上具有法人地位。企业法人一般称为法人实体，必须具备以下条件：依法成立；拥有法定的资金、资产或经费；有自己的名称、组织机构和场所；拥有法人财产权；能独立行使民事权利和承担民事责任。

（二）企业的两重属性

企业具有两重属性：从生产力方面来看，它是生产要素结合的组织形式；从生产关系方面来看，它又体现一定的社会经济关系。前者是企业的共性，也就是说不论何种性质的企业都是生产力的具体组织者，通过生产经营活动，为社会提供产品和劳务，满足社会各种需求；后者则体现了企业的特殊性，即不同生产资料所有制形式下的企业，其社会经济性质不同，而不同社会经济性质的企业又体现不同社会经济关系。例如，公有制企业体现的是劳动者平等占有生产资料、实行按劳分配的生产关系；私营企业体现的是私营业主与劳动者之间剥削与被剥削的关系。

（三）企业类型的多样性

企业从不同角度可以划分为不同类型。按经济性质，我国现有企业可分为国有企业、集体所有制企业、混合所有制企业、私营企业、中外合资企业和外商独资企业等；按资本组织形式，企业可分为独资企业（业主制企业）、合伙企业（合伙制企业）、公司企业（股份制企业）等；按规模和综合生产能力，企业可分为大型、中型和小型企业；按生产经营品种，企业可分为工业企业、农业企业、交通运输企业、商业企业、金融企业、信息企业等；按企业的生产要素构成比例，企业可分为劳动密集型、资本密集型和技术密集型企业。

二、现代企业制度

以公有制经济为主体的现代企业制度是社会主义市场经济体制的基础。而我国传统的国有企业制度是在高度集中的计划经济体制下建立起来的，存在政企不分、国有资产流失、产权关系模糊等弊端，因此，在社会主义市场经济条件下，需要运用市场机制，对国有企业进行改革，把国有企业塑造成相对独立的市场主体，从而有效发挥市场对资源配置的基础性作用。为此，我国提出了国有企业建立现代企业制度的改革目标。1997年党的十五大提出“建立现代企业制度是国有企业改革的方向”。2002年党的十六大提出，要按照建立现代企业制度的要求，进一步深化国有企业改革。2007年党的十七大提出，要深化国有企业公司制股份制改革，健全现代企业制度。2012年，党的十八大提出，要进一步深化国有企业改革，完善国有资产管理体制。2013年，党的十八届三中全会明确提出，推动国有企业完善现代企业制度。

现代企业制度是以社会化大生产和市场经济发展的要求为依据，以规范和完善的企业法人制度为主体，以有限责任制度为核心的新型企业制度。

（一）现代企业制度的基本特征

一是产权清晰。产权清晰就是以法律的形式界定企业的出资者与企业法人之间的产权关系，明确各自的权利、义务和责任。

在现代企业制度中，产权关系表现为：出资者享有的财产所有权与企业拥有的法人财产权相分离。出资者对企业的投资形成对企业资产的所有权，企业作为独立的法人对注入企业的资本具有企业法人财产权，从而在所有权与经营权分离的基础上，在企业中形成出资者所有权与企业法人财产权的分离。

现代企业制度的基本特征是：“产权清晰、权责明确、政企分开、管理科学”。

在我国，国有企业产权清晰的基本要求是：国家作为生产资料的所有者依法享有所有权，即做出重大决策、取得所有者收益和任命经营者的权利，企业作为经营独立法人享有经营自主权。

二是权责明确。权责明确是以法律形式确立出资人和企业法人对企业财产各自拥有的权利、承担的责任和履行的义务。在现代企业制度中，企业作为独立的法人实体，以其全部法人财产，依法自主经营，自负盈亏，照章纳税，对出资者承担资产保值增值的责任。出资者按照向企业的投资额享有所有者权益，包括资产收益权、重大决策权、选择管理者的权利等。当企业破产时，出资者以其向企业的投资额对企业债务承担有限责任。

三是政企分开。政企分开主要是指政府作为行政组织其经济、行政、社会管理职能要与作为经济组织的企业的经营管理职能分开。在现代企业制度中，政府的经济管理职能主要是通过政策法规和经济手段来调控市场,引导企业经营活动，而不是直接干预企业的生产经营活动。政府的行政管理职能是政府作为国家行政机关的一种职能，企业不是政府的行政机关，不承担政府的行政管理职能，因此，政府不能按行政机构来管理企业。此外，企业不承担社会福利、教育职能、就业职能。这些是政府的社会管理职能，通常由政府或社会组织来承担。企业按照市场需求组织生产经营，直接受市场调节，参与市场竞争，以利润最大化为目的。政府处在企业之外，既不直接干预企业的生产经营活动，也不用超经济的手段保护企业，真正实现政企分开。

提示与说明

产权是财产权利的简称，是指财产的所有权及其派生的对财产的占有、使用、收益和处置等权利的总称。在我国，习惯上把占有、使用、收益和处置等权项合称为经营权。

提示与说明

在现代企业制度的上述基本特征中，产权清晰具有核心地位。建立健全现代产权制度，是构建现代企业制度的重要基础。

四是管理科学。管理科学是指企业建立科学的领导体制和组织管理制度，调节所有者、经营者和员工之间的关系，形成激励和约束相结合的经营机制。

（二）现代企业制度的主要内容

现代企业制度由一系列具体制度构成，其中最重要、最能体现现代企业制度实质的是以下几项制度。

1. 企业法人制度

现代企业制度的典型形式是公司制。公司制企业是以法人制度为核心的企业。企业法人制度是指依照法律建立起来的使其人格化和获得独立法人地位的企业制度。在这种制度下，企业是人格化的法人，具有法人地位，是独立的民事主体，自主地对外开展活动。企业法人制度的核心是企业拥有法人财产所有权，因此，企业法人制度又称企业产权制度，这是它有能力享受民事权利、承担民事责任的物质基础。

之所以设立这种制度，是因为在现代股份公司中，股东有成千上万个，不可能都参与经营管理，为解决股权分散与企业经营权必须集中的矛盾，便出现了出资人所有权与企业法人财产所有权相分离的制度。有了这种制度，股东对企业财产拥有了最终所有权，并按个人投资的多少享有资本收益，如股息、红利等。但股东不能干预企业日常经营管理活动，只能通过股东会、董事会决定公司的重要决策；股东也不能从企业收回投资，只能通过股票市场出卖股权来收回投资，而他最初投入企业的资金仍掌握在企业手里。企业通过法律认可，成为享有民事权利和承担民事责任的法人，拥有独立的法人财产权。这种权利表现为企业可以自主支配出资人投资建立起来的全部法人财产。

提示与说明

党的十六届三中全会审议通过的《中共中央关于完善社会主义市场经济体制若干问题的决定》提出了建立现代产权制度的重大决策，第一次提出要“建立归属清晰、权责明确、保护严格、流转顺畅的现代产权制度”，这是对现代企业制度的重大创新和突破。前两个特征决定了现代企业制度的产权清晰和权责明确的特征；后两个特征说明了要依法保护各类产权，健全产权交易规则和监管制度，推动产权有序流转，保障所有市场主体的平等法律地位和发展权利。

2. 有限责任制度

有限责任制度是现代企业制度的一项重要内容。所谓有限责任制度，是指股东应以其出资额或所持股份为限对公司承担责任，公司以其全部资产对公司的债务承担责任。在有限责任制度下，企业的法人财产同出资者的其他财产是严格分开的。当企业破产清盘时，出资者仅以其出资额或所持股份为限对企业的债务承担责任，出资者的其他财产不受牵连。实行有限责任制度，是出资者进行自我保护、减少投资风险的一种有效办法。同时，它有利于减轻企业破产而造成的社会震荡，保护社会生产力的发展。

3. 法人治理结构

在公司制企业中，为了处理由于所有权与经营权分离而产生的委托代理关系，客观上要求建立相互监督、有效制衡的组织管理制度，通称法人治理结构。

现代企业法人治理结构是以股份公司为组织形式，通过一套合理的制度安排来规范股东、董事会和高层经理人员三者之间的权利、利益关系的企业治理形式。所以，法人治理结构通常由股东大会、董事会、监事会和经理层组成（见图 8.1）。

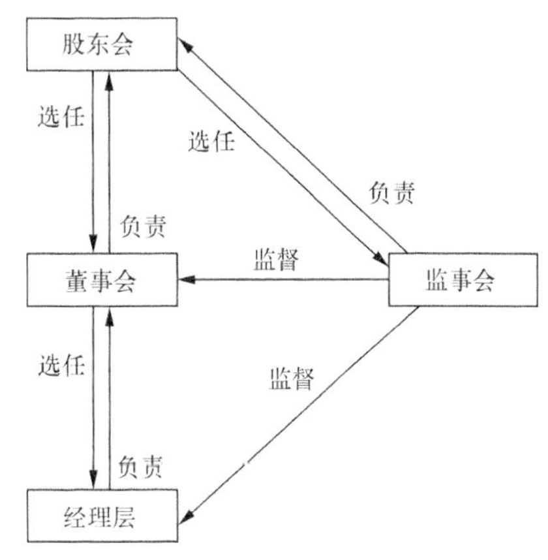

图 8.1　我国现代企业“三会一层”的法人治理结构关系图

（1）股东大会（或股东会）是公司最高权力机构，由公司全体股东组成，决定公司发展的重大方针政策，如制定和修改公司章程，审议和批准公司的预算、决算、收益分配等重大事项，但不直接介入公司日常经营活动，体现的是所有者对公司的最终所有权。

（2）董事会是公司的权力执行机构，由公司股东大会选举产生，拥有经营决策权，对公司的发展目标和重大经营活动做出决策，维护出资人的权益，如任免公司的总经理等。董事长是法人代表，对外代表公司。

（3）监事会是公司的监督机构，由股东大会选出，对股东大会负责，依照法律和公司章程对董事会、对公司的财务和董事、对经营者的行为发挥监督作用。

（4）经理层是公司决策的执行机构，由董事会聘任，依据公司章程和董事会的授权负责公司日常的经营管理。

所有者、经营者和生产者之间通过股东会、董事会、监事会、经理层，形成各自独立、权责分明、相互制约的关系，并通过法律和公司章程加以确立和实现。

提示与说明

经济学中的委托代理关系是一种契约关系，在这种契约下，一个人或更多的人（即委托人）聘用另一人或一些人（即代理人）代表他们（委托人）来从事某些活动。由于委托人与代理人利益目标的不一致性或者矛盾，以及两者的信息不对称，委托人监督代理人存在一定困难，代理人有可能背离委托人的利益或不忠实委托人意图而做出有损委托人利益的事情，这样就产生了委托代理问题。比如，企业股东作为所有者，总希望企业利润能最大化；而公司经理希望的可能是自己的收入最大化，这样他就可能在经营管理过程中出现急功近利的行为。从现代企业的治理结构来看，企业中存在以下三种委托代理关系。

一是股东大会和董事会之间的委托代理关系。股东大会是股份公司中的最高权力机构，它不能直接管理企业，因此，股东大会便选举出一些股东组成董事会来管理企业。所以股东大会和董事会之间便形成了企业的第一层次的委托代理关系。其中股东大会（全体股东）为委托人，董事会为代理人。董事会受全体股东的委托来管理企业，董事会对全体股东负责。

二是董事会和经理人员之间的委托代理关系。董事会受全体股东的委托，指导、监督企业的经营管理活动。但是董事会一般也不直接管理企业，而只是负责制订企业的一些重大项目决策，董事会会聘任具有管理才能的人直接管理企业，负责企业日常事务的管理。经理人员受董事会委托来具体管理和经营企业，在董事会授权范围内独立执行决策计划，负责日常管理。这就形成了企业中第二层的委托代理关系，董事会是委托人，经理人员是代理人。

三是经理和各部门负责人之间的委托代理关系。经理在董事会授权的范围内独立地经营管理企业，为了完成代理责任，会聘任各部门负责人具体负责各部门的日常工作，并且赋予一定的权利。因此，经理人员和各部门负责人之间就形成了企业中第三层的代理关系，经理是委托人，各部门负责人是代理人。

第三节　社会主义市场经济的运行基础

一、健全现代市场体系

市场反映的是市场主体之间的交换关系。在现代市场经济条件下，市场已不再仅局限于单一的物质产品市场，而是发展为包括各种物质产品、生产要素市场在内的市场体系。建设统一开放、竞争有序的市场体系，是使市场在资源配置中起决定性作用的基础。

（一）现代市场体系的构成

社会主义现代市场体系是指社会主义条件下各类市场在相互联系、相互作用过程中形成的市场有机整体。完整的市场体系既包括一般商品市场，即消费品市场和生产资料市场；也包括生产要素市场，即金融市场、劳动力市场、技术市场、信息市场以及房地产市场等。

> **视野拓展**
> 改革开放30多年来，我国现代市场体系建设取得了什么样的成绩？推荐读者课外阅读人民网《改革开放30周年系列策划之三·我国现代市场体系建设30周年》专题，内容丰富。

1. 一般商品市场

一般商品市场包括消费品市场和生产资料市场。消费品市场是指为满足消费者包括居民个人和社会集团的物质文化生活需要（非生产性消费）而供应消费品的市场；生产资料市场是指为满足社会再生产的需要（生产性消费）而提供物质生产资料的商品市场。

商品市场是市场体系的基础，是市场经济存在和发展的基本条件。商品市场的价格信号引导着要素资源的配置。

我国的经济改革和市场发育首先是从商品市场开始的。目前，与社会主义市场经济要求相适应的商品市场已经形成。

2. 生产要素市场

生产要素市场既包括金融、劳动力、技术、信息、房地产市场，也包括同时属于商品市场的生产资料市场。

提示与说明

金融是指资金的融通，包括货币的发行、流通和回笼，存款的吸收和提取，贷款的发放和收回，投资资金的筹集等与货币流通有关的一切活动。在现代市场经济中，金融是社会经济的血脉，没有资金融通，市场就无法运转，企业就无法生存。

（1）金融市场是实现资金融通的市场，它可以分为以债券和股票为媒体进行长期融资活动的资本市场，以及进行短期融资活动的货币市场，还有外汇市场、期货市场等。发展资本市场是建立生产要素市场的核心内容。

（2）劳动力市场是实现劳动力资源配置的市场。劳动力市场能够促进劳动力合理流动和布局。在我国，劳动力资源非常丰富，工资作为劳动力市场的主要信号调节着市场供求，促进人才的合理流动。我国人口众多，就业压力大，通过发展劳动力市场来扩大劳动人口的择业范围，既有利于经济增长，又有利于扩大就业。

（3）技术市场是以技术成果为交易对象的市场。技术市场的主要形式有技术转让、技术承包、技术咨询、技术服务等。发展技术市场，有利于实现科技成果的商品化，促进科学技术向现实生产力的转化，加速新产品的开发，提高劳动生产率和经济效益。

提示与说明

技术成为一种知识形态的商品，并通过市场交换进行广泛传播，是在社会分工和商品经济比较发达的基础上产生的，是伴随科学技术的进步而出现的。技术作为一种无形的商品，是复杂劳动的结晶，它本身不仅有使用价值，同时也有价值。技术商品化，是发达商品经济的必然产物。

（4）信息市场是以信息产品、信息服务为主要交易对象的市场。信息是人类生存和发展的重要资源。在市场经济条件下，信息横向、扩散式的传播方式，决定了信息收集、整理、加工、传输的商业性质。我国发展信息市场，不仅要强调信息的产业化、商品化，提高信息产业在国民经济中的比重，而且要引入市场竞争机制，促进信息市场的健康发展。

提示与说明

信息的搜集、整理、分析、储存和传递，都要花费劳动，因而它作为商品同样具有使用价值和价值。信息通过信息市场交换，使其使用价值和价值得以实现。信息市场按信息商品的最终用途，可分为三类：①提供商情的信息市场；②提供科技信息的市场；③为信息作业提供物质手段服务的市场。

（5）房地产市场是以房地产为交易对象的市场。房地产市场可以分为一级市场和二级市场，即由土地所有者有偿出让土地使用权的市场，以及经过开发后房地产使用权再转让的市场。土地市场能促进土地资源的优化配置。我国土地市场以公有制为基础，只交易使用权，不让渡所有权，土地市场通过租金和土地出让价格等信号，促使土地资源合理配置，有助于产业结构调整和生产力合理布局。

经过 30 多年改革和发展，我国的商品市场比较成熟，尤其是消费品市场，但各种生产要素市场发育相对滞后。这种状况影响市场体系整体功能的发挥，阻碍了市场经济的正常运行。培育和完善各种生产要素市场迫在眉睫。要加快要素市场化的改革进程，完善各类生产要素和资源价格形成机制，破除生产要素市场的二元结构，破除要素市场的行政性垄断，建立健全多层次、多品种的要素市场体系，促进各个市场主体、客体、载体以及其支持体系健康、稳定、均衡发展，全面推进统一、开放、竞争、有序的现代市场体系建设。

（二）现代市场体系的基本特征

社会主义市场体系应该是统一开放、竞争有序的市场体系。统一性、开放性、竞争性和有序性是它的重要特征。

提示与说明

以“统一、开放、竞争、有序”为特征的现代市场体系是社会主义市场经济的运行基础，它的基本要求是：商品和生产要素在全国范围内按统一的交易规则自由流通，市场主体自由地展开竞争。

（1）市场体系的统一性，要求我国的市场体系必须是全国统一的市场，商品交换必须在全国范围内按统一规则进行。统一的市场不但需要建立全国范围的纵横交错、城乡贯通的流通网络，为统一的市场形成提供物质基础，还要求打破地方分割和行业封锁，为统一的市场形成提供制度基础。当然，建立全国统一的市场并不排斥大力发展区域市场，并且地区市场的发达和开放是形成全国统一市场的基础。各种市场主体都能平等地进入统一的市场，这是市场体系正常运行的必要条件。

（2）市场体系的开放性，是指市场不仅国内各地区、各城市间、城乡之间都要相互开放，而且要在保障国家利益的前提下，向国外开放，向所有的商品生产者、经营者和消费者开放，把国内和国际市场连接起来，尽可能地参与国际分工和国际竞争，以达到更有效地配置国内资源和利用国际资源的目的。市场体系越开放，市场就越活跃、繁荣，市场机制的调节作用就越能更好地发挥出来。

（3）市场体系的竞争性，是指市场应成为保护企业竞争的场所，组成市场体系的各类市场的活动都被置于市场竞争环境中，受竞争机制的支配。只有通过平等竞争，才能真正形成反映资源稀缺程度的价格信号，才能正确引导社会资源的合理配置。公平的竞争又调节着各类市场供求的变化，决定着各类市场主体在市场竞争中优胜劣汰。正是市场体系的竞争性，才使得市场充满生机与活力。

（4）市场体系的有序性，是指市场体系运行的规范化、秩序化。它包括市场主体及其行为的规范化，市场体系环境的完善化，市场交易和管理的规范化、制度化和法制化以及市场有序地运行和发展。市场体系是由各种市场相互联系和相互制约所组成的有机统一体，因此，只有规范、有序才能发挥其整体性的功能。

（三）建立完善的现代市场体系的作用

社会主义市场体系是我国社会主义市场经济体制的重要组成部分。健全完善的市场体系是充分发挥市场机制在资源配置中决定性作用的条件，是正确贯彻宏观调控政策的前提。党的十八届三中全会提出，“加快形成企业自主经营、公平竞争，消费者自由选择、自主消费，商品和要素自由流动、平等交换的现代市场体系，着力清除市场壁垒，提高资源配置效率和公平性”。这是加快建立完善现代市场体系的纲领性方针和指导性意见。通过30多年的改革开放，我国现代市场体系建设已经得到了极大发展，现阶段已经进入加快推进现代市场体系建设，重点培育与完善要素市场的新阶段。

（1）完善的市场体系是实现市场机制功能的前提。市场经济有其内在的运行机制，这种机制客观上要求有完善的市场体系与其相适应。因为市场体系是市场机制发挥作用的场所。

（2）完善的市场机制是市场经济条件下企业进行生产经营的条件。只有在完善的市场体系下，企业生产经营活动才能面向市场，从市场获得生产条件和销售条件，并根据市场需求组织生产和经营。企业在市场竞争的压力下才会改进技术和改善经营管理。

（3）完善的市场体系是政府进行宏观调控的重要纽带。社会主义市场经济条件下政府的宏观调控主要是间接调控为主，通过市场来影响企业的行为，使企业沿着政府通过市场发出的信号进行经营决策。市场一方面要将政府宏观调控的意图传递给企业，另一方面又要向政府传递微观经济活动的信息。企业对政府宏观调控意图是否有灵敏反应，政府从市场所获取的微观经济信息是否真实，主要取决于市场体系的健全程度。

二、规范市场秩序

市场秩序是维系市场有序运行的重要保证，它构成对市场主体行为的制约。当前市场秩序中存在的主要问题有：交易行为不规范，违规行为屡屡发生，特别是假冒伪劣、商标侵权、虚假广告问题突出，损害消费者利益和生产者利益，直接影响了市场的健康发展；存在地区封锁、部门垄断、人为分割市场的现象，限制了市场机制作用的发挥。因此，整顿、规范市场秩序十分重要。

视野拓展

推荐读者阅读《国务院关于促进市场公平竞争维护市场正常秩序的若干意见》（国发〔2014〕20号）。

（一）完善市场规则

市场经济是法制经济。市场经济运行要建立在一定的秩序和规则基础之上。市场规则是指国家制定的维护市场公平竞争，保证市场正常运行的制度、法规和准则的总称，包括进入市场各主体的行为规范以及处理相互关系的准则。完善的市场体系需要有完备的市场规则来规范，市场规则的主要内容有：市场进出规则、市场交易规则和市场竞争规则。

（二）进一步加快社会信用体系建设

信用既属于道德范畴，又属于经济范畴。良好的社会信用，是建立规范的社会主义市场经济秩序的重要保证。为此要建立以道德为支撑、产权为基础、法律为保障的社会信用制度，加快建立企业、中介机构和个人的信用档案。广泛采用现代化监督手段，综合利用有关信用的信息网络资源，实现互联互通，信息共享。完善各类市场主体与行政管理部门的信用等级分类监管和信息共享制度，逐步建设以经济组织机构代码、居民身份证号码等为基础的信息与信用共享平台体系；建立信用监督和失信惩戒制度，逐步开放信用服务市场，规范发展民间与公共信用机构与服务中介，实现信用服务的社会化与市场化。

（三）加强对市场中介组织的管理

市场中介组织是指市场经济活动中提供各种中介性服务的组织，是介于国家和市场经营主体及消费者之间的非行政性社会经济组织和机构的通称。市场中介组织可分为两类：一类是主要为商品流通提供服务和进行沟通的市场中介，如经纪商和经纪人、信息咨询机构等；另一类是主要对市场运行提供公证和进行监督的市场中介，如会计师事务所、律师事务所等。在我国，发展中介组织，主要是发展会计师事务所、审计师事务所、律师事务所、公正和仲裁机构、计量和质量检验认证机构、信息咨询机构、资产和信息评估机构，以及行业协会和商会，并制定相应的法规制度，规范这些机构的中介活动，真正发挥其服务、沟通、公证、监督作用，以促进市场正常有序的发展。

市场中介组织对市场运行起着极为重要的作用。加强对中介组织的管理包括立法管理、行政管理、行业管理、自律管理四个方面。市场中介组织的建立和运行，要依法通过资格认定，建立自律性运行机制，承担相应的法律和经济责任，接受政府的管理和监督。

（四）维护公平竞争

维护公平竞争就是要清理废除妨碍统一市场和公平竞争的各种规定和做法。维护公平竞争要健全竞争政策，完善市场竞争规则，实施公平竞争审查制度。放宽市场准入，健全市场退出机制。要健全统一规范、权责明确、公正高效、法治保障的市场监管和反垄断执法体系。要严格产品质量、安全生产、能源消耗、环境损害的强制性标准，建立健全市场主体行为规则和监管办法。要健全社会化监管机制，畅通投诉举报渠道。要强化互联网交易监管。要严厉打击制假售假行为，维护和健全市场秩序。

第四节 社会主义市场经济的调控体系

概念提示

宏观调控是指国家从经济运行的全局出发，遵循自然规律和经济规律，运用各种手段，从系统、综合和全局的角度，按预定目标对国民经济活动从总量与结构上进行调节、控制和引导。宏观调控，实质上是政府调节。

一、社会主义宏观调控的必要性

社会主义市场经济必须实行宏观调控，主要有以下几个原因。

（一）社会化生产的客观要求

在全社会范围内按比例地分配社会劳动是社会化生产的一般规律。社会分工越细，生产社会化程度越高，国民经济各个组成部分和社会再生产的各个环节之间彼此联系和相互制约的程度就越大，这就要求在全社会范围内按比例分配社会劳动和各种生产要素。社会化大生产要求按比例分配资源，在通过市场机制进行资源配置的同时，需要由政府进行宏观上的指导、调控，防范结构失衡和总供求的失衡。

社会主义经济发展建立在社会化大生产基础之上，客观上要求由政府进行宏观调控，以使国民经济按比例协调发展，在发展社会化大生产的同时，保持社会总供求平衡，避免或减少由于生产的无政府状态而带来的损失。

（二）市场经济正常运行的客观要求

前面讲过，市场机制在社会资源配置中能有效地发挥作用，但它不是万能的。以市场为主配置资源的方式所存在的局限性，必然会导致市场失灵和市场不经济，这需要由国家进行宏观调控来解决。

概念提示

市场失灵是指在存在公共物品的情况下，即在有关维护国家安全的国防、公安等部门和市政维护、交通安全等公共物品和劳务方面，以市场为主配置资源的方式不能对相应的资源实现有效配置——公共产品的价格变化不能反映市场供求状况。

市场不经济是指市场在配置资源的过程中，由于受外部环境影响而产生的一些不经济现象。例如：企业生产活动所排泄的废水、废气、烟尘等废弃物引起的环境问题，不仅对其他企业的生产和社会成员的生活造成危害而且企业获取的利润远不够用于治理由此引起的环境问题。

国家实行宏观调控，可以弥补市场机制的功能性缺陷，解决市场所不能解决的问题，有效地发挥市场在资源配置中的决定性作用。20 世纪 30 年代严重的世界性经济危机的爆发，造成了对社会生产力的极大破坏，西方主要资本主义国家的政府开始广泛干预社会经济活动，在宏观上实行一定程度的计划调节，并取得了明显的成效。

当今，完全由市场机制调节的自由市场经济已经不存在了。我国在社会主义条件下实行市场经济，也必须通过政府进行宏观调控，保证社会主义市场经济的正常运行。

补充资料

早在 1992 年，党的十四大就指出：“要看到市场有其自身的弱点和消极方面，必须加强和改善国家对经济的宏观调控”。2012 年，党的十八大报告指出：“要更大程度更广范围发挥市场在资源配置中的基础性作用，完善宏观调控体系”。2013 年 11 月，党的十八届三中全会则提出：“使市场在资源配置中起决定性作用和更好发挥政府作用”。因此，对社会经济进行宏观调控，是社会主义市场经济体制的有机组成部分。

（三）社会主义经济制度的客观要求

首先，社会主义宏观调控是实现社会主义经济发展战略和生产根本目的的需要。社会主义的生产目的，归根到底是为了满足人民日益增长的物质和文化需要。在社会主义市场经济条件下，市场对资源配置起决定性作用，并不是起全部作用，单纯地依靠市场自发调节资源配置和收入分配，不一定与社会主义经济发展战略目标和生产目的完全吻合。为了减少由于市场调节的盲目性而导致的经济运行的失衡，为了实现社会主义经济发展的战略目标和生产目的，政府必须进行宏观经济调控。

其次，社会主义宏观调控是实现共同富裕的要求。为了加快经济发展，根据我国国情，我们鼓励一部分地区、一部分人先富起来，通过先富帮后富，最终走向共同富裕，这一立足点比一般市场经济国家处理效率与公平关系的要求更高，而这必须依靠国家的宏观调控来实现。

（四）顺利进行经济体制改革的重要条件

经济体制改革涉及利益关系的调整，为了协调多元化、多层次的经济主体的利益关系，单靠市场的力量自发形成是不可能的，并且还会导致社会各方面的矛盾加剧和经济的波动。因此，必须通过宏观经济调控，为社会主义市场经济体制的完善创造条件。

二、社会主义宏观调控的主要目标

宏观调控总是围绕一定目标进行的，因而，制定和确立宏观调控目标是进行宏观调控的首要环节。宏观调控的目标，总体上说就是调节总供求的平衡，促进生产力的发展，不断提高人民的生活水平。

提示与说明

在我国，宏观调控的主要目标是：促进经济增长、增加就业、稳定物价、保持国际收支平衡。

（一）促进经济增长

经济增长是经济全面发展的主要指标，它既体现经济总量的增加，又体现人均收入的增长和生活质量的改善；同时，总量上的增长是建立在比例协调、结构优化和效率提升的基础之上的。

（二）增加就业

扩大就业不但能更加充分地利用劳动力要素，而且能促使居民收入的普遍增长。因此，增加就业既是经济健康发展的标志，也是社会公平和稳定的体现。经济发展中总供给大于总需求会造成失业，同时经济发展中经济结构变化和技术进步也会带来失业。失业会增加社会福利支出，加重财政负担，失业率过高还会引起社会的不安定。在我国存在着劳动者充分就业的需求与劳动力总量过大、劳动者素质不相适应的矛盾，这将是一个长期存在的问题。为此要保证宏观经济的总量平衡，并通过促进投资、促进中小企业发展、开发落后地区、加大基础设施建设等措施来增加就业。

（三）稳定物价

物价总水平的大体稳定，是经济健康、平稳发展的保证。无论是通货膨胀还是通货紧缩，都会带来价格紊乱、不合理的资源配置等问题，对社会经济的发展产生负面影响。为此应特别注意货币供应量的调节和长期的财政收支的平衡，保持币值和物价的稳定。

（四）保持国际收支平衡

国际收支是在一定时期内一个国家或地区与其他国家或地区之间进行的全部经济交易的系统记录。国际收支在经常项目和资本项目中出现顺差和逆差都需引起高度重视和警觉。长期的经常项目逆差会影响币值稳定，增加通货膨胀压力，同时会大量消耗国际储备，并降低国内、国际对本国经济的信心，出现资本外逃，投资环境恶化，削弱国家抵抗经济风险的能力，甚至可能会出现“危机”。为此，政府必须采取有效的汇率政策和资本流动管理等手段，保持国际收支的平衡。

提示与说明

经济发展、物价、就业率、国际收支之间是相互联系的，它们可能走向一致也可能相互背离。恰当处理这四个方面的关系，需要寻求一个平衡点，做到在物价稳定、国际收支平衡的情况下，促进经济增长和扩大就业，推动经济持续健康发展。

三、社会主义宏观调控的主要手段

政府进行宏观经济调控时，需借助一定的调控手段来实现调控目标。

（一）计划手段

计划手段是通过政府所制定的长期、中期和短期经济计划，对国民经济的运行和发展进行宏观调控。计划提出国民经济和社会发展的目标、任务以及需要配套实施的经济政策。市场经济条件下，计划的形式主要是指导性计划，突出其宏观性、战略性和政策性。

提示与说明

社会主义宏观调控手段主要有计划手段、经济手段、法律手段和行政手段。其中，以经济手段为主。

（二）经济手段

经济手段是指政府在自觉依据和运用价值规律的基础上，借助于经济杠杆的调节作用，对国民经济进行宏观调控。经济杠杆主要包括价格、工资、利率、汇率、税收、信贷等。经济杠杆的特点是同社会各方面的经济利益密切相关，它们的变动会引起各经济主体利益的变化，从而引导、调节和控制各经济主体的经济活动，并将其纳入宏观调节的预定轨道。

由于各项经济政策和各项经济杠杆各有自己适用的领域和作用特点,又有各自的局限性，因此，运用经济手段进行宏观调控，应注重综合利用各种经济杠杆。

（三）法律手段

法律手段是政府依靠法制力量，通过经济立法和司法，通过法律的形式来调节经济关系和经济活动，达到宏观调控目标的一种手段。调节社会经济活动的法律是经济法。通过法律手段可以有效地保护公有财产、个人财产；维护各种所有制经济、各个经济组织和社会成员个人的合法权益；调整各种经济组织之间横向和纵向的关系，保证经济运行的正常秩序。

法律手段的内容包括经济司法和经济立法两个方面。经济立法主要是由立法机关制定各种经济法规，保护市场主体权益；经济司法主要是由司法机关按照法律规定的制度、程序，对经济案件进行检察和审理的活动，维护市场秩序，惩罚和制裁经济犯罪。

（四）行政手段

行政手段是依靠行政机构，采取强制性命令、指示、规定等行政方式来调节经济活动，以达到宏观调控目标的一种手段。行政手段具有权威性、纵向性、无偿性及速效性等特点。社会主义宏观经济调控还不能放弃必要的行政手段。因为计划手段、经济手段的调节功能都有一定的局限性，如计划手段有相对稳定性，不能灵活地调节经济活动；经济手段具有短期性、滞后性和调节后果的不确定性。当计划、经济手段的调节都无效时，就只能采取必要的行政手段。尤其当国民经济重大比例关系失调或社会经济某一领域失控时，运用行政手段调节将能更迅速地扭转失控，更快地恢复正常的经济秩序。当然，行政手段是短期的非常规的手段，不可滥用，必须在尊重客观经济规律的基础上，从实际出发加以运用。

提示与说明

计划、经济、法律和行政手段，各具特点、各有所长，它们相互联系、相互补充，共同组成宏观调控手段体系。由于经济手段更贴近市场经济原则，所以综合运用各种手段时应以经济手段为主。计划手段为经济手段指明了方向，法律手段为保证经济手段有效地发挥调节作用进行监督、规范。

四、社会主义宏观调控政策

《中华人民共和国国民经济和社会发展第十三个五年规划纲要》指出，要依据国家中长期发展规划目标和总供求格局实施宏观调控。发挥国家发展战略和规划的引导约束作用，各类宏观调控政策要服从服务于发展全局需要。完善以财政政策、货币政策为主，产业政策、区域政策、投资政策、消费政策、价格政策协调配合的政策体系，增强财政货币政策协调性。

（一）财政政策

财政政策是一国政府为实现总供求的均衡而制定的财政工作基本方针、准则和措施的总和，是由财政收入、财政支出、预算平衡、国家债务等政策所组成的财政政策体系。财政收入政策是由税种、税率所构成的税收政策。财政支出政策是政府的各种预算拨款，即财政资金的分配和使用政策。社会总供给和社会总需求的平衡，需要依靠财政收入政策和财政支出政策来调节。财政政策可分为三种类型。

一是扩张的财政政策，也称赤字财政政策、积极的财政政策。它是指在经济趋紧的时期，通过减少财政收入或扩大财政支出规模来增加和刺激社会总需求，使支出大于收入，造成财政赤字。扩张性财政政策的主要措施有以下两种。第一，减税。减税增加了企业和个人的可支配收入，相应地减少了国家的财政收入，在支出规模不变的情况下，相应地扩大了社会总需求；同时减税扩大了企业和个人在国民收入分配中所占份额，有助于促进其扩大经济活动范围和规模。第二，扩大预算支出的规模。作为社会总需求的一部分，政府支出的扩大会带来社会总需求相应数量的扩大。实行扩张性财政政策往往能够增加就业，刺激经济增长，但也会造成财政赤字，引起通货膨胀，特别是在总需求大于总供给的条件下，会引起经济波动。因此使用时要全面考虑经济发展的状况。

二是紧缩的财政政策，又称适度从紧的财政政策，是指通过增加税收或者减少财政支出，乃至消除赤字来减少和抑制社会总需求。一般是在经济过热，出现总需求膨胀时采用。主要政策措施有以下两种。第一，增税。通过增加税收来扩大财政收入的规模，同时抑制微观经济主体的投资、消费需求。第二，减少预算支出规模。尽可能压缩支出，缩小财政活动规模，以产生压缩社会总需求的效应。

小资料

1998 年以来，我国已实施过两轮积极的财政政策，第一轮是在 1998 年—2004 年，第二轮是从 2009 年至今。

2005—2008 年，实施的是稳健的财政政策。

三是中性财政政策，又称稳健的财政政策，是指财政的分配活动对社会总需求的影响保持中性。

（二）货币政策

货币政策是为实现宏观调控而由国家制定的关于货币供应和货币流通组织管理的政策，它由信贷政策、利率政策、汇率政策构成。我国货币政策的基本目标是稳定货币和发展经济。稳定货币是使货币供应量大体与流通中所需要的货币量相适应，从而使物价基本稳定。发展经济是通过合理分配货币资金，提高生产要素的使用效益，使总供给与总需求保持大体平衡，促进经济的健康发展。根据社会总供求的情况，货币政策可分为以下三种类型。

一是扩张性的货币政策。它的作用是通过增加货币的供给，以刺激总需求增长。

二是紧缩的货币政策。它的作用是减少货币投放，缩小贷款规模，抑制总需求。

三是稳健的货币政策，是指货币政策随着经济环境的变化而变化，连续性高，波动不大，其目的在于维护经济发展的稳定，减少经济运行中的各种不确定性。

小资料

1998 年我国开始实行稳健的货币政策。

2008 年则针对物价上涨过快、投资信贷高涨等现象，将“稳健的货币政策”调整为“从紧的货币政策”。

2009 年面对国际金融危机冲击，又调整为“适度宽松的货币政策”。

2011 年再次调整为“稳健的货币政策”并实施至今。

（三）产业政策

产业政策是政府为优化产业结构所采取的手段和措施的总和，主要包括产业结构政策、产业组织政策和产业布局政策。

提示与说明

产业结构是指国民经济中各个产业部门之间同一产业内部各个组成部分之间的联系和比例。产业结构是一个多层次的体系，将国民经济分为三大产业，是目前各国分析产业结构比较通行的方法。2003 年，根据《国民经济行业分类》（GB/T 4754—2002），我国调整了 1985 年对三大产业的划分，新的《三大产业划分规定》如下。

第一产业是指农、林、牧、渔业。

第二产业是指采矿业，制造业，电力、燃气及水的生产和供应业，建筑业。

第三产业是指除第一、二产业以外的其他行业。包括：交通运输、仓储和邮政业，信息传输、计算机服务和软件业，批发和零售业，住宿和餐饮业，金融业，房地产业，租赁和商务服务业，科学研究、技术服务和地质勘察业，水利、环境和公共设施管理业，居民服务和其他服务业，教育，卫生、社会保障和社会福利业，文化、体育和娱乐业，公共管理和社会组织，国际组织。

产业结构政策的目标是产业结构的合理化和高度化，以纠正产业结构扭曲、推动产业结构优化升级。产业结构优化升级的趋势主要表现是：第三产业 > 第二产业 > 第一产业。这是不以人的意志为转移的客观趋势。

产业组织政策的目标，就是要使产业组织合理化，以提高产业内企业的活力和效率。

产业布局政策就是政府调节产业区域分布的政策，它要解决的问题主要是如何利用生产的相对集中所引起的“积聚效益”，尽可能缩小由于地区间经济活动的密度和产业结构不同所引起的地区间经济发展水平的差距，以保持区域经济的协调发展。

（四）区域政策

区域政策是根据区域差异而制定以协调区域间关系和区域宏观运行机制的一系列政策之和，在宏观层次上影响着区域发展。其内容很多，主要是区域经济政策、结构政策、景观和自然保护政策等。

区域政策一直是我国推动各地协调发展和全面发展的重要举措之一，已经有各种各样的区域战略和区域政策陆续出台，2014 年中央经济工作会议明确提出重点实施“一带一路”、京津冀协同发展、长江经济带三大战略。

概念提示

投资政策是指国家对投资主要是对固定资产投资进行宏观调节或宏观管理的政策。

消费政策是指国家权衡某一时期国民经济综合状况和矛盾特点，根据本国各具特色的经济发展道路原则，以实现经济健康发展为前提，为确保城乡居民收入、消费水平稳步提高的经济目标，而做出的决策和采取的具体措施。

价格政策是国家为达到一定的宏观目标，在商品价格上所采取的一系列方针、措施的总称。

第五节　社会主义市场经济的保障体系

一、社会保障体系的主要内容

（一）社会保险

社会保险，即劳动者由于年老、患病、生育、伤残、失业等情况下，暂时或永久丧失劳动能力或中断劳动而不能获得劳动报酬，本人及供养亲属失去生活收入时，从国家和社会那里获得物质帮助的一种制度。社会保险是社会保障体系中覆盖面最广、社会意义最大、涉及内容最多也是最主要的保障形式。社会保险具有三大特征：依法实施、政府主办、不以赢利为目的。社会保险制度一般由养老保险、医疗保险和失业保险三大法定保险构成。

提示与说明

社会保障是指国家和社会通过立法对国民收入进行分配和再分配，对社会成员特别是生活有特殊困难的人们的基本生活权利给予保障的社会安全制度。社会保障体系包括社会保险、社会救助、社会福利、优抚安置和社会互助、商业保险与慈善事业等制度。

（二）社会救助

社会救助是指当公民难以维持最低生活水平时，由国家和社会按照法定的程序和标准向其提供保证其最低生活需求的物质援助的社会保障制度。它是社会保障体系的最低层次，是保障社会安全的最后防线。当前我国通常的作法是：根据维持最起码的生活需求的标准设立一条最低生活保障线，每一个公民，当其收入水平低于最低生活保障线而生活发生困难时，都有权利得到国家和社会按照法定程序和标准提供的现金和实物救助。因此，这项制度也被称为“最低生活保障制度”。

（三）社会福利

社会福利，即由国家或社会举办的面向社会全体成员的福利事业和福利设施。它是社会保障的最高层次。

（四）优抚安置

优抚安置，即政府对革命烈士家属、现役军人家属、革命残废军人、复员退伍军人提供经济、医疗及其他方面的优待和安置。它是一种带有褒扬、优待和抚恤性质的特殊社会保障制度，是社会保障体系的重要组成部分。

二、建立和健全社会保障体系的必要性

社会保障的基本目标是满足社会成员的基本生活需要，从而保障社会再生产得以顺利进行。

在市场经济条件下，无论企业还是个人都无力独立承担社会保障所涉及的各项内容。因此，动员国家、集体和个人的力量建立多层次的、覆盖城乡居民的、与经济发展水平相适应的社会保障体系，对于缓解社会矛盾、保持社会稳定，对于深化企业和事业单位改革、促进经济发展，对于顺利建立和完善社会主义市场经济体制具有重大意义。

社会保障体系是以改善民生为重点的社会建设的重要组成部分，是反映一个国家社会进步状况的重要方面。社会保障的功能不仅在于解决社会发展过程中出现的各种问题，而且它能够为社会的低收入者和弱势群体提供基本的保障，保证社会全体成员的基本生活都能够得到保障。而这一点是实现社会全面进步的一个重要体现。通过社会保障体系使经济发展的成果能够为社会全体成员共同享有。

总之，建立和健全与经济水平相适应的社会保障体系，既是全面建设小康社会的重要方面和发展社会主义市场经济的必然要求，也是保持社会稳定和国家长治久安的根本大计。

三、改革完善社会保障制度

社会保障是保障人民生活、调节社会分配的一项基本制度。党中央高度重视社会保障体系建设工作。党的十七大报告指出，要“加快建立覆盖城乡居民的社会保障体系，保障人民基本生活”。建立和健全社会保障体系要以经济的发展为基础，要根据经济发展水平合理地确定保障方式和标准，量力而行，循序渐进。党的十八大报告明确提出，要坚持全覆盖、保基本、多层次、可持续的方针，以增强公平性、适应流动性、保证可持续性为重点，到2020年全面建成覆盖城乡居民的社会保障体系。十八届三中全会提出，要通过深化改革建立更加公平、可持续的社会保障制度。十八届四中全会要求切实加强社会保障法治建设。

《中华人民共和国国民经济和社会发展第十三个五年规划纲要》指出，要坚持全民覆盖、保障适度、权责清晰、运行高效，稳步提高社会保障统筹层次和水平，建立健全更加公平、更可持续的社会保障制度。

视野拓展

《经济参考报》2015年10月23日《超越单项制度安排 加快顶层设计“十三五”将打造中国社保升级版》（记者 李唐宁）。

《国务院关于统筹推进城乡社会保障体系建设工作情况的报告——2014年12月23日在第十二届全国人民代表大会常务委员会第十二次会议上》（国务院副总理 马 凯）。

（一）完善社会保险体系

实施全民参保计划，基本实现法定人员全覆盖。坚持精算平衡，完善筹资机制，分清政府、企业、个人等的责任。适当降低社会保险费率。完善统账结合的城镇职工基本养老保险制度，构建包括职业年金、企业年金和商业保险的多层次养老保险体系，持续扩大覆盖面。实现职工基础养老金全国统筹。完善职工养老保险个人账户制度，健全参保缴费激励约束机制，建立基本养老金合理调整机制。推出税收递延型养老保险。更好发挥失业、工伤保险作用，增强费率确定的灵活性，优化调整适用范围。建立更加便捷的社会保险转移接续机制。划转部分国有资本充实社保基金，拓宽社会保险基金投资渠道，加强风险管理，提高投资回报率。大幅提升灵活就业人员、农民工等群体参加社会保险比例。加强公共服务设施和信息化平台建设，实施社会保障卡工程，持卡人口覆盖率达到90%。

（二）健全社会救助体系

统筹推进城乡社会救助体系建设，完善最低生活保障制度，强化政策衔接，推进制度整合，确保困难群众基本生活。加强社会救助制度与其他社会保障制度、专项救助与低保救助统筹衔接。构建综合救助工作格局，丰富救助服务内容，合理提高救助标准，实现社会救助"一门受理、协同办理"。建立健全社会救助家庭经济状况核对机制，努力做到应救尽救、应退尽退。开展"救急难"综合试点，加强基层流浪乞讨救助服务设施建设。

（三）支持社会福利和慈善事业发展

健全以扶老、助残、爱幼、济困为重点的社会福利制度。建立家庭养老支持政策，增强家庭养老扶幼功能。做好困境儿童福利保障工作。完善儿童收养制度。加强优抚安置工作。发展公益性基本殡葬服务，支持公共殡仪馆、公益性骨灰安放（葬）设施和墓地建设。加快公办福利机构改革，加强福利设施建设，优化布局和资源共享。大力支持专业社会工作和慈善事业发展，健全经常性社会捐助机制。广泛动员社会力量开展社会救济和社会互助、志愿服务活动。

视野拓展

共享是中国特色社会主义的本质要求。必须坚持发展为了人民、发展依靠人民、发展成果由人民共享，做出更有效的制度安排，使全体人民在共建共享发展中有更多获得感，增强发展动力，增进人民团结，朝着共同富裕方向稳步前进。推荐课外阅读中国共产党新闻网2015年11月14日专题报道《习近平谈"十三五"五大发展理念之五：共享发展篇》。

小结

1. 社会主义市场经济体制是市场经济与社会主义基本制度的结合，既有一般市场经济的共性，也有作为社会主义基本制度的特殊性。

2. 现代企业制度的基本特征可概括为：产权清晰、权责明确、政企分开、管理科学。

3. 社会主义市场体系是一个多层次、多要素的结合体，完善的市场体系应包括商品市场和生产要素市场。它的基本特征是：统一、开放、竞争、有序。

4. 社会主义宏观调控的主要目标是：增加就业、物价稳定、经济增长、国际收支平衡。

宏观调控手段主要有计划手段、经济手段、法律手段和行政手段。宏观经济调控政策，主要包括财政政策、货币政策、产业政策、收入政策等。

5. 社会主义保障体系包括社会保险、社会救助、社会福利、优抚安置和社会互助、商业保险与慈善事业等。社会保障的基本目标是满足社会成员的基本生活需要。

单元测试题

一、单项选择题

1. 市场经济存在和发展的基本条件是（　　）。

A. 商品市场　　B. 劳动力市场　　C. 金融市场　　D. 要素市场

2. 一般说来，当经济增长滞缓，经济运行主要受需求不足的制约时，为促进经济增长，可以采用的经济措施有（　　）。

①增加财政支出　　②降低存贷款利息率，增加货币供应量

③扩大就业，降低失业率　　④提高税率，增加税收，增加财政收入

A. ①②　　B. ①②③　　C. ②③④　　D. ①②③④

3. 2016 年 3 月 5 日，李克强总理在第十二届全国人民代表大会第四次会议上所做的政府工作报告中指出，稳健的货币政策要灵活适度。稳健的货币政策（　　）。

①属于经济手段　　②是运用“看不见的手”进行宏观调控

③属于行政手段　　④是为了经济增长、物价稳定

A. ①④　　B. ②④　　C. ①③④　　D. ②③④

4. 经济杠杆能够起到调节作用的根本原因在于（　　）。

A. 经济杠杆能够弥补市场调节的缺陷　　B. 经济杠杆有政府强制力的保证

C. 直接关系市场主体的利益　　D. 能够保证经济平稳运行

5. 社会主义市场经济体制是指（　　）。

A. 社会主义基本经济制度

B. 社会主义生产关系的总和

C. 社会主义经济制度的具体实现形式

D. 社会主义生产、分配、交换、消费的体系

6. 社会主义市场经济理论认为，计划和市场属于（　　）。

A. 不同的资源配置方式　　B. 不同的经济增长方式

C. 不同的经济制度的范畴　　D. 不同的生产关系的范畴

7. 现代企业制度的重要基础是（　　）。

A. 公有制　　B. 现代产权制度

C. 公司制　　D. 股份制

8. 现代企业制度要求产权明晰，其产权关系表现为（　　）。

A. 出资者享有的财产所有权和企业拥有的法人财产权相分离

B. 出资者享有的财产所有权和企业拥有的法人财产权相统一

C. 出资者享有的法人所有权和企业拥有的财产所有权相分离

D. 出资者享有的法人所有权和企业拥有的财产所有权相统一

9. 在现代企业制度中，负责管理日常具体事务的机构是（　　）。

A. 股东会　　B. 董事会　　C. 经理层　　C. 监事会

10. 现代企业制度的典型形式是（　　）。

A. 合伙制　　B. 业主制　　C. 公司制　　D. 合作制

11. 适应社会主义市场经济要求的现代市场体系的基本特征（或目标）是（　　）。

A. 统一、开放、竞争、有序　　B. 统一、开放、合作、有序

C. 宏观、自主、法制、有序　　D. 统一、独立、竞争、无序

12. 社会主义国家的宏观调控的主体是（　　）。

A. 银行　　B. 企业　　C. 政府　　D. 市场

13. 社会主义社会保障体系的基本目标是（　　）。

A. 满足人们最基本的生活需要　　B. 建设和谐社会

C. 保证劳动者的充分就业　　D. 实现共同富裕

14. 社会保障体系中覆盖面最广、社会意义最大也是最主要的保障形式是（　　）。

A. 社会保险　　B. 社会福利　　C. 社会救助　　D. 优抚安置

二、多项选择题

1. 通常情况下，对市场中介组织的管理方式包括（　　）。

A. 行政管理　　B. 立法管理　　C. 自律管理　　D. 行业管理

2. 市场手段对经济活动的调节具有（　　）等特点。

A. 自觉性　　B. 事后性　　C. 微观性　　D. 自发性

3. 在我国现阶段，市场经济的微观经济主体包括（　　）。

A. 企业　　B. 农户　　C. 居民　　D. 政府

4. 现代企业制度（　　）。

A. 以社会化大生产和市场经济发展的要求为依据

B. 以规范和完善的企业法人制度为主体

C. 以有限责任制度为核心

D. 基本特征是产权明晰、权责明确、政企分开、管理科学

5. 在现代企业制度中，出资者按照向企业的投资额享有的所有者权益，包括（　　）。

A. 资产收益权　　B. 重大决策权

C. 选择管理者的权利　　D. 经营自主权

6. 现代公司制企业的管理体制一般包括（　　）。

A. 股东会　　B. 董事会　　C. 经理层　　D. 监事会

7. 现代产权制度的特征可概括为（　　）。

A. 归属清晰　　B. 权责明确　　C. 保护严格　　D. 流转顺畅

8. 现代企业制度的基本特征可以概括为（　　）。

A. 产权清晰　　B. 权责明确　　C. 政企分开　　D. 管理科学

9. 适应社会主义市场经济要求的现代市场体系的基本特征（或目标）是（　　）。

A. 统一　　B. 开放　　C. 竞争　　D. 有序

10. 社会主义市场体系包括商品市场和生产要素市场，其中商品市场的内容包括(　　)。

A. 生产资料市场 B. 消费品市场　C. 劳动力市场　D. 技术市场

11. 社会信用制度要（　　）。

A. 以道德为支撑　B. 以产权为基础

C. 以法律为保障　D. 以行政为手段

12. 社会主义宏观调控的主要目标是（　　）。

A. 促进经济增长　B. 增加就业

C. 稳定物价　D. 国际收支平衡

13. 市场经济条件下的宏观调控手段主要有（　　）。

A. 经济手段　B. 法律手段　C. 行政手段　D. 计划手段

14. 社会主义市场经济宏观调控的政策主要有（　　）。

A. 货币政策　B. 财政政策　C. 产业政策　D. 区域政策

16. 社会保障体系的基本内容包括（　　）。

A. 社会保险　B. 社会救助　C. 社会福利　D. 优抚安置

17. 社会保险的特征有（　　）。

A. 依法实施　B. 政府主办

C. 不以赢利为目的　D. 自愿参加

18. 社会保险制度一般包括（　　）。

A. 养老保险　B. 医疗保险　C. 失业保险　D. 意外保险

19. 社会主义市场经济具有的特性，是指作为社会主义基本制度具有的规定性，主要体现在（　　）。

A. 在所有制结构上，以公有制经济为主体、个体经济、私营经济、外资经济等多种所有制经济长期共同发展，不同经济成分还可以自愿实行多种形式的联合。

B. 在分配制度上，坚持以按劳分配为主体、多种分配方式并存，坚持效率优先、兼顾公平的原则

C. 在宏观调控上，社会主义国家能够把人民的当前利益与长远利益、局部利益与整体利益结合起来，更好地发挥计划与市场两种手段的长处

D. 在政治制度上，有中国共产党的坚强领导

三、名词解释

企业　现代企业制度　企业法人制度　委托代理关系　市场规则　市场失灵　市场经济宏观调控

四、问答题

1. 社会主义市场经济体制的基本特征是什么？
2. 社会主义国家实行宏观调控的必要性是什么？

五、分析题

2016年3月5日，第十二届全国人民代表大会第四次会议在人民大会堂举行开幕会，国务院总理李克强作政府工作报告。在“今年要重点做好八个方面工作”部分，报告首先提出，稳定和完善宏观经济政策，保持经济运行在合理区间。强调积极的财政政策要加大力度，稳

健的货币政策要灵活适度。

报告指出，2016 年拟安排财政赤字 2.18 万亿元，比 2015 年增加 5600 亿元，赤字率提高到 3%。其中，中央财政赤字 1.4 万亿元，地方财政赤字 7800 亿元。安排地方专项债券 4000 亿元，继续发行地方政府置换债券。报告指出，我国财政赤字率和政府负债率在世界主要经济体中相对较低，这样的安排是必要的、可行的，也是安全的。

报告明确，适度扩大财政赤字，主要用于减税降费，进一步减轻企业负担。2016 年将采取三项举措。一是全面实施营改增，从 5 月 1 日起，将试点范围扩大到建筑业、房地产业、金融业、生活服务业，并将所有企业新增不动产所含增值税纳入抵扣范围，确保所有行业税负只减不增。二是取消违规设立的政府性基金，停征和归并一批政府性基金，扩大水利建设基金等免征范围。三是将 18 项行政事业性收费的免征范围，从小微企业扩大到所有企业和个人。实施上述政策，2016 年将比改革前减轻企业和个人负担 5000 多亿元。同时，适当增加必要的财政支出和政府投资，加大对民生等薄弱环节的支持。创新财政支出方式，优化财政支出结构，该保的一定要保住，该减的一定要减下来。

结合材料，运用有关知识回答:

1. 材料体现了 2016 年我国将继续实施什么财政政策?

2. 材料是怎样体现财政政策作用的?

第九章　中国特色社会主义的经济发展

【学习目的与要求】

本章主要阐述了我国社会主义国民经济持续健康发展以及对外经济的发展。学习本章，需要以五大发展新理念为指导，正确理解实施创新驱动发展战略的意义及经济增长与经济发展之间的关系，认清经济发展方式转变的重大意义，领会协调发展与绿色发展的重要意义；需要明确我国发展对外经济关系的基本形式和战略格局，领会开放发展的意义，理解对外开放与经济安全之间的关系。

第一节　促进国民经济持续健康发展

2014 年 12 月，中央经济工作会议做出了“我国经济运行进入新常态”的判断，所谓“新常态”，是我国经济运行经历增速换档期、转入中高速增长的阶段。《中华人民共和国国民经济和社会发展第十三个五年规划纲要》指出，“十三五”时期是全面建成小康社会决胜阶段。必须认真贯彻党中央战略决策和部署，准确把握国内外发展环境和条件的深刻变化，积极适应把握引领经济发展新常态，全面推进创新发展、协调发展、绿色发展、开放发展、共享发展，确保全面建成小康社会。坚持创新发展、协调发展、绿色发展、开放发展、共享发展，是关系我国发展全局的一场深刻变革。创新、协调、绿色、开放、共享的新发展理念是具有内在联系的集合体，是“十三五”乃至更长时期我国发展思路、发展方向、发展着力点的集中体现，必须贯穿于“十三五”经济社会发展的各领域各环节。

> **视野拓展**
>
> 什么是经济“新常态”？新常态有哪些特点？推荐读者课外阅读《习近平谈“新常态”：3 个特点 4 个机遇 1 个挑战》。
>
> 

一、实施创新驱动发展战略

创新是引领发展的第一动力。必须把创新摆在国家发展全局的核心位置，不断推进理论创新、制度创新、科技创新、文化创新等各方面创新，让创新贯穿党和国家一切工作，让创新在全社会蔚然成风。

马克思曾经指出，随着生产力的发展，社会知识作为直接的生产力而发生作用，社会生活越来越受智力的控制和改造，从而科学技术日益成为直接的生产力。不仅生产力是如此，生产关系也是如此。“所谓‘社会主义社会’不是一种一成不变的东西，而应当和任何其他社会制度一样，把它看成是经常变化和改革的社会。”

党的十八大提出，要实施创新驱动发展战略。创新驱动是科学发展观的要求，也是转变经济发展方式的要求。只有通过创新驱动，中国经济才能实现由大到强。如果说，党的十八大把创新驱动发展战略提升为国家战略。那么十八届五中全会则进一步强调了创新在国家发展全局的核心地位，内涵也大为拓展，由过去强调的科技创新，发展为理论、制度、科技、文化等各方面的创新，涉及促进创新的体制架构、培育发展新动力、拓展发展新空间、深入实施创新驱动发展战略、构建发展新体制等诸多层面。

实施创新驱动发展战略，就是要把发展核心放在创新上，以科技创新为核心，以人才发展为支撑，推动科技创新与大众创业万众创新有机结合，塑造更多依靠创新驱动、更多发挥先发优势的引领型发展。

视野拓展

人民网/中国共产党新闻网2015年11月10日《习近平谈“十三五”五大发展理念之一：创新发展篇》。

（一）强化科技创新引领作用

发挥科技创新在全面创新中的引领作用，加强基础研究，强化原始创新、集成创新和引进消化吸收再创新，着力增强自主创新能力，为经济社会发展提供持久动力。

一是推动战略前沿领域创新突破。坚持战略和前沿导向，集中支持事关发展全局的基础研究和共性关键技术研究，更加重视原始创新和颠覆性技术创新。聚焦目标、突出重点，加快实施已有国家重大科技专项，部署启动一批新的重大科技项目。加快突破新一代信息通信、新能源、新材料、航空航天、生物医药、智能制造等领域核心技术。加强深海、深地、深空、深蓝等领域的战略高技术部署。围绕现代农业、城镇化、环境治理、健康养老、公共服务等领域的瓶颈制约，制定系统性技术解决方案。强化宇宙演化、物质结构、生命起源、脑与认知等基础前沿科学研究。积极提出并牵头组织国际大科学计划和大科学工程，建设若干国际创新合作平台。

二是优化创新组织体系。明确各类创新主体功能定位，构建政、产、学、研、用一体的创新网络。强化企业创新主体地位和主导作用，鼓励企业开展基础性、前沿性创新研究，深入实施创新企业百强工程，形成一批有国际竞争力的创新型领军企业，支持科技型中小企业发展。推进科教融合发展，促进高等学校、职业院校和科研院所全面参与国家创新体系建设，支持一批高水平大学和科研院所组建跨学科、综合交叉的科研团队。在重大关键项目上发挥市场经济条件下新型举国体制优势。实施国家技术创新工程，构建产业技术创新联盟，发展市场导向的新型研发机构，推动跨领域、跨行业协同创新。

三是提升创新基础能力。瞄准国际科技前沿，以国家目标和战略需求为导向，布局一批高水平国家实验室。加快能源、生命、地球系统与环境、材料、粒子物理和核物理、空间和天文、工程技术等科学领域和部分多学科交叉领域国家重大科技基础设施建设，依托现有先进设施组建综合性国家科学中心。依托企业、高校、科研院所建设一批国家技术创新中心，支持企业技术中心建设。推动高校、科研院所开放科研基础设施和创新资源。

四是打造区域创新高地。引导创新要素聚集流动，构建跨区域创新网络。充分发挥高校和科研院所密集的中心城市、国家自主创新示范区、国家高新技术产业开发区作用，形成一批带动力强的创新型省份、城市和区域创新中心。系统推进全面创新改革试验。支持北京、上海建设具有全球影响力的科技创新中心。

（二）深入推进大众创业万众创新

把大众创业万众创新融入发展各领域、各环节，鼓励各类主体开发新技术、新产品、新业态、新模式，打造发展新引擎。

一是建设创业创新公共服务平台。实施“双创”行动计划，鼓励发展面向大众、服务中小微企业的低成本、便利化、开放式服务平台，打造一批“双创”示范基地和城市。加强信息资源整合，向企业开放专利信息资源和科研基地。鼓励大型企业建立技术转移和服务平台，向创业者提供技术支撑服务。完善创业培育服务，打造创业服务与创业投资结合、线上与线下结合的开放式服务载体。更好发挥政府创业投资引导基金作用。

二是全面推进众创、众包、众扶和众筹。依托互联网拓宽市场资源、社会需求与创业创新对接通道。推进专业空间、网络平台和企业内部众创，加强创新资源共享。推广研发创意、制造运维、知识内容和生活服务众包，推动大众参与线上生产流通分工。发展公众众扶、分享众扶和互助众扶。完善监管制度，规范发展实物众筹、股权众筹和网络借贷。

视野拓展

凤凰科技2016年3月5日新闻《李克强<政府工作报告>：再提“互联网+”重视创业》。

《新京报》2016年3月6日第A14版《大众创业万众创新：经济增长新引擎》。

（三）构建激励创新的体制机制

破除束缚创新和成果转化的制度障碍，优化创新政策供给，形成创新活力竞相迸发、创新成果高效转化、创新价值充分体现的体制机制。

一是深化科技管理体制改革。尊重科学研究规律，推动政府职能从研发管理向创新服务转变。改革科研经费管理制度，深化中央财政科技计划管理改革，完善计划项目生成机制和实施机制。建立统一的科技管理平台，健全科技报告、创新调查、资源开放共享机制。完善国家科技决策咨询制度，增强企业家在国家创新决策体系中的话语权。市场导向的科技项目主要由企业牵头。扩大高校和科研院所自主权，实行中长期目标导向的考核评价机制，更加注重研究质量、原创价值和实际贡献。赋予创新领军人才更大的人财物支配权、技术路线决策权。支持自主探索，包容非共识创新。深化知识产权领域改革，强化知识产权司法保护。

二是完善科技成果转化和收益分配机制。实施科技成果转化行动，全面下放创新成果处置权、使用权和收益权，提高科研人员成果转化收益分享比例，支持科研人员兼职和离岗转化科技成果。建立从实验研究、中试到生产的全过程科技创新融资模式，促进科技成果资本化产业化。实行以增加知识价值为导向的分配政策，加强对创新人才的股权、期权、分红激励。

三是构建普惠性创新支持政策体系。营造激励创新的市场竞争环境，清理妨碍创新的制度规定和行业标准，加快创新薄弱环节和领域立法，强化产业技术政策和标准的执行监管。增加财政科技投入，重点支持基础前沿、社会公益和共性关键技术研究。落实企业研发费用加计扣除和扩大固定资产加速折旧实施范围政策，强化对创新产品的首购、订购支持，激励企业增加研发投入。强化金融支持，大力发展风险投资。更好发挥企业家作用，包容创新对传统利益格局的挑战，依法保护企业家财产权和创新收益。

二、转变经济发展方式，推动产业结构优化升级

提示与说明

1995 年，党的十四届五中全会提出了实现经济增长方式由粗放型向集约型转变的战略。2003 年党的十六届三中全会明确提出了坚持以人为本、全面协调可持续的科学发展观。2007 年，党的十七大报告从我国经济发展的现实出发，将“转变经济增长方式”改为“转变经济发展方式”。

（一）经济增长方式与经济发展方式

1. 经济增长与经济发展的概念

经济增长是指在一定时期（一个季度、1 年、5 年、10 年）内，一个国家和地区实际产出（产品与劳务数量）的增加，它通常用国民生产总值和国内生产总值的增长率来表示。

提示与说明

国内生产总值（general dominate production，GDP）：一国领土内本国居民和外国居民在一定时期内生产的最终产品和劳务的总量。以国土为界，包括在国内的本国居民和在本国的外国居民。

国民生产总值（general national production，GNP）：一个国家或地区的所有常住居民在一定时期内在国内和国外所生产的最终成果和提供的劳务价值。以国别为界限，只要是这个国家的公民，不论在哪个国家创造的财富都包括在 GNP 中。

经济发展（economic development）是指一个国家或地区经济的整体进步和演进，是指随着产出的增长而出现的经济、社会等结构的优化。

经济发展不仅意味着国民经济量的增加和规模的扩大，更意味着国民经济和社会生活水平质的提高。具体地说，经济发展的内涵包括三个方面：一是经济总量的增加，即一个国家或地区商品量和劳务量的增加，它构成经济发展的物质基础；二是经济结构的协调和优化，即一个国家或地区经济发展的投入结构、产出结构、产业比重、分配状况、消费模式、社会福利、文教卫生、公共安全、生存环境、人口结构以及对外开放结构等各种结构的协调和优化；三是经济效益的改善和提高，即一个国家或地区经济效益的提高、社会和个人福利水平的增加、居民生活质量的提高、经济稳定程度的加强、自然生态环境的改善以及政治、文化和人的思想、观念以及行为的现代化，它是经济发展的最终目标。

提示与说明

全面建成小康社会的奋斗目标是一个集宏观与微观、城市与农村、政治经济文化与生态环境以及人的全面发展在内的综合性、系统性目标，是 21 世纪头 20 年中国特色社会主义经济、政治、文化全面发展的目标。其中，经济发展的目标是要力争使国内生产总值比 2000 年翻两番，

人均超过 3000 元，这是全面建成小康社会的根本性标志。全面建成小康社会的奋斗目标中，还蕴涵了多项具体的指标体系：城镇居民人均可支配收入 18000 元、农村居民家庭人均收入 8000 元、恩格尔系数低于 40%；到 2020 年，城镇人均住房将有望超过 30 平方米，城镇化率超过 50%，城镇居民最低生活保障率 95%以上。

补充资料

1857 年，世界著名的德国统计学家恩格尔阐明了一个定律：随着家庭和个人收入增加，收入中用于食品方面的支出比例将逐渐减小，这一定律被称为恩格尔定律，反映这一定律的系数被称为恩格尔系数。其公式表示为

恩格尔系数（%）=食品支出总额/家庭或个人消费支出总额 × 100%。

根据联合国粮农组织提出的标准，恩格尔系数在 59%以上为贫困，50% ~ 59%为温饱，40% ~ 50%为小康，30% ~ 40%为富裕，低于 30%为最富裕。

改革开放以来，我国城镇和农村居民家庭恩格尔系数已由 1978 年的 57.5%和 67.7%分别下降到 2005 年的 36.7%和 45.5%。2008 年，我国城镇居民家庭食品消费支出占家庭消费总支出的比重为 37.9%；农村居民家庭为 43.7%。

2009 年 12 月 21 日，中国社会科学院社会学所所长李培林在“2010 年《社会蓝皮书》发布暨中国社会形势报告会”上称，2009 年中国城乡居民恩格尔系数将分别降低到 37%和 43%左右，总体上已经进入小康居民消费阶段。

2. 经济增长和经济发展的关系

经济增长和经济发展这两个概念既有区别也有联系。经济增长和经济发展之间是有区别的。从二者内涵强调的重点来看，经济增长是一个偏重于数量的概念，强调社会财富的增长、生产或产出的增长；而经济发展是一个既包含数量又包含质量的概念，强调以增长为核心的经济和社会的全面进步。经济增长的重点是物质方面的进步、生活水准的提高；而经济发展的重点是国民生产总值的增长、经济发展结构的优化，以及社会制度、经济制度、价值判断、意识形态的变革。也就是说，经济发展是一个多层面的过程，不仅涉及经济面，还涉及非经济面，而经济增长则往往注重单一的经济面。

经济增长是经济发展的前提和基础。经济增长是一个量变过程，经济发展则是在量变基础上实现质变过程。没有一定幅度的经济增长，也就不存在经济发展。当然，经济增长并不一定就能带来经济发展。比如，如果一个地区以牺牲生态环境和消耗大量资源为代价来换取经济总量的提高，一味追求经济的高速增长，结果导致周围资源、生态的日益恶化，这样的经济增长不仅不能带来经济发展，反而会对经济的进一步发展产生负面影响。

经济发展是经济增长的最终目标。现代经济发展包含一定程度的经济增长，但并不等同于经济增长。经济增长是手段，经济发展才是人们从事经济活动的目的。为了实现经济发展目标，就要求经济增长方式的改进，即由粗放型的传统经济增长方式向集约型的现代经济增长方式的转变。没有经济增长一定没有经济发展，但更重要的是经济增长必须注重其内容和质量、发展过程中比例和结构的协调。

补充资料

"有增长无发展"的五大表现

联合国发展计划署1996年发表《人类发展报告》讨论了经济增长与经济发展的联系。该报告列举了五种有增长而无发展的情况：①"无工作的增长"（jobless growth）——出现严重失业的经济增长，即与经济增长相伴随的是失业的增加；②"无声的增长"（voiceless growth）——失去民主和自由的经济增长，即民众不能参与和管理公共事务，不能自由地表达自己的意见和观点；③"无情的增长"（ruthless growth）——贫困与收入分配严重不公的经济增长，即经济增长成果大部分落入富人的腰包，穷人的生活状况得不到改善；④"无未来的增长"（futureless growth）——造成资源耗竭、环境污染和生态破坏的增长，即不能持续的增长等；⑤"无根的增长"（rootless growth）——毁灭文化，降低了人们生活质量的经济增长。

（资料来源：联合国计划开发署1996年《人类发展报告》）

3. 经济增长方式与经济发展方式

经济增长方式，是指通过不同要素投入和技术组合获得经济增长的方法和模式，强调的是经济效益最大化，追求经济发展的"快"。经济增长方式有粗放型和集约型两种。粗放型增长方式是在生产要素质量、结构和利用效率不变的情况下，单纯依靠生产要素的大量投入来实现经济增长。集约型增长方式是依靠生产要素质量和使用效率的提高，以及生产要素的优化组合等来实现经济的增长。

经济发展方式，是实现经济发展的方法、手段和模式，其中不仅包含经济增长方式，还对经济发展的理念、战略和途径提出了更高的要求，强调的不仅是提高经济增长效益，还包括促进经济结构优化、经济增长方式与资源环境相协调、发展成果合理分配等内容。

（二）转变经济发展方式的基本思路

加快转变经济发展方式，推动产业结构优化升级，这是关系国民经济全局紧迫而重大的战略任务。

提示与说明

从投资驱动的增长到效率驱动的增长，用我们现在党政文件中的话来说，就是"经济增长方式转变"。"经济增长方式转变"这个概念来自苏联。1995年中共中央在"九五"建议中引进这个概念的时候，它的含义是清楚的，就是从投资驱动转向效率驱动。如今20年过去了，什么是"经济发展方式转变"反倒变得模糊了。近来报刊上比较流行的说法是从投资驱动转为消费驱动。这样一来，又从供给侧转回到需求侧去了

视野拓展

2015年11月以来，"供给侧改革"成为一个热词。供给侧结构性改革作为我国转型时期的重要举措，是适应和引领经济发展新常态的重大创新。那究竟什么是需求侧，什么是供给侧，什么是供给侧结构性改革？推荐读者课外阅读中证网《关于"供给侧改革"看完这十个问题就懂了》一文。

转变经济发展方式，不仅要突出经济领域中“数量”的变化，更强调和追求经济运行中“质量”的提升和“结构”的优化，实质就是要求我们采取综合措施，加快形成与贯彻落实科学发展观，实现经济社会全面协调可持续发展相一致的发展方式。其鲜明特征在于：顾及可持续性，顾及经济结构调整、优化和产业升级，顾及就业、消费、分配等一系列社会需要等，转变经济发展方式，是经济的数量型扩张向质量型发展的理念升华。

三、推动城乡协调发展和区域协调发展

协调是持续健康发展的内在要求。必须牢牢把握中国特色社会主义事业总体布局，正确处理发展中的重大关系，重点促进城乡区域协调发展，促进经济社会协调发展，促进新型工业化、信息化、城镇化、农业现代化同步发展，在增强国家硬实力的同时注重提升国家软实力，不断增强发展整体性。

马克思主义政治经济学关于协调发展的思想是十分丰富的。马克思恩格斯提出，有计划调节社会生产和按比例分配社会总劳动。毛泽东提出，统筹兼顾、适当安排、正确处理十大关系。改革开放以来，我们党围绕着协调发展形成了一系列重大战略思想，包括：统筹城乡发展、统筹区域发展、统筹经济社会发展、统筹人与自然和谐发展、统筹国内发展和对外开放等。在此基础上，以着力形成平衡发展结构为出发点，提出正确处理发展中的重大关系，重点促进城乡区域协调发展，促进经济社会协调发展，促进新型工业化、信息化、城镇化、农业现代化同步发展，不断增强发展整体性，强调在协调发展中拓宽发展空间，在加强薄弱领域中增强发展后劲。

（一）推动城乡协调发展

推动城乡协调发展，就是要推动新型城镇化和新农村建设协调发展，提升县域经济支撑辐射能力，促进公共资源在城乡间均衡配置，拓展农村广阔发展空间，形成城乡共同发展新格局。

提示与说明

《中共中央关于全面深化改革若干重大问题的决定》(（二〇一三年十一月十二日中国共产党第十八届中央委员会第三次全体会议通过）指出：城乡二元结构是制约城乡发展一体化的主要障碍。必须健全体制机制，形成以工促农、以城带乡、工农互惠、城乡一体的新型工农城乡关系，让广大农民平等参与现代化进程、共同分享现代化成果。

二元经济是发展中国家在发展中的基本特点。二元经济结构理论最早是由美国发展经济学家阿瑟·刘易斯提出的。这一理论把经济分为两个部门：一个是现代的城市工业部门，其特征是现代工业和商品经济比较发达，技术水平、劳动生产率和收入较高；另一个是传统的乡村农业部门，其特征是以传统农业和手工业为主，以简单工具和手工劳动为基础，劳动生产率和收入较低。一国经济中现代部门与传统部门同时并存的状况，被称为二元经济结构。

由于历史和自然因素等原因，我国目前的工农差别、城乡差别比较大，具有明显的二元经济特征。

一是发展特色县域经济。培育发展充满活力、特色化、专业化的县域经济，提升县域承接城市功能转移和辐射带动乡村发展的能力。依托优势资源，促进农产品精深加工、农村服务业及劳动密集型产业发展，积极探索承接产业转移的新模式，融入区域性产业链和生产网络。引导农村二三产业向县城、重点乡镇及产业园区集中。扩大县域发展自主权，提高县级基本财力保障水平。

视野拓展

人民网/中国共产党新闻网2015年11月11日《习近平谈“十三五”五大发展理念之二：协调发展篇》。

二是加快建设美丽宜居乡村。推进农村改革和制度创新，增强集体经济组织服务功能，激发农村发展活力。全面改善农村生产生活条件。科学规划村镇建设、农田保护、村落分布、生态涵养等空间布局。加快农村宽带、公路、危房、饮水、照明、环卫、消防等设施改造。开展新一轮农网改造升级，农网供电可靠率达到 99.8%。实施农村饮水安全巩固提升工程。改善农村办学条件和教师工作生活条件，加强基层医疗卫生机构和乡村医生队伍建设。建立健全农村留守儿童和妇女、老人关爱服务体系。加强和改善农村社会治理，完善农村治安防控体系，深入推进平安乡村建设。加强农村文化建设，深入开展“星级文明户”“五好文明家庭”等创建活动，培育文明乡风、优良家风、新乡贤文化。开展农村不良风气专项治理，整治农村非法宗教活动等突出问题。开展生态文明示范村镇建设行动和农村人居环境综合整治行动，加大传统村落和民居、民族特色村镇保护力度，传承乡村文明，建设田园牧歌、秀山丽水、和谐幸福的美丽宜居乡村。

概念提示

“三农”问题指的是农业、农村、农民问题。

三是促进城乡公共资源均衡配置。统筹规划城乡基础设施网络，健全农村基础设施投入长效机制，促进水、电、路、气、信等基础设施城乡联网，生态环保设施城乡统一布局建设。把社会事业发展重点放在农村和接纳农业转移人口较多的城镇，推动城镇公共服务向农村延伸，逐步实现城乡基本公共服务制度并轨、标准统一。

（二）推动区域协调发展

区域经济是指一定区域范围内的经济活动。推动区域协调发展，缩小区域发展差距，是我国经济社会发展的一个重要原则。

区域经济结构是指国民经济中各个经济区域之间的发展关系和结合状况，区域经济结构的调整就是要实现生产要素在各个区域的合理配置，各个区域在国民经济中都能够发挥各自优势，相互配合，协调发展，这是实现经济发展的重要条件。由于各种原因，目前我国区域经济发展很不平衡，主要表现是沿海地区和内地、东部地区和中西部地区的差距不断拉大。统筹区域经济，缩小区域间的发展差距，不但是经济问题，也是政治问题，不仅关系现代化建设的全局，也关系社会稳定和国家的长治久安。

提示与说明

20 世纪末 21 世纪初，针对区域发展不平衡问题，党和国家作出了实施西部大开发战略的重大决策，后来根据国家整体发展的需要，又先后实施了东北地区等老工业基地振兴战略(《中共中央、国务院关于实施东北地区等老工业基地振兴战略的若干意见》(中发[2003]11 号))、促进中部地区崛起战略(《中共中央国务院关于促进中部地区崛起的若干意见》(中发[2006]10 号)，形成了比较完善的区域发展总体战略。近年来，又出台了一系列区域规划和政策文件，在这些区域发展战略和政策的有力推动下，中西部和东北地区发展速度明显加快。2009 年，东、中、西和东北地区国内生产总值增速同比分别增长 10.7%、11.7%、13.4%和 12.5%，西部地区增速处于领先地位。中国经济四大板块逐渐成型，区域协调发展取得明显成效。

十三五期间，推动区域协调发展，就是要以区域发展总体战略为基础，以“一带一路”建设、京津冀协同发展、长江经济带发展为引领，形成沿海、沿江沿线经济带为主的纵向横向经济轴带，塑造要素有序自由流动、主体功能约束有效、基本公共服务均等、资源环境可承载的区域协调发展新格局。

一是深入实施区域发展总体战略。深入实施西部开发、东北振兴、中部崛起和东部率先的区域发展总体战略，创新区域发展政策，完善区域发展机制，促进区域协调、协同、共同发展，努力缩小区域发展差距。

二是推动京津冀协同发展。坚持优势互补、互利共赢、区域一体，调整优化经济结构和空间结构，探索人口经济密集地区优化开发新模式，建设以首都为核心的世界级城市群，辐射带动环渤海地区和北方腹地发展。

三是推进长江经济带发展。坚持生态优先、绿色发展的战略定位，把修复长江生态环境放在首要位置，推动长江上中下游协同发展、东中西部互动合作，建设成为我国生态文明建设的先行示范带、创新驱动带、协调发展带。

四是扶持特殊类型地区发展。加大对革命老区、民族地区、边疆地区和困难地区的支持力度，实施边远贫困地区、边疆民族地区和革命老区人才支持计划，推动经济加快发展、人民生活明显改善。

五是拓展蓝色经济空间。坚持陆海统筹，发展海洋经济，科学开发海洋资源，保护海洋生态环境，维护海洋权益，建设海洋强国。

四、加强能源资源节约和生态环境保护

绿色是永续发展的必要条件和人民对美好生活追求的重要体现。必须坚持节约资源和保护环境的基本国策，坚持可持续发展，坚定走生产发展、生活富裕、生态良好的文明发展道路，加快建设资源节约型、环境友好型社会，形成人与自然和谐发展现代化建设新格局，推进美丽中国建设，为全球生态安全做出新贡献。

马克思、恩格斯认为，人类要实现同自然的“和解”，就必须在生产活动中顾及到“长远后果”，合理地调节人与自然之间的“物质变换”，这一思想深刻地揭示了绿色发展的本质和途径。改革开放以来，我们党围绕着绿色发展形成了一系列重大战略思想，包括：必须坚持节约资源和保护环境的基本国策，坚持可持续发展，坚定走生产发展、生活富裕、生态良好

的文明发展道路，加快建设资源节约型、环境友好型社会等。在此基础上，以着力改善生态环境为出发点，提出坚持绿色富国、绿色惠民，为人民提供更多优质生态产品，推动形成绿色发展方式和生活方式。

绿色发展是在传统发展基础上的一种模式创新，是建立在生态环境容量和资源承载力的约束条件下，将环境保护作为实现可持续发展重要支柱的一种新型发展模式。包括将环境资源作为社会经济发展的内在要素；把实现经济、社会和环境的可持续发展作为绿色发展的目标；把经济活动过程和结果的绿色化、生态化作为绿色发展的主要内容和途径。党的十八届五中全会将生态环保放在了空前的高度，如首次把绿色发展作为五大发展理念之一，并成为基本国策，生态文明首次列入十大目标，美丽中国写入五年规划。

概念提示

可持续发展是指满足当代人需求，又不危及后代人满足其需求的能力的发展。

资源节约型社会是指以能源高效率利用的方式进行生产、以节约的方式进行消费为根本特征的社会。

环境友好型社会是人与自然和谐发展的社会，通过人与自然的和谐来促进人与人、人与社会的和谐。

（一）资源节约与经济的可持续发展

自然资源是经济发展的重要生产要素。由于许多自然资源是不可再生的，必须坚持资源开发与节约并举，把节约放在首位，依法保护和合理使用资源，提高资源利用率，实现永续利用。

我国自然资源虽然很丰富，但人均资源相对短缺，许多重要资源的人均占有量远远低于世界平均水平。例如，人均耕地面积为世界平均水平的 25%，人均主要矿产资源为世界平均水平的 50%，人均水资源为世界平均水平的 25%，人均森林面积为世界平均水平的 11%。同时，由于我国经济发展长期实行的基本上是大量消耗资源的粗放型增长方式，致使资源的利用效率不高。我国单位国民生产总值的能源消耗是日本的 5 倍、美国的 3 倍；耕地每年减少 500 万亩；水资源的浪费更为严重。这种以大量资源消耗支撑的粗放型增长方式，使我国已经面临着资源严重短缺、国民经济难以实现可持续发展的问题。保护和节约资源、合理利用资源是我们面临的一项紧迫任务。

视野拓展

人民网/中国共产党新闻网 2015 年 11 月 12 日《习近平谈“十三五”五大发展理念之三：绿色发展篇。

（二）建设资源节约型社会，发展循环经济

目前，在我国，资源消耗高、浪费大、环境污染严重等问题依然存在，随着经济的快速增长和人口的不断增加，淡水、土地、能源、矿产等资源不足的矛盾更加突出，环境压力日益增大。在全社会树立节约意识、节约观念，倡导节约文化、节约文明，广泛开展内容丰富、形式多样的资源节约活动，积极创建节约型城市、节约型政府、节约型企业、节约型社区已经势在必行。

建设节约型社会是指在社会化大生产的诸环节，如生产、交换、分配、消费等过程中，通过健全法制、调整制度结构、升级产业结构、加强技术进步、完善管理手段等措施，动员和激励全社会节约和高效利用各种稀缺资源，以尽可能少的能源、资源耗费，支撑全社会较高福利水平的可持续社会经济发展模式。

提示与说明

节约型社会中的“节约”有两层含义：一是杜绝浪费，即要求我们在经济运行中减少对资源消耗的浪费；二是在生产消费过程中，用尽可能少的资源、能源，创造相同的、甚至更多的经济财富。

发展循环经济是建立资源节约型、环境友好型社会的重要途径。传统经济的生产模式是“资源——产品——废物”，经济发展速度越快，付出的资源环境代价就越大，最终将丧失发展的基础和后劲。循环经济的生产模式是“资源——产品——废物——再生资源”，以最小的资源和环境成本，取得最大的经济社会效益，是经济发展与环境保护的有机结合，如图 9.1 所示。发展循环经济，不仅有利于推动污染预防和生产全过程的控制，有利于解决区域性与结构性环境污染问题，而且有利于形成节约资源、保护环境的生产方式和消费方式。

图 9.1　循环经济示意图

第二节　经济全球化条件下我国对外经济的发展

开放是国家繁荣发展的必由之路。必须顺应我国经济深度融入世界经济的趋势，奉行互利共赢的开放战略，坚持内外需协调、进出口平衡、引进来和走出去并重、引资和引技引智并举，发展更高层次的开放型经济，积极参与全球经济治理和公共产品供给，提高我国在全球经济治理中的制度性话语权，构建广泛的利益共同体。

马克思主义认为，经济全球化是生产社会化和生产力发展的必然趋势，同时又体现了一定的生产关系和制度规则，只有在共产主义社会，人类社会才能真正实现各民族的平等和融合，从各民族的历史走向世界性历史。改革开放以来，我们党围绕着开放发展形成了一系列重大战略思想，包括：实行对外开放的基本国策，把积极参与经济全球化同独立自主相结合，坚持"引进来"和"走出去"相结合，统筹国际国内两个大局，充分利用国际国内两个市场，奉行互利共赢的开放战略等。

一、经济全球化为我国经济发展带来的机遇和挑战

改革开放以来，我国经济发展取得了巨大成就，经济持续增长，参与国际分工的程度、水平都有很大提高，人民的物质文化生活水平显著提高。我国经济已经融入世界经济的发展，经济全球化必然给我国经济发展带来影响，机遇与挑战同在。

（一）经济全球化为我国经济发展带来的机遇

从经济全球化的发展趋势看，经济全球化给我国发展带来的机遇至少有以下几个方面。

第一，经济全球化拓展了我国经济发展的市场空间和资源供应来源，为经济继续保持持续较快发展带来了机遇。经济全球化特别是市场全球化的发展，将进一步降低和消除关税及非关税壁垒，推动全球贸易自由化进程，为我国发挥自身优势继续增加外贸出口带来更多的机遇，有利于扩大国内就业和促进经济增长。作为一个发展中的人口大国，我国劳动力资源特别丰富，但自然资源则相对不足，不仅资源结构不平衡、人均资源占有率低，而且经济发展所急需的一些重要资源不能自给。经济全球化为我国在平等互利基础上开展对外经济合作和争取更多更好地开发利用外部资源创造了条件，从而有利于缓解经济持续发展所面临的国内资源不足的约束。

视野拓展

推荐读者课外阅读《对外开放战略——习近平与"十三五"十四大战略》一文，进一步了解对外开放战略。

第二，经济全球化扩大了经济发展所需资金、技术、人才和管理经验的来源渠道，为加快技术进步步伐和促进产业结构升级带来机遇。经济全球化特别是生产全球化和科技全球化，为大力引进跨国公司投资及其相关的先进技术、设备、制造工艺、人才、管理经验和理念等带来了广泛的机遇，能够有力地促进技术、资金密集型行业和高新技术产业的发展，提升我国的产业结构水平。为适应经济全球化加速发展的要求，跨国公司在继续向外转移传统产业和技术的同时，也加快了新技术向国外转移的步伐，同时开始将更多的研发活动向有成本和市场优势的国家和地区转移，这无疑为我国扩大技术引进范围、培养自身的科技创新能力和加快技术进步步伐带来了机遇。

补充资料

1978 年我国改革开放以后，跨国公司大规模进入中国。一些大型跨国公司如可口可乐、丰田、宝洁、耐克和三星电子、微软等纷纷在中国建厂投资。尤其在我国加入世界贸易组织后，跨国公司在中国的投资不断增多。截至2005年，世界最大的500家跨国公司中，已有450家在华投

资，而且越来越多的跨国公司开始把中国作为全球投资的重点。跨国公司深刻地融入了中国经济，国家商务部研究院跨国公司研究中心主编的《2007 年跨国公司中国报告》中列举了一系列宏观经济指标：截至 2006 年年底，外资企业工业增加值为 18 977 亿元，占全国工业增加值 66 425 亿元的 28.57%；我国涉外税收总额 6 391 亿元，占全国税收总额的 20.71%；外资企业进出口总值 10364 亿美元，占全国进出口总值的 58.9%，外资企业高新技术产品出口 1 920 亿美元，占全国高新技术产品出口总额的 88%；外资企业吸纳就业人员 2 700 万。

第三，经济全球化加深了我国经济融入全球经济的程度，增强了自主创新能力和提升了在全球产业分工中的地位。我国是从中低档次加工制造环节开始融入全球经济的。随着加工制造能力的扩大和成熟、技术能力的不断积累和配套产业群的形成，相当一部分产业逐步具备了开发核心技术的条件，再加上近些年来利用经济特别是科技全球化带来的机遇，在继续引进先进技术的同时而大力引导跨国公司在我国建立更多的研发机构，使得技术和研发能力引进与自主创新能力培养之间正在形成良性互动关系，对于在不断增强自主创新能力的基础上培养发展具有自主知识产权核心技术的产业，从而逐步提升我国在全球产业分工中的地位和更多地分享经济全球化的利益具有重要作用。

第四，经济全球化增强了我国经济发展对全球经济的影响力，为参与经济全球化规则的修改和制定带来了机会。随着我国经济的持续快速发展和规模的不断扩大，在融入全球经济的同时，经济发展对全球经济的影响力也在不断增强，这就增加了我国在全球经济事务中的话语权，为参与全球治理和全球化规则的修改制定，依据自身利益和发展中国家的要求对经济全球化的方向和进程施加影响，从而推动经济全球化朝着更加合理公正的方向发展提供了机遇，这将不仅有利于我国自身的发展，而且有利于世界各国的共同发展。

（二）经济全球化给我国经济发展带来的挑战

经济全球化在给我国经济发展带来诸多机遇的同时，也不可避免地带来一定的风险和挑战，主要表现在以下几个方面。

首先，经济全球化使我国经济发展的外部环境更加不稳定，并对政府的宏观调控形成一定的制约。经济全球化使得全球经济金融发展趋势变得更加不稳定。一方面，经济全球化使得各国经济相互联系、相互渗透的程度加深，一国的经济波动和危机更容易向其他国家蔓延，从而影响其他国家的经济稳定；另一方面，金融全球化特别是全球金融交易网络的形成，使得短期投机资本的投机炒作和大进大出对各国金融体系和全球金融市场的稳定不断形成冲击，引发金融动荡和经济危机的风险增大。当外部经济金融波动传导到国内时，就会对我国的外贸、外资乃至经济增长和就业等产生冲击。而政府在制定宏观经济政策时，不仅要考虑国内的经济情况和需要，而且要考虑国外的环境和条件，甚至对国外的影响，既要兼顾对内均衡和对外均衡，又要注意宏观经济政策的国际协调，这就在一定程度上制约了宏观调控的能力。

其次，经济全球化使我国企业面临巨大的竞争压力和垄断压制，对国家经济安全和自主发展能力构成严峻挑战。在目前的全球分工格局中，作为发展中国家的我国主要从事技术含量和增加值低的劳动密集型产业和加工制造环节，而发达国家则致力于发展收益高的高技术产业、服务业和高增加值部分的加工制造环节。发达国家的跨国公司凭借其资金、技术优势和在全球分工格局中的主动地位，不仅以资本和技术收益的形式“合理”地拿走大量全球化“红利”，而且利用发展中国家之间为获得这些资本和技术而展开的激烈竞争，迫使发展中国家最大限度地开放国内市场和提供许多优惠的政策条件，使得发展中国家的本土企业在面临国内市场开放带来的巨大竞争压力的同时还处于受歧视的不利地位。一些规模巨大和具有全球融资、生产和分销能力的大跨国公司还有可能在某些行业形成技术和市场垄断，压制本土相关企业的技术创新和发展，进而对发展中国家的经济安全和自主发展能力产生负面影响。

最后，经济全球化继续为发达国家所主导，不合理的全球化规则在一定程度上限制了我国的经济发展。目前的经济全球化进程主要是由发达国家的跨国公司所推动的，发达国家在制定全球化规则中占据主导地位，往往从其自身利益出发，按照其固有理念和思路来拟定国际贸易投资标准和规则，不仅严重限制了包括我国在内的发展中国家的经济发展，而且给真正意义上的经济全球化带来巨大的阴影。近年来，我国众多的有竞争优势的产品出口不断受到发达国家各种形式的贸易保护主义措施的限制，企业“走出去”也面临着越来越多的障碍和抵制，说明在积极参与经济全球化进程和加快自身经济发展方面，仍受到不合理国际经济旧秩序的阻碍。

提示与说明

经济全球化为我国进一步融入全球经济、更好地利用全球市场和全球资源加快自身的发展，以及通过参与全球化规则的修订来争取更加公正合理的外部发展环境，都带来了重大历史机遇。但与此同时，经济全球化也给我国经济的发展带来不少的风险和挑战，关键是利用好经济全球化带来的机遇加快自身的发展，不断增强自主创新和发展能力，努力防范和化解外部风险，依据自身利益和发展中国家的要求，推动经济全球化朝着更加合理、公正的方向发展。

二、我国发展对外经济关系的基本形式和战略格局

（一）我国发展对外经济关系的基本形式

提示与说明

我国发展对外经济关系的基本形式主要有对外贸易、利用外资、引进先进技术和国际工程承包与劳务合作。其中，对外贸易是对外经济中最古老的形式，也是最基本、最重要的形式，是我国一切对外经济关系的基础，是开展对外经济交流的中心环节。其他的对外经济形式，都与对外贸易有着密切的关系。

我国发展对外经济关系的基本形式主要有以下四种。

第一，对外贸易。对外贸易主要是指国与国之间的商品或劳务的交换活动，一般由进口和出口两个方面组成。发展对外贸易，可以通过组织商品和劳务的出口，增加外汇收入，补充经济建设资金的来源；可以推动我国科学技术的进步，促进国民经济的技术改造；可以丰富国内市场，提高人民生活水平；可以加快我国全面建设小康社会、建设社会主义现代化的步伐。

第二，利用外资。利用外资是解决社会主义现代化建设中资金缺乏的一个重要途径。利用外资，包括借用外国资金和吸收外商投资两个方面。在利用外资时，一要严格控制外资规模，外资规模要与本国国民经济发展的要求、本国的偿还能力和消化能力相适应；二要正确

地确定外资的投向和重点，要根据本国经济建设的战略目标和产业政策，加以引导。

借用外国资金，包括借用外国政府和国际金融组织所提供的中长期、中低利息的贷款、商业银行贷款、出口信贷、在国外发行债券和借用本国银行吸收的国外存款以及各种名目的开发基金等。利用国外贷款，扩大进口，可以在更大的规模上解决资金不足的问题，有利于引进先进技术和设备，并有利于培养现代化建设所需要的人才，从而有效地提高经济效益。

吸收国外直接投资，是指外国投资者以货币或实物等形式直接投资于东道国企业，其中包括外商独资经营企业、合资经营企业、合作经营企业（简称“三资”企业）。我国普遍采用的来料加工、来样加工、来件装配和补偿贸易（简称“三来一补”）的形式也属于直接投资。吸引国外直接投资风险小，便于引进先进技术和管理经验，便于发挥本国生产力要素的作用，便于借用外商获得国外有关资源的供应和开拓国际销售渠道。但吸收国外直接投资，对国内投资环境要求较高，受人为因素的影响比较大，同时，对于外资投向的合理性比较难以控制。

补充资料

中华人民共和国商务部网络公布的数据显示，从20世纪90年代起中国吸引外资开始进入快车道，2003 年我国实际引入的外资首次超过美国，成为全球跨国公司青睐的首选投资国家。2007 年我国引入外资已达到748 亿美元，截至2007年底，全国外商直接投资累计超过7 700 亿美元。

2008 年 1 ~ 12 月，实际利用外资金额 923.95 亿美元；

2009 年 1 ~ 12 月，全国实际使用外资 900.3 亿美元；

2010 年，全年实际使用外资金额 1057.4 亿美元，同比增长 17.4%，首次突破 1 000 亿美元，创历史最高水平；

2011 年，全年实际使用外资 1160.11 亿美元，比 2010 年增长 9.72%，再创历史新高；

2012 年 1 ~ 12 月，全国新批设立外商投资企业 24 925 家，同比下降 10.1 %；实际使用外资金额 1 117.2 亿美元，同比下降 3.7 %；

2013 年，中国吸收外资平稳回升，实际使用外资金额 1 175.86 亿美元（未含银行、证券、保险领域数据），同比增长 5 025 %；全年外商投资新设立企业 22 773 家，下降 8 063 %；

2014 年全年，外商投资新设立企业 23 778 家，同比增长 4.4%，实际使用外资金额 7 363.7 亿元人民币。按美元计，实际使用外资金额 1 195.6 亿美元，同比增长 1.7%；

2015 年全国设立外商投资企业 26 575 家，同比增长 11.8%；实际使用外资金额 7 813.5 亿元人民币，同比增长 6.4%（未含银行、证券、保险领域数据）。

截至 2015 年 12 月底，全国非金融领域累计设立外商投资企业 836 404 家，实际使用外资金额 16 423 亿美元。

第三，引进先进技术。引进先进技术是促进社会主义现代化建设的重要条件。其方式多种多样，包括购买国外的专利权和非专利技术，创办中外合资企业和合作企业，引进外资企业以及相关的技术咨询、技术服务等。科学技术是具有巨大潜能的生产力，引进先进技术实质上就是引进先进的生产力，对推动我国现代化建设的发展具有重大作用，主要表现在：引进技术可以缩短技术研究、开发的时间，节省研究、试制的费用，节约建设资金；有利于加速缩小我国与发达国家之间技术上的差距，推动国民经济的技术改造和设备更新，进一步提高劳动生产率，走内涵型的扩大再生产的道路；有利于迅速提高本国的科学技术水平，强化企业人员的科学技术文化素质及管理水平。

第四，国际工程承包与劳务合作。这主要是指一国以活劳动为主的非物质形式向他国提供服务，并取得报酬的一种国际经济合作关系。它包括工程承包、技术服务以及提供教师、医生、海员、厨师等服务项目，这种形式的特点是投资少、创汇快、风险小。其中，工程承包是由本国的对外承包公司承揽外国政府、国际组织和私人业主的建设项目、物资采购和其他业务，一般是通过投标、议标和其他协商途径签订承包合同，然后按合同规定开展业务活动。国际劳务合作实际上是一项包括人力、物力和设备等多方面内容的综合性的出口业务，越来越受到各国的重视。我国于 1979 年开始正式开展国际劳务合作，如今，业务遍布近 200 个国家和地区。发展国际劳务合作，既可以有效地减轻我国国内的就业压力，为社会主义现代化建设增加外汇收入；也可以在国际竞争的环境中培养高素质的人才。

（二）我国发展对外经济关系的战略格局

提示与说明

30 多年来，我国在坚持独立自主、自力更生基础上实行对外开放，不仅吸引了资本主义的文明成果，而且增强了自力更生的能力，加速了实现现代化的进程，逐步形成了经济特区—沿海开放城市—沿海经济开放区—沿边、沿江和内陆中心城市的全方位、多层次、宽领域的中国特色的对外开放战略格局。

所谓全方位，就是不论对资本主义国家还是社会主义国家，对发达国家还是发展中国家都实行开放政策；不仅在经济建设方面坚持对外开放，而且在精神文明建设方面也坚持对外开放。

所谓多层次，就是根据各地区的实际情况和特点，通过经济特区、沿海开放城市和开放区、经济技术开发区以及沿边、沿江和内陆中心城市等不同开放程度的各种形式，形成全国范围内的对外开放。

所谓宽领域，就是立足国情，对国际商品市场、国际资本市场、国际技术市场、国际劳务市场开放，把对外开放拓宽到能源、交通等基础设施和基础产业，以及金融、保险、房地产等科技教育、服务业等领域。

经济特区是指一个国家或地区划出的特别经济区域。在这个经济区域中采取比一般地区更为开放的特殊经济政策，以吸引外资，引进先进技术，促进本地区和本国经济的发展。经济特区的主要特点是：①资金来源外向化，即经济发展主要依靠吸引和利用外资；②经济活动主要面向国际市场，以外销为主；③实行一系列优惠政策，如降低或免征某些税、简化客商出入境手续；④特区政府有较大的自主权，表现在审批建设项目、财政、外汇等方面。经济特区的建立，不仅有利于吸引外资、引进先进技术和管理经验，而且它起着全国技术的窗口、管理的窗口、知识的窗口和对外政策的窗口的重要作用。

我国在办好经济特区的同时，也开放了沿海港口城市和开辟经济技术开发区，实行类似经济特区的优惠政策，以利用沿海城市的有利技术条件吸引外资和引进先进技术，促进我国经济的发展。在此基础上，建立了沿海经济技术开放区，主要在于促进我国高新技术产业的发展，加快经济结构的调整和产品的升级换代，增强我国在国际市场上的竞争力。

在开放经济特区、沿海开放城市、沿海经济开发区的基础上，继续开放沿边、沿江和内陆中心城市，是我国对外开放向纵深发展的重要举措，有助于缩小我国沿海与内地之间及东、中、西部之间的差距，促进了我国全方位、多层次、宽领域对外开放战略格局的形成。这一对外开放战略格局的形成，意味着我国已向全世界敞开了大门，世界也正向我国走来。我国不失时机地加快全方位开放战略的推进，对实现社会主义现代化建设具有极为重要的现实意义。

三、构建开放型经济新体制

对外开放是我国的基本国策。当前，世界多极化、经济全球化进一步发展，国际政治经济环境深刻变化，创新引领发展的趋势更加明显。我国改革开放正站在新的起点上，经济结构深度调整，各项改革全面推进，经济发展进入新常态。面对新形势、新挑战、新任务，要统筹开放型经济顶层设计，加快构建开放型经济新体制，进一步破除体制机制障碍，使对内对外开放相互促进，“引进来”与“走出去”更好结合，以对外开放的主动赢得经济发展和国际竞争的主动，以开放促改革、促发展、促创新，建设开放型经济强国，为实现“两个一百年”奋斗目标和中华民族伟大复兴的中国梦打下坚实基础。

构建开放型经济新体制，主要目标就是要实现更大范围、更宽领域、更深层次上全面提高开放型经济水平。

更大范围，就是既要继续推进与发达国家经济联系，又要加强推进与新兴国家和非洲等地落后地区的经济交往；既要促进全球经济一体化进程，又要优先促进同周边国家的互联互通；既要保持和优化传统商贸阵地，又要拓宽范围保障能源、资源安全。

更宽领域，就是要双向促进中外之间在更多领域的相互开放。比如，我国将进一步扩大金融、电信、医疗、教育、体育、文化、物流等领域的对外开放，放开会计审计、养老育幼、电子商务等领域的外资准入限制，同时也希望外国的大门要对中国进一步敞开。

更深层次，就是要在更加自主的基础上提升合作层次，促进国内外资源和市场更深度融合。比如要优化交流合作的体制机制，扩大人文交流，加强援外战略谋划，统筹多边、双边、区域次区域开放合作等等。

更大范围、更宽领域、更深层次的对外开放，将更加有利于促进国内经济转方式、调结构、强实力、增动力，从整体上提升我国经济发展水平。

（一）构建全方位开放新格局

构建全方位开放新格局，就是要以“一带一路”建设为统领，丰富对外开放内涵，提高对外开放水平，协同推进战略互信、投资经贸合作、人文交流，努力形成深度融合的互利合作格局，开创对外开放新局面。

视野拓展

人民网/中国共产党新闻网2015年11月13日《习近平谈“十三五”五大发展理念之四：开放发展篇。

一是完善对外开放战略布局。全面推进双向开放，促进国内、国际要素有序流动、资源高效配置、市场深度融合，加快培育国际竞争新优势。包括：完善对外开放区域布局；深入推进国际产能和装备制造合作；加快对外贸易优化升级；提升利用外资和对外投资水平。

二是健全对外开放新体制。完善法治化、国际化、便利化的营商环境，健全有利于合作共赢，同国际投资贸易规则相适应的体制机制。包括：营造优良营商环境，完善境外投资管理体制，扩大金融业双向开放，强化对外开放服务保障。

三是推进“一带一路”建设。秉持亲诚惠容，坚持共商、共建、共享原则，开展与有关国家和地区多领域互利共赢的务实合作，打造陆海内外联动、东西双向开放的全面开放新格局。包括：健全“一带一路”合作机制，畅通“一带一路”经济走廊，共创开放包容的人文交流新局面。

四是积极参与全球经济治理。推动国际经济治理体系改革完善，积极引导全球经济议程，维护和加强多边贸易体制，促进国际经济秩序朝着平等公正、合作共赢的方向发展，共同应对全球性挑战。包括：维护多边贸易体制主渠道地位；强化区域和双边自由贸易体制建设；推动完善国际经济治理体系。

五是积极承担国际责任和义务。扩大对外援助规模，完善对外援助方式，为发展中国家提供更多免费的人力资源、发展规划、经济政策等方面咨询培训，扩大科技教育、医疗卫生、防灾减灾、环境治理、野生动植物保护、减贫等领域对外合作和援助，加大人道主义援助力度。积极落实2030年可持续发展议程。推动形成多元化开发性融资格局。维护国际公共安全，反对一切形式的恐怖主义，积极支持并参与联合国维和行动，加强防扩散国际合作，参与管控热点敏感问题，共同维护国际通道安全。加强多边和双边协调，参与国际网络空间治理，维护全球网络安全。推动反腐败国际合作。

（二）坚持“引进来”和“走出去”相结合的战略

积极实施“引进来”战略，提高利用外资水平，创新利用外资方式，优化利用外资结构，发挥利用外资在推动自主创新、产业升级、区域协调发展等方面的积极作用。

补充资料

2010年4月，国务院办公厅下发的《国务院关于进一步做好利用外资工作的若干意见》，全文约2000字，提出了20条措施，涉及“优化利用外资结构”“引导外资向中西部地区转移和增加投资”“促进利用外资方式多样化”“深化外商投资管理体制改革”“营造良好的投资环境”等五大问题。这表明我国吸引外资的导向正在发生变化，从过去的“全面引资”，向更有针对性的“选资”转变，从注重数量向注重质量转变，从过去为了增加外汇储备，发展到利用外资带动产业升级，技术进步，再逐渐向产业结构调整、区域平衡发展的目标转变。这与我国转变经济发展方式，调整产业结构的整体思想不无关系。

实施“走出去”国家战略，确立企业和个人对外投资主体地位，努力提高对外投资质量和效率，促进基础设施互联互通，推动优势产业走出去，开展先进技术合作，增强我国企业国际化经营能力，避免恶性竞争，维护境外投资权益。

实施“走出去”战略，要将“引进来”和“走出去”有机结合。推进引进外资与对外投资有机结合、相互配合，推动与各国、各地区互利共赢的产业投资合作。发挥我国优势和条件促进其他国家和地区共同发展。鼓励企业开展科技创新、项目对接、信息交流、人力资源开发等多方面国际合作。支持地方和企业做好引资、引智、引技等工作，并积极开拓国际市场。通过各类投资合作机制，分享我国“引进来”的成功经验，推动有关国家营造良好投资环境。

视野拓展

2014 年，中国实现全行业对外直接投资 1 160 亿美元，加上中国企业在国（境）外利润再投资和通过第三地的投资，实际对外投资规模在 1 400 亿美元左右，超出中国利用外资约 200 亿美元。至此，中国成为资本净输出国。

成为资本净输出国意味着什么？为什么一些专业人士认为2015年有望载入中国资本输出史册？推荐读者关注以下三篇媒体报道。

新浪财经 2014 年 10 月 16 日讯《“中国资本”时代来临：从产品输出到资本输出》。

中新社北京 2015 年 1 月 28 日电《2015年有望载入中国资本输出史册》。

《中国青年报》2015 年 3 月 2 日 2 版《中国成为资本净输出国意味着什么》（张德勇）。

补充资料

党的十八大以来，我国统筹国内、国际两个大局，两个市场和两种资源，打造横贯东中西、联结南北方的对外经济走廊，努力培育国际合作和竞争新优势，把“一带一路”战略作为开放的总抓手和新引擎，助推我国外向型经济水平稳步提升。

——“十二五”期间，我国货物出口年均增长 6.5%，占全球份额从 2010 年的 10.4%提升到 2015 年的约 13.2%，明显快于全球主要经济体；

——“十二五”期间，我国累计实际使用外资预计达到 6 200 亿美元，比“十一五”期间增长 30%以上，第三产业实际利用外资占比提高到 60%以上；

——截至 2015 年底，我国与“一带一路”相关国家贸易额约占进出口总额的 1/4，投资建设了 50 多个境外经贸合作区，承包工程项目突破 3 000 个。

（三）建立健全开放型经济安全保障体系

要大力加强对外开放的安全工作，在扩大开放的同时，坚持维护我国核心利益，建立系统完备、科学高效的开放型经济安全保障体系，健全体制机制，有效管控风险，切实提升维护国家安全的能力。

概念提示

经济安全是指一个国家的经济发展、经济利益不致受到外部的威胁和侵害，或者说，就是指本国资本对影响国计民生的国内重要经济部门的控制不是减弱而是增强。因此，经济安全实际上反映的是一个国家的经济自主性不受削弱、经济发展不受国际市场各种因素扰乱的正常状态。

对外开放是一个国家在世界经济活动中，充分利用国际分工所提供的历史机遇，发挥自己的比较优势，努力使本国经济融入世界经济的发展潮流，最终达到使本国经济更为安全的目的。

对外开放与经济安全是统一的。增强一国经济安全，就是要在对外开放中不断增强综合国力和国际竞争力。因此，对外开放程度的提高，可以增强国力，国力增强了，实际上也就增强了经济安全的状态；反之，一国经济的发展只有处于安全状态，才会有更佳状态的对外开放。

我国作为一个发展中的国家，改革开放 30 多年来，通过对外开放，提高了国民经济的素质，增强了综合国力，这同时也增强了保证我国经济安全的能力。我们强调经济安全的目的，就在于不断地增强自身的经济实力，并使自己保持一个相对领先的地位，从而提高自己在世界经济中的生存能力，同时也以自身的经济实力为手段来获取政治和军事方面的安全，只有确保了国家的经济安全，才能确保国家的根本利益。一旦失去了国家的经济安全，对外开放也就失去了它的实际意义。

视野拓展

《中共中央 国务院关于构建开放型经济新体制的若干意见》(2015 年 5 月 5 日)。

在对外开放中加强经济安全至关重要，它关系到中华民族的兴衰荣辱，关系到中华民族 21 世纪中的国际地位，关系到社会主义的前途和命运。

提示与说明

我们在强调民族和国家的经济利益的独立性时，不能忽视对外开放，更不能拒绝对外开放；我们在重视国际的开放合作，加强对外开放中，不能忽视民族和国家经济利益的独立性，更不能把民族和国家的经济利益拱手奉送给对方，不能忘记发达国家会利用其在世界经济中的有利地位为他们的利益服务，并达到他们的政治目的，他们也决不会发慈悲无偿地援助其他国家。

建立健全开放型经济安全保障体系，要完善外商投资国家安全审查机制，建立走出去风险防控体系，构建经贸安全保障制度，健全金融风险防控体系。

★重要结论★

在经济全球化背景下，我们应采取全方位、多层次、宽领域的对外开放格局。充分利用国际国内两个市场，采取“引进来”和“走出去”相结合的战略，同时维护国家主权与经济安全。

小结

1. 经济增长是经济发展的前提和基础。经济发展是经济增长的最终目标。

2. 党的十八届五中全会提出的“创新、协调、绿色、开放、共享”五大发展理念，是对我们党在推动经济发展中获得的感性认识的升华，是对我们党推动经济发展实践的理论总结，反映出我们党对我国发展规律的新认识，丰富发展了当代中国马克思主义政治经济学。

3. 我国区域经济的协调发展，主要是处理好东部和中西部的关系、沿海和内地的关系。

4. 我国发展对外经济关系的基本形式主要有对外贸易、利用外资、引进先进技术和国际工程承包与劳务合作。其中，对外贸易是对外经济中最古老的形式，也是最基本、最重要的形式，是我国一切对外经济关系的基础，是开展对外经济交流的中心环节。

5. 中国特色的对外开放战略格局是全方位、多层次、宽领域。

6. 对外开放与经济安全是统一的。增强一国经济安全，就是要在对外开放中不断增强综合国力和国际竞争力。

单元测试题

一、单选题

1. 一国领土内本国居民和外国居民在一定时期内生产的最终产品和劳务的总量，指的是（　　）。

A. 国民收入　　B. 国民生产总值　C. 国内生产总值　　D. 社会总产值

2. 国家发展战略的核心是（　　）。

A. 提高自主创新能力，建设创新型国家

B. 转变经济发展方式，推动产业结构优化升级

C. 统筹城乡发展，推进社会主义新农村建设

D. 加强能源资源节约和生态环境保护，增强可持续发展能力

3. 我国对外经济关系的基础和主要形式是（　　）。

A. 对外贸易　　B. 利用外资　　C. 引进先进技术　　D. 国际劳务合作

4. 我国实行对外开放、发展对外经济关系是（　　）。

A. 短期的政策　　B. 当前的一项具体政策

C. 一项长期的基本国策　　D. 经济建设的具体政策

5. 现阶段我国对外开放的战略格局是（　　）。

A. 全方位、多层次、宽领域　　B. 扩大对外贸易的格局

C. 增强国际竞争力的格局　　D. 大力发展外向型经济的格局

6. 面对经济全球化，我们要全面提高开放型经济水平，就必须坚持（　　）。

A. “引进来”和“走出去”相结合　B. 引进来

C. 走出去　　D. 全面开放

7. 对外开放与经济安全的关系是（　　）。

A. 相互统一的　　B. 对外开放必然危害经济安全

C. 要经济安全，就必须拒绝对外开放　D. 相互对立的

二、多选题

1. 以下对经济增长与经济发展的关系的描述，正确的有（　　）。

A. 经济发展包含一定程度的经济增长，但并不等同于经济增长。经济增长是一个量变过程，经济发展则是在量变基础上实现质变过程

B. 经济增长是经济发展的前提和基础。没有一定幅度的经济增长，也就不存在经济发展

C. 经济发展是经济增长的最终目标，为了实现经济发展目标，就要求经济增长方式的改进

D. 一味追求经济的高速增长，不仅不能带来经济发展，反而会对经济的进一步发展产生影响

2. 在我国，“三农”问题指的是（　　）。

A. 农业问题　　B. 农村问题　　C. 农民问题　　D. 农户问题

3. 我国区域经济的协调发展，主要是处理好（　　）。

A. 东部和中西部的关系　　B. 城市和农村的关系

C. 沿海和内地的关系　　D. 发达地区与不发达地区的关系

4. 我国发展对外经济关系的基本形式主要有（　　）。

A. 对外贸易　　B. 利用外资

C. 引进先进技术　　D. 国际工程承包与劳务合作

5. 我国形成的对外开放格局是（　　）。

A. 全方位　　B. 多层次　　C. 多渠道　　D. 宽领域

三、名词解释

“五大发展”新理念　经济发展　经济发展方式　循环经济　经济安全

四、问答题

1. 简述经济增长与经济发展、经济增长方式与经济发展方式之间的联系与区别。
2. 简述实施创新驱动发展战略的意义。
3. 简述经济全球化对我国经济的影响。
4. 如何处理对外开放与加强经济安全之间的关系？

参考文献

[1] 本书编写组．2015．毛泽东思想与中国特色社会主义理论体系概论．北京：高等教育出版社．

[2] 本书编写组．2016．当代马克思主义政治经济学十五讲．北京：中国人民大学出版社

[3] 程恩富，冯金华，马艳．2011．现代政治经济学新编（第 4 版）．上海：上海财经大学出版社．

[4] 邓小平．1993．邓小平文选：第 3 卷．北京：人民出版社．

[5] 国家行政学院经济学教研部．2016．中国供给侧结构性改革．北京：人民出版社．

[6] 教育部社会科学研究与思想政治工作司．2003．马克思主义政治经济学原理．北京：中国财政经济出版社．

[7] 列宁．1995a．列宁选集：第 2 卷．北京：人民出版社．

[8] 列宁．1995b．列宁选集：第 3 卷．北京：人民出版社．

[9] 李建平，李建建，金兆怀．2008．政治经济学．北京：高等教育出版社．

[10] 李太淼．2008．劳动价值论若干问题新探，江汉论坛，(6)．

[11] 刘建军．2002．马克思主义政治经济学原理．北京：北京理工大学出版社．

[12] 罗清和，鲁志国．2013．政治经济学．3 版）．北京：清华大学出版社

[13] 马克思，恩格斯．1972a．马克思恩格斯选集：第 4 卷．北京：人民出版社．

[14] 马克思，恩格斯．1972b．马克思恩格斯选集：第 23 卷．北京：人民出版社．

[15] 马克思，恩格斯．1972c．马克思恩格斯选集：第 46 卷．北京：人民出版社．

[16] 马克思，恩格斯．1995．马克思恩格斯选集：第 1 卷．北京：人民出版社．

[17] 马克思．1975．资本论．北京：人民出版社．

[18] 宋涛．2013．政治经济学教程．10 版．北京：中国人民大学出版社

[19] 王雪野．2004．政治经济学发展新论．北京：化学工业出版社．

[20] 卫兴华，顾学荣．2004．政治经济学原理．北京：经济科学出版社．

[21] 卫兴华，赵家祥．2008．马克思主义基本原理概论．北京：北京大学出版社．

[22] 吴敬琏，等．2016．供给侧改革．北京：中国文史出版社．

[23] 肖青. 2008-8-29. 与时代共鸣——回顾改革开放 30 年我国非公有制经济的发展进程. 中国工商报(3).

[24] 杨勇兵．2008．马克思劳动价值论：科学内涵、现代形态及当代意义．兰州学刊，（11）．

[25] 张雷声．2015．马克思主义政治经济学原理．3 版．北京：中国人民大学出版社．

[26] 张维达．2006．政治经济学．2 版．北京：高等教育出版社．

[27] 中共中央宣传部理论局．2010．七个怎么看——理论热点面对面．北京：学习出版社，人民出版社．

[28] 中共中央宣传部理论局．2013．理性看 齐心办——理论热点面对面 2013．北京：学习出版社，人民出版社．

[29] 中华人民共和国国家统计局. 2008. 改革开放 30 年我国经济社会发展成就系列报告. http://www.stats.gov.cn/tjfx/ztfx/jnggkf30n/t20081027_402512199. htm[2010-5-7].

[30] 中华人民共和国国务院．中华人民共和国国民经济和社会发展第十三个五年规划纲要．北京：人民出版社．2016．3

[31] 邹东涛．2008．中国改革开放 30 年（1978—2008）．北京：社会科学文献出版社．

更新勘误表和配套资料索取示意图

说明：本书配套资料可在 http://www.ryjiaoyu.com/下载，其中配套学习资料可直接下载；**教学用资料**仅供采用本书授课的教师下载，**教师身份**、**用书教师身份**需网站后台审批（咨询邮箱 602983359@163.com）。

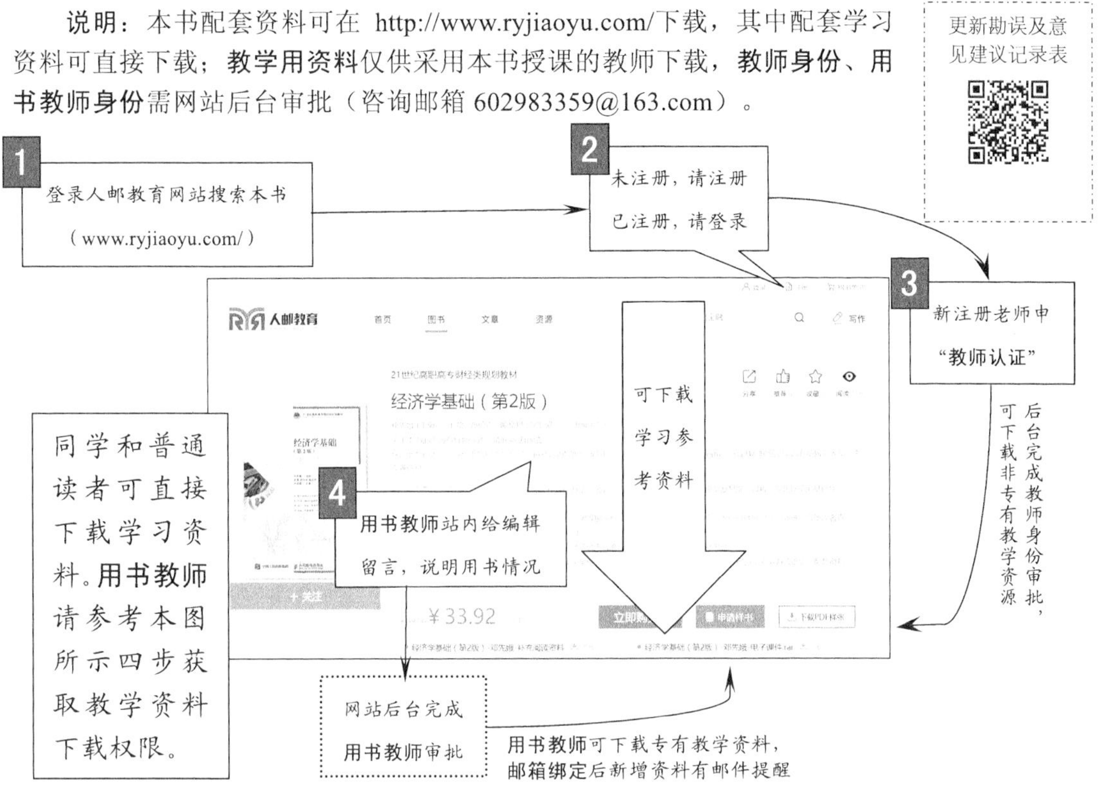

部分 21 世纪高等院校经济管理类规划教材推荐

书　名	主　编	书　号	编 辑 推 荐
管理学——原理与实务（第 3 版）	李海峰	2018 年 2 月出版	2013 年陕西普通高校优秀教材二等奖；提供课件、教案、实训说明、教学体会、文字与视频案例、习题集及参考答案等
管理学：思想・案例・实践	孙世强	978-7-115-46105-6	注重案例分析与实践应用；扫码观看视频案例、专业文章、新闻；提供课件、视频案例、答案、试卷等素材
管理学	方振邦	978-7-115-44334-2	提供教学课件、扩充阅读、模拟试卷
企业战略管理（第 2 版）	舒　辉	978-7-115-43139-4	二维码打造立体化阅读环境；案例、习题等营造多方位学习环境；提供课件、补充案例、模拟试卷等素材
企业文化	杨　坤	978-7-115-44012-9	提供教学课件、电子教案、案例视频、摸拟试卷等资料
人力资源管理	方振邦	978-7-115-44795-1	强化大数据背景下人力资源管理的战略性；提供 PPT、习题及习题答案、模拟试卷、视频案例等配套资料
管理心理学——理论、应用与案例	孙喜林	978-7-115-47763-7	本书提供 PPT、电子教案、教学案例集、模拟试卷等配套资料
绩效管理——理论、方法与案例	方振邦	978-7-115-48360-7	栏目丰富，包括拓展学习、人物简介、延伸阅读、管理故事等；提供电子课件和模拟试卷等配套资料
客户关系管理	伍京华	978-7-115-44624-4	关注大数据、移动互联和商业智能的最新应用；提供 PPT、视频案例、案例库、习题库（及答案）、模拟试卷等材料

客户关系管理理论与应用	栾 港	978-7-115-39343-2	60组案例助力理论联系实际，33个二维码打通网络学习通道，在线Xtools软件方便实践训练；提供课件、教案、教学日历、免费教学账号、习题库、试卷等
营销心理学	陆剑清	978-7-115-45676-2	提供PPT、视频案例库、习题库及习题答案、模拟试卷及答案
社会心理学	陈志霞	978-7-115-40977-5	40余二维码拓展读者视野；兼顾基础与应用社会心理学；数百实例助力理论与实践相结合；提供课件、案例、答案、试卷等
经济学基础	邓先娥	978-7-115-39039-4	近300个实例连接理论与生活，130余个二维码打通网络学习通道，70余项扩展阅读指南指引学习方向；提供课件、教案、答案、文字和视频案例、试卷等
微观经济学（第2版）	胡金荣	978-7-115-39400-2	简明易懂，关注热点；二维码扩展网络视野；提供课件、答案、案例、试卷
政治经济学（第2版）	张 莹 李海峰	978-7-115-42571-3	着重于分析社会经济问题；利用二维码拓展读者阅读空间；提供课件、大纲、视频案例、习题集、试卷等
财政学（第2版）	唐祥来	978-7-115-46103-2	借助二码链接网络学习资源；用“课堂金话筒”“练习与思考”等催生读者问题意识；提供课件、教案、习题答案、视频案例和试卷等
财政与金融	袁晓梅 陈 宁	978-7-115-40465-7	集中阐述基础知识、理论和实务；数百案例理论联系实际；百余二维码链接网络资源；提供课件、教案、视频和文字案例、答案、试卷等
应用统计学（第2版）	潘 鸿	978-7-115-38994-7	以Excel为实验软件，适应职场需求；提供全套实验资料，提升读者应用能力；提供课件、教案、上机操作数据、函数实现常用统计表等
经济法概论	王子正	978-7-115-44966-5	200多个二维码营造网络阅读环境，拓展知识面；提供教学PPT、习题及答案、教学大纲、模拟试卷等资料
电子商务概论（第3版）	白东蕊	978-7-115-42630-7	新增跨境电商、互联网+等新内容；百余二维码拓展读者学习空间；提供课件、教案、大纲、答案、实验指导、文字与视频案例等
电子商务概论	仝新顺	978-7-115-38748-6	七十余个二维码拓展学习空间，近百组案例、实训促进学练结合；提供大纲、课件、视频案例、自测试题、模拟试卷等
网络营销—基础、策划与工具	何晓兵	978-7-437 45-7	二维码链接网络资源；提供视频案例、课件、习题助力学习
商务谈判理论与实务	林晓华	978-7-115-41308-6	以即学即练、模拟商务谈判实践、模拟商务谈判大赛等形式增强互动；二维码链接网络学习资源；提供课件、答案、视频案例、试卷等资料
商务沟通与谈判（第2版）	张守刚	978-7-115-43065-6	二维码打造立体化阅读环境；强调实践教学，提供模拟商务谈判素材；提供教案、课件、案例、视频库等资料
商务谈判	李爽	978-7-115-44794-4	二维码链接网络资源；提供PPT、模拟试卷和视频案例等资源
财务管理	王积田	978-7-115-28482-2	吸收相关学科的最新成果，与企业财务管理实践接轨；提供课件、习题答案、试卷等
中级财务会计（第3版）	吴学斌	978-7-115-43464-7	四川省“十二五”本科规划教材；二维码链接网络学习资源；章后习题+电子版习题集；提供课件、教案、案例库、试卷等
财务会计实训教程（上、下册）（第2版）	裴永浩	978-7-115-40690-3	原始凭证和记账凭证单独成册；按营改增调整相关业务；利用二维码提供相关网络资源；融基本功训练、岗位技能训练和综合技能训练为一体；提供答案、课件、习题集、阅读资料等
高级财务管理	张绪军	978-7-115-46098-1	本书提供教学PPT、习题及习题答案等资源
成本会计（第2版）	张 林	978-7-115-39288-6	近百道例题详解要点，四百多道习题助力读者学习，二十项计算题例释详解计算难点；提供课件、教案、答案、试卷等
中国税制	孙世强	978-7-115-42708-3	提供课件、答案、试卷等；二维码方便查询税法最新变化；例题、习题、即问即答助力教学互动
税务会计	李颖	978-7-115-46217-6	全面支持“营改增”涉税会计核算与处理；通过百余实例说明各税种的计税方法；提供教学PPT和模拟试卷等配套资料
税务会计与税收筹划	黄凤羽	978-7-115-46368-5	全面支持“营改增”涉税计算、会计处理和税收筹划；百余实例说明各类税收的计算与筹划；提供教学PPT和模拟试卷等资料
商法学	王子正	978-7-115-43248-3	提供教学课件、教学大纲、模拟试卷等资料
保险学（第2版）	刘永刚	978-7-115-43687-0	以大量案例解读相关内容；保险理论与保险业务并重；二维码链接网络学习资源；提供课件、答案、案例、试卷等
证券投资学（第2版）	杨兆廷 刘 颖	978-7-115-34302-4	省级精品课程配套教材；根据2013年证券业变化调整相应内容，集合证券业从业资格考试重点，提供课件、教案、视频案例、答案等